365일 로드맵 바이블 성경통독

주님과 함께 예언자와 함께(Ⅱ)

(욥기 - 말라기)

이희만 저

有하

존경하는 이희만 목사님

주님의 이름으로 문안드립니다.

지금까지 교회 개척으로부터 현재 사역까지 목사님의 훌륭한 사역과 신학 학문에 관한 내용을 들으면서 목사님의 비전과 열정, 그리고 교회를 사랑하고, 영혼을 사랑하는 목사님의 목회철학을 잘 이해할 수 있었습니다.

무엇보다도 1991년 어린 딸 둘과 함께 교회를 개척하면서 전도하시며 교회를 정착, 부흥시킨 간증의 메시지는 매우 감동적이었습니다. 미국에서 제 아내와 함께 교회를 개척하여 크게 부흥시킨 경험이 떠올랐기 때문입니다.

저도 목사님의 성경 66권 성경강해 동영상 설교를 통해 많은 은혜와 도전을 받았습니다. 지금까지도 하나님께서 귀하게 사용하셨지만 앞으로 전 세계를 향하여 더 큰 역사를 이루리라 확신합니다. 이제 우리 학교에서 박사학위를 받으시면 우리 학교와 긴밀히 협조하여 앞으로 같이 동역할 기회가 있으리라 생각합니다.

칼빈국제대학교에서는 최규환 학장님의 추천을 받아들여 목사님께서 명예박사 학위(Doctor of Divinity)를 수여하기로 지난주에 결정하였습니다.

목사님께서 아시는 대로 우리 학교는 지난 2016년 11월 11일, 제가 초대 총장 그리고 이사장으로 초빙되어 전 세계 한인 목회자, 선교사들을 위한 박사과정으로 설립하고 지금까지 한국, 유럽, 미국에서 많은 목회자와 선교사들을 학문적으로 그리고 실천적으로 훈련하고 있는 교수의 멘토링 사역으로, 유럽과 미국의 학문방식을 따르고 있는 미국과 한국의 다른 신학교들과 많이 다르게 운영하고 있습니다. 제가 미국 풀러와 칼빈대학교에서 학위를 받고, 영국과 네덜란드에서 학위를 취득했기 때문입니다. 영국과 미국 네델란드에서 석사학위를 7개, 그리고 철학박사를 우리 개혁주의 본산지인 암스테르담의 아브라함 카이퍼가 세운 자유대학교에서 세계선교학으로 철학박사 학위를 받았습니다.

학문적인 학위도 이렇게 귀하지만, 명예박사 학위는 더 귀한 것입니다. 학문적인 학위는 개인적인 학문적 노력을 통해 학교 교수들의 능력인정을 받아 소정의 과목을 마치고 논문을 쓰면 누구나 받을 수 있습니다. 그러나 명예박사 학위는 본인이 원해서 받는 것이 아니라 다른 사람들과 교회, 신학교의 적극적인 추천으로 학교에서 그의 인성, 덕성, 지성 그리고 영성을 먼저 확인해 보고, 본인이 사역하고 있는 교회나 기관에서 인정과 존경을 받을 뿐만 아니라 십수 년의 사역을 통해서 적지 않은 열매를 맺어 목회자인 경우 교회의 변화와 부흥은 물론 사회와 교계에 큰 영향을 미치고 있는가를 확인하고 명예박사학위를 수여하고 있는 것입니다. 저는 1975년도 한국을 떠나 왔을 때와 지금은 학위에 대한 한국교회의 이해가 많이 달라졌다는 말을 듣습니다. 학문적 학위도 쉬운 학교에서 쉽게 받을 수 있다고 생각하고, 신학생들과 목회자들이 많이 있다고 생각하고 있고, 특히 명예박사의 경우는 약간의 후원금을 내면 누구에게나 모두 줄 수 있는 학위로 오해하고 있다는 말을 많이 듣습니다.

미국의 명예학위 수여식에서 일반 학문적으로 받는 박사들의 호명될 때에는 그저 앉아서 박수를 치지만 명예 박사 학위 수여자의 이름을 부를 때는 전 교수, 학생, 내빈들이 모두 일어나서 박수를 보내는 이유가 여기에 있습니다.

이희만 목사님은 모든 조건을 다 갖추신 훌륭한 존경받는 목회자로서 우리 학교에서 목사님께 학위 드리게 되는 것을 매우 기쁘게 생각하고 있습니다. 최규환 학장님의 적극적인 추천에 감사드립니다.

칼빈 국제 대학교
김 연 택 총장

추천사

A recommendation

에녹은 하나님과 함께 동행하던 사람이었습니다(창 5:24).

또 이사야 선지자의 '임마누엘'의 예언은 '하나님께서 함께 계심'에 관한 약속의 말씀이었습니다(사 7:14). 이 예언은 마태복음 1장 23절에 기록된 말씀처럼 예수 그리스도를 통하여 성취되었습니다. 또한 예수 그리스도께서 약속해 주신 보혜사 성령에 대한 말씀도 이 "함께 하심"의 주제를 담고 있었습니다 (요 14:16).

이처럼 하나님께서 우리 성도들에게 주신 많은 복과 은혜들 가운데, '하나님께서 우리와 함께 하시는 은혜'는 정말 크고도 놀라운 은혜라고 할 수 있습니다. 그렇다면 그리스도인들은 어떻게 주님과 동행하는 삶을 살아갈 수 있을까요? 매일 성경말씀을 읽고 묵상하며 살아가는 성도의 삶은 그 구체적인 하나의 길이 될 수 있을 것입니다.

하나님의 말씀 곧 구약과 신약에 기록된 성경말씀은 하나님께서 이 세상에 주신 진리입니다 (요 17:17). 그리고 이 말씀이 육신이 되어 우리 가운데 오셨는데, 그분이 바로 예수 그리스도라고 성경은 우리에게 가르쳐 주고 있습니다 (요 1:14-17). 그러므로 우리 그리스도인들은 하나님의 말씀과 동행하는 삶을 살아감으로써, 우리 주님과 함께하는 삶을 살아갈 수 있다고 하겠습니다.

이희만 목사님의 『주님과 함께 성령과 함께』는 '365일 매일 성경 일독'이라는 이 책의 소제목처럼, 책의 안내와 설명을 매일 한 장씩 읽고 따라가면서 읽어 가면 1년에 한 번 창세기부터 요한계시록까지 성경을 다 읽을 수 있도록 만들어진 책입니다. 한국 교회와 성도들 모두가 성경말씀과 동행함으로 하나님의 함께 하심을 체험하는 은혜와 복을 누리며 살아갈 수 있기를 바랍니다. 또한 이 책을 통하여 성도들과 목회자들과 신학생들까지 모든 그리스도인이 큰 도움을 받을 수 있기를 소원하는 마음으로 이 책을 추천하는 바입니다.

'임마누엘'의 은혜가 이 책을 읽으며, 1년에 구약과 신약의 성경말씀을 1독하고자 다짐하는 모든 이들과 함께 하시기를 바랍니다.

2018년 2월 20일

장로회신학대학교 총장 임 성 빈

추천사

A recommendation

이번에 이희만목사님께서 365일 로드맵 바이블 성경통독 『주님과 함께 성령과 함께』(전3권)라는 책을 내시게 되었다.

이 책은 창세기부터 요한 계시록까지 365일 동안 공부하도록 만들어졌다. 성경을 연구하는 모든 분들에게 크게 유익이 될 것이다. 특히 이 책은 목사님의 칼빈 국제 대학교에서 수여하는 명예박사 학위를 받는 기념으로 발간되므로 그 의미가 크다 하겠다.

주님을 믿는 성도들은 하나님의 말씀인 성경을 가까이 해야 하고 영적으로든 지식적으로든 성경을 잘 알아야 주님의 뜻을 알고 주의 제자로 성장해 나간다 하겠다.

그런 의미에서 이 책은 한국교회에 크게 공헌하는 책이 될 것으로 믿는다.

2018년 3월

실로암세계 선교회 대표 한 양 훈 목사

머리말

PREFACE

교회 가면 밥이 나오냐, 국이 나오냐

교회 개척 초기에 전도하러 가서 아파트 문을 두드렸는데, 방에서 아저씨가 나오면서 물 한 바가지를 퍼부으며 외친 말이다. 그 물이 전도하는 여 집사님의 얼굴에 튀었다. 그 집사님은 교회 등록한 지 얼마 되지 않았으나 목사가 전도하러 간다고 하니 그날따라 시간이 생겼다고 하면서 따라 나왔다. "집사님, 고통을 당해서 어떻게요?" 나는 안타까워하며 위로를 했다. 전도하다가 창피를 당했으니 교회를 나오지 않으면 어떻게 하나 싶기도 했다. 그런데 집사님은 "괜찮아요, 전도하다가 이렇게 된 것도 영광이지요 뭐"라고 말하는 것이다. '후우', 마음이 안심되었다. 그러나 그때 그 말이 내 귓가에 맴돌았다.

그 후 약 십 년이 지나면서 교회가 부흥하여 성전을 건축하게 되었다. 그런데 성전 건축이 시작되자마자 웅성웅성하더니 많은 성도가 교회를 옮기는 것이다. 교회건축이 부담된다는 뜻이다. 그때 예전에 전도할 때 들었던 음성이 귀에 쟁쟁하게 들려왔다.

"교회 가면 밥이 나오냐, 국이 나오냐?"

그래서 하나님께 기도했다. 세상 사람들도 먹고사는 것이 힘들지만, 성도들도 세상 사는 것이 힘들다. 교회는 피난처와 같은 곳이라 생각하면서 신앙 생활하는데 교회를 짓는다고 하니 부담이 되어 교회를 떠나는 것이다.

"하나님, 세상 사람들이 하는 저 질문에 답을 주십시오. 하나님은 성전을 지으시면서 답을 주세요. 저는 성경을 읽으면서 해답을 찾겠습니다."

이렇게 기도하면서 1년 성경 1독 표를 만들어 성경을 계속 성도들과 함께 읽었다. 감사한 것은 귀신들려서 망가져 가는 한 가정이 성경을 암송하며 성경 공부하는 중에 귀신에게서 자유로워졌다. 그 가정은 감사의 뜻으로 아파트를 헌납하였다. 성경을 70번 읽은 성도는 계속 성경을 읽는 중에 하나님의 은혜가 감사하다며 상가를 헌납했다. 어떤 성도는 성전 건축을 위하여 일본에 파출부로 가서 일하여 1년 치의 월급을 보내왔다. 남아 있는 성도들은 정성을 다하여 성전 건축에 참여했다. 주일이면 오전 예배를 드리고 교회 건축 현장에서 먼지를 뒤집어쓰면서 일을 했다. 분에 넘치는 헌금을 하는 성도들을 보면 눈시울이 뜨거워졌다. 성경 속에 길(roadmap)이 확실히 있음을 알았다(렘31:21). 그래서 이런 경험을 같이 나누며 인생의 문제를 해결하기 위하여 성경통독연구원(http://roadmapbible.com)을 개설하여 교육하고 있다.

이번에 박사학위를 받으면서 그때 묻어 두었던 내용을 꺼내어 책을 만들고 해답이 필요한 사람들과 공유하고 싶었다. 오늘도 처절한 생존 경쟁의 삶에서 해답이 필요한 사람들에게 도움이 되었으면 좋겠다.

이 책이 나오기까지 물심양면으로 고생하며 후원한 나의 아내 최현명 님과 세 딸 은진, 은성, 은송에게 감사드리며, 출판의 모든 과정을 잘 감당해주신 한양훈 목사님에게 깊은 감사를 표현하고 싶다.

2018. 3. 1.

이 희 만 목사

이 책의 사용 방법

Application method

이 책은 역사의 의미를 통하여 시대순으로(특히 예언서, 신약) 작성하여 하나님의 시대적인 음성을 듣도록 만든 책이다.

또한, 매일 성경 읽기표를 함께 참여자가 1년에 1번 읽으므로 천지 창조에서 새 하늘 새 땅에 이르기까지 신앙 여정을 체험하도록 만든 책이다. 1권, 『주님과 함께 성령과 함께』로 시작하여 2권에서 『그 말씀이 주님과 함께 예언자와 함께』하는 음성으로, 3권에서는 좀 더 구체화하여 『주님과 함께 현장과 함께』 현지화된 주님의 음성이 생생하게 들리도록 기록했고, 3년간 교회에서 성도들의 체험을 통하여 검증된 책이다.

그러므로 다음에 유의하여 읽으면 좋겠다.

1. 해당 날짜에 맞추어 매월 성경 읽기표에 V표시를 하고 이 책을 편다.
2. 해당 날짜에 기록한 성경 내용을 성경을 펴서 읽는다.
3. 해당 날짜에 맞추어 이 책의 내용을 읽는다.
4. 글자에 매이지 말고 전체 속에서 하나님이 오늘 나에게 주시는 생생한 말씀에 관심을 기울인다.
5. 내 마음에 부딪히는 말씀은 신속하게 밑줄을 긋고, 0 표시도 하면서 말씀을 따라간다.
6. 하나님과 대화하듯 질문도 적어보고 내 느낌도 적어본다.
7. '오늘의 묵상'을 읽고 그 질문에 대한 답을 성경을 읽는 중에, 이 책의 내용을 읽는 중에 마음속에 자리 잡은 말씀을 솔직하게 적어 본다. 그리고 오늘 나에게 주시는 말씀을 정리한다.
8. 교회나 공동체에서 지도자(담임 목사나 담임 교역자면 더욱 좋다)에게 일주일 분량의 오늘 묵상한 내용을 보여 주어 하단부의 매일 성경 읽기표에 V 표시를 하여 교회가 지도자의 신앙지도에 도움이 되게 한다.

9. 교회는 성경 통독의 모임에 참여하는 성도들이 주일이나 구역회 모임이나 만남의 시간을 통하여 그동안의 묵상한 말씀을 함께 나누며 친밀감을 더하게 한다.
10. 지도자는 1년의 프로그램 속에서 매일 성경 읽기를 장려하고 복음의 진보를 보이는 성도에게 상을 주어 격려하면서 교회가 성경 중심으로 성령 체험과 증인된 삶을 살도록 방향을 제시한다.
11. 성경 읽기에 참여하는 자 중에서 사명자를 발굴하여 로드맵 성경 통독연구원(http://roadmapbible.com)에서 훈련받아 전문가가 되어 성경 읽기에 진보를 더하게 한다.

차례

CONTENTS

- 2권 차례 -

365일 로드맵 바이블 성경통독

주님과 함께 예언자와 함께(II)

욥기-말라기

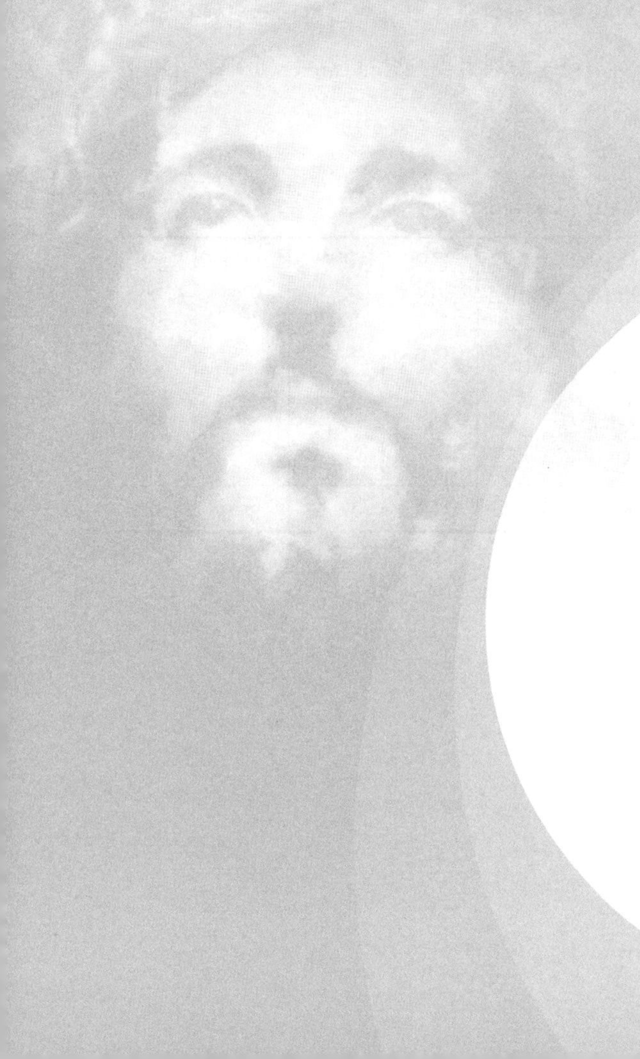

욥기의 로드맵(road map)

욥기는 하나님과 사단 간의 천상에서의 대화로부터 시작하는데, 곧 장면은 지상으로 옮겨져 눈 깜짝할 사이에 욥에게 축복이었던 모든 것은 비탄으로 변한다. 즉 건강과 부와 가족과 지위, 그 모든 것을 잃게 된다. 돌변한 운명을 끌어안은 채 혼란에 빠진 욥은 "왜?"라고 부르짖는다. 네 명의 친구가 상담을 해주지만 욥에게 절실하게 필요로 하는 통찰력은 제공해주지 못한다. 궁극적으로 하나님께서는 여호와 하나님의 절대주권과 모든 일의 이면에서 항상 일하시는 주님에 대한 온전한 신뢰가 인간의 모든 것을 해결하는 능력임을 깨닫게 해주는 열쇠다. 욥기 전체의 구성을 보면 다음과 같다.

<표 1> 전체의 구성

구성	하나님과 사단과의 논쟁	1차 논쟁 욥 엘리바스 욥 빌닷 욥 소발과 욥	2차 논쟁 엘리바스 욥 빌닷 욥 소발 욥	3차 논쟁 엘리바스 욥 빌닷 욥	욥의 자기변호	엘리후의 충고	하나님의 말씀	욥의 회개와 응답
성경	1-2	3-14	15-21	22-26	27-31	32-37	38-41	42

네 친구의 특징은 다음과 같다.

<표 2> 네 친구의 특징

	엘리바스	빌닷	소발	엘리후
특성	신학자	역사가, 법률가	도덕주의자	지식인
의존내용	관찰, 경험	전통	가정	교육
성품	사려 깊음	논쟁적	무례, 무뚝뚝함	통찰력 있음
대변한 것	철학	역사	전통파적 관행	논리
충고 내용	악인만 고통 당한다	악인은 항상 고통 당한다	악인은 단명한다	겸손하고 하나님께 복종하라.
주장	만약 죄를 지으면 고통당할 것	너는 틀림없이 죄를 지었다	너는 현재 죄를 짓고 있다	하나님은 정결하게 하시고 교훈한다
하나님 개념	권선징악자	심판자, 입법자	완고, 무자비	훈련자, 교훈자
핵심구절	4:8, 5:17	8:8	20:5	37:23

천상회의와 마귀의 시험

1장에서는 욥이라는 이가 등장한다.

그는 순전하고 하나님의 경외하며 악에서 떠난 자(1:1)였다. 그는 이스라엘 나라가 아닌 이방지역 '우스'라는 곳에 살면서도 순수하게 믿음을 지켰다. 그런 그였기에 항상 하나님이 그를 '하나님을 경외하여 악에서 떠난 자로서 세상에 그런 이가 없다'라고 칭찬하곤 하셨다. 그러던 어느 날 사단이 욥에 대하여 평을 할 때. 그에게는 그렇게 할 이유가 있다는 것이다. 욥이 "어찌 까닭 없이 하나님 여호와를 경외하리까? 주께서 그 하는 바를 복되게 하사 그 소유물을 땅에 넘치게 하셨음이니라. 주의 손으로 그 소유물을 치소서. 그리하면 주를 욕하리다(1:9-10)"라고 말했다. 사단은 하나님의 동의도 없이 그렇게 판단했다. 하나님은 몸을 제외한 그의 소유물을 치는 시험을 허락하셨다(1:1-5). 그랬더니 사단이 양 7,000마리, 약대 3,000마리, 소 500겨리, 암나귀 500마리를 모두 빼앗았다. 또 7명의 아들과 3명의 아들이 큰아들 집에 모여 식사할 때 사막에서 태풍이 갑자기 불어와 집이 무너지면서 모두 죽었다. 이런 이야기를 듣고 욥은 머리털을 밀고 겉옷을 찢고 땅에 엎드려 하나님께 경배드렸다. 그러면서 고백하기를 "내가 모태에서 적신으로 나왔사온즉 또한 적신으로 돌아가올지라. 주신 이도 여호와시요, 취하신 자도 여호와시오니 여호와의 이름이 찬송을 받으실지니이다"하고 하나님께 영광을 돌렸다(1:6-22).

2장에서는 제2의 시험이 시작된다.

사단은 두 번째도 하나님께서 칭찬하시는 욥의 경건한 신앙(2:3)을 부인하고 "이제 주의 손을 펴서 그의 뼈와 살을 치소서. 그리하시면 정녕 대면하여 주를 욕하리이다"라고 말한다. 마귀의 주특기는 거짓말이다. 마귀는 거짓의 아비로서(요8:44), 거짓말로 하나님의 자녀를 죽이고 멸망시키려고(요10:10) 수단과 방법을 가리지 않으며 하나님의 권위에 도전한다. 10자녀와 그 많던 재산을 잃어버린 그는 설상가상으로 온몸에 악창이 나서 재 가운데 앉아서 기와 조각으로 가려운 곳을 긁으면서 지냈다(2:1-8). 이 비참한 상태를 지켜보던 아내는 지켜보기가 힘들었던지, "당신이 그래도 자기의 순전을 지키느뇨? 하나님을 욕하고 죽으라"라고 말했다. 그런데도 욥은 "우리가 하나님께 복을 받았은즉 재앙도 받지 아니하겠느뇨?"라고 말하고 이 모든 일에 입술로 죄를 범하지 않았다(2:9-10). 첫 번째 시험에서 승리한 욥(1:20-22)은 두 번째 시험에서도 하나님의 절대주권을 믿었다. 아담이 시험에 들도록 할 때 하와를 사용하여 선악과를 따먹게 한 마귀가 이번에도 욥의 아내를 통하여 넘어지게 하려 했다. 그러나 욥은 아내의 이야기에 동요하지 않고 평상시 믿음대로 하나님의 절대 주권을 인정했다.

이때 욥의 세 친구 엘리바스, 빌닷, 소발이 이야기를 듣고 7일 밤낮을 땅에 앉아 침묵으로 지켜보았다. 심방을 왔으나 너무 큰 고통에 유구무언이었다.

3장에서는 급작스럽고 극심한 고난으로 깊은 실의에 빠져 침묵하고 있던 욥은 친구들의 위로와 이해를 바라는 마음에서 마음속 깊은 이야기를 털어놓았다(2:1-19).

욥은 자신의 심경을 토로하기를 육신이 곤고하고 마음이 번뇌한다고 말한다. 어쩌면 이런 것을 10자녀와 그 많은 재산을 위하여 매일 아침 자녀들을 위하여 번제를 드리면서 혹시 우리 자녀가 죄짓지 않을까(1:5) 걱정하곤 했는데, '그 두려워하던 것이 내게 임하고 그 무서워하던 것이 내 몸에 미쳤구나. 이제는 평안도 없고 안온도 없고 안식도 없고 고난만 임하는 구나(3:20-26)' 정말로 여호와의 위로가 필요한 상황이다.

오늘 묵상의 말씀

욥이 고통받을 때 그에게 꼭 필요한 것은 무엇일까?

엘리바스와 욥의 제1차 논쟁

4장에서 가만히 7일 동안 지켜보던 세 친구 가운데 엘리바스가 욥의 한탄함을 듣고 위로한다며 욥에게 충고한다.

2절의 "누가 네게 말하면 네가 싫증을 내겠느냐? 누가 참고 말하지 아니하겠느냐?"라는 말의 명쾌한 뜻은 "누가 너에게 이런 말을 한다면, 너는 싫겠지? 하지만 누가 이런 말을 하지 않을 수 있겠나?"이다. 다시 말하면 욥이 극도로 비참한 상태에 처해 있다. 욥의 잘못이 명백하지만, 단지 욥의 마음이 더욱 괴로움을 당할까 두려워서 책망의 말을 하지 않는다면 오히려 친구의 의무를 다하지 못한 결과가 되기에 정의감과 의분을 가지고 말하니 듣기 싫어도 들어 보라는 것이다(4:1-2). "예전에는 네가 여러 사람을 교훈하고 손이 약한 자를 강하게 하고, 넘어진 자를 격려하여 일으키고, 무릎이 약한 자를 강하게 하고, 자신의 경건과 흠 없이 완전한 행함을 자랑하던 과거가 있었다. 그런데 거꾸로 이제는 네가 처지가 바뀌어 돌봄을 받는 입장이 되었구나! 생각해 보라, 죄 없이 망한 자가 누구이며 정직한 자의 끊어짐이 어디 있는가? 내가 보건대 악을 밭 갈고 독을 뿌리는 자는 그대로 거두나니(4:2-11)"라고 말한다.

이어서 "그런 말씀이 나에게 가느다란 소리로 들렸고(4:12), 밤에 환상으로 들렸고(4:13), 두려움과 떨림으로 나에게 임하여 내 몸에 털이 쭈뼛 서는 것 같았다(4:14-15). 그러니 이 말을 전하지 않을 수 없다"라고 덧붙였다.

5장에서는 4장에 이어 엘리바스가 하고 싶은 말을 전한다. 모든 것은 죄의 결과로 '고통'이 주어진다며, 욥이 당하는 환난의 원인은 욥의 감추어진 죄 때문이라는 말이다. 고난이란 결코 우연의 산물이 아니라, 인간의 죄 때문에 생겨나므로 인생은 결코 고난을 피할 수 없고, 오히려 고난을 위하여 난 것이다(5:7). 그러므로 모든 자식과 재산을 잃어버린 것은 자신의 죄에 대한 하나님의 심판이기에 욥의 회개를 요구한다. 엘리바스는 해결책을 제시한다. 8절에 "나 같으면 하나님을 구할 것이요, 내 일을 하나님께 의탁하리라"라고, 17절에는 "너는 전능자의 경책을 업신여기지 말지어다. 하나님은 7가지 환난에서 구원하실 능력이 충분히 계신 분이다(5:17-27). 너는 듣고 네게 유익한 줄 알라(5:27)"라고 권고한다. 그러나 이런 인과응보의 논리는 욥에게 위로가 되기보다는 정신적인 고통을 더할 뿐이었다.

6장에서는 이 말에 대해 그들은 욥에게 응답을 기대했다.

욥은 친구들의 위로를 기대했으나, 오히려 비난과 책망을 가하는 엘리바스의 변론에 크게 반발하여 자신의 고난은 자신의 죄에 있는 것이 아니라 하나님께 있다고 주장한다. 그러면서 자신의 '분함'을 저울에 달아본다면 바닷모래보다 무거울 것이라고 토로한다(6:1-3). 풀을 구하는 들 나귀, 꼴이 필요한 소, 소금 없는 싱거운 것, 달걀 흰자위같이 볼품없는 게 자신의 인생이라고 말한다.

7장에서 욥의 답변이 계속된다. 자신의 심정은 해가 저물어 품삯을 기다리는 품꾼 같다, 여러 달째 온몸에 부스럼과 구더기가 뒤덮고 살이 곪아 터지는 고통 속에서 자신은 아무 소망 없이 지나간다는 것이다. 밤마다 새벽이 오기를 기다리며 이리저리 뒤척이면서도 헛되이 보내는 자신의 삶에 대한 안타까움이 있다(7:2-4). 11절에 "내 마음의 괴로움 때문에 불평하리이다"라는 말은 하나님에 대한 불평이 아니라 '하소연'이다. 하나님이 침 삼킬 만큼도 나를 놓아주지 아니하시니 괴롭다는 뜻이다(7:19).

오늘 묵상의 말씀

제1라운드에서 엘리바스는 어떤 심정으로 욥과 말하고 있는가?

빌닷의 1차 변론과 욥의 대답

8장에서는 엘리바스의 책망을 들은 욥이 자기 죄를 시인하고 회개하기는커녕 오히려 자신의 정당성을 주장하자, 옆에서 가만히 듣고 있던 수아 사람 빌닷이 흑백논리로 욥의 대답을 "광풍과 같은 헛소리(8:2)"라고 일축한다. 그리고 욥의 자녀들이 죽은 것은 그들의 죄로 심판받은 것이라고 한다(8:4). 이러한 근거로 '하나님의 공의(8:3)'를 들었다. 하나님은 절대로 의로우신 분이기에 죄를 용서하지 않는 분이니 욥이 죄 때문에 큰 고통을 당하는 것은 당연하다는 뜻이다. "이제부터라도 만일 하나님을 부지런히 구하며, 그의 전능하신 이에게 빌고 또 정직하면 정녕 너를 돌아보고 네 의로운 집으로 형통하게 하실 것이요. 네 시작은 미약하였으나 네 나중은 심히 창대하리라(8:5-7)." 또 "옛 어른들에서 내 말이 틀리는지 아닌지 옛사람에게 물어라, 그러면 조상들이 대답해 줄 것"이라고 말한다. 그런데 이러한 빌닷의 말은 이미 큰 고통과 깊은 좌절 속에 빠진 욥을 더욱 힘들게 한다. 욥의 고난은 죄의 결과가 아니라 영적 문제로서 사단의 제안으로 계획된 시험이다. 이 사실을 알지 못한 빌닷은 그가 경험한 바와 전통적인 인과응보의 개념으로 말하지만, 욥에게는 아무 도움이 안 되는 쟁변이었다.

9장은 8장에 대한 욥의 응답이다.

욥은 사람이 결코 하나님과 쟁변할 수 있는 존재가 아님을 알고 있다(9:4). "공의로우신 하나님 앞에 인간은 의로울 수 없다. 하나님이 빼앗으시면 누가 감히 막을 수 있으랴(9:12). 가령 내가 의로울지라도 감히 대답하지 못하고 나를 심판하실 그에게 간구하였을 뿐이며(9:15) 주께서 그 막대기를 내게서 떠나게 하고 그 위엄으로 나를 두렵게 하지 아니하시기를 원하노라(34)." 욥은 하나님의 공의를 인정한다. 그러면서도 그의 간절한 소원은 고통을 제거해 달라는 것이다. 중보자가 있어서 나의 간구를 재판장에게 알려 달라고 한다.

10장에서 욥은 무죄한 고난을 호소하고 있다.

9장이 빌닷의 쟁변에 대한 항변이라면 10장은 자신이 당하고 있는 환난을 직시하며 무슨 말을 해야 좋을지 모를 정도로 영육 간의 괴로움을 탄식한다. 물론 중재자가 있으면 중재자를 통하여 해결의 실마리를 풀어나가는데, 그럴 방법이 없으면 이제는 직접 자신의 처지를 자신이 직접 호소하고 있다.

"내 영혼이 살기에 곤비하니 내 불평을 토로하고 발설하고 내 마음에 괴로운 대로 말하리라. 나를 정죄하지 마시고 무슨 까닭으로 나와 더불어 변론하시는지 내게 알게 하옵소서(10:1-2)." "왜 나의 허물을 찾으시며 나의 죄를 들추어내시나이까(10:8)?" 분명하게 하나님은 선하고 긍휼하심이 풍성한데, 피조물을 학대하고 멸시하는 것은 하나님의 성품에 어긋난다고 호소한다.

"하나님은 내 몸 지으시기를 흙을 뭉치듯이 고운 흙을 으깨고 거기에 나는 젖과 같이 쏟으셨으며 어머니와 아버지 생명의 젖을 합하여 엉기게 하고 피부와 살을 내게 입히며 뼈와 힘줄로 나를 엮으시고, 생명과 은혜를 내게 주고 나를 보살피심으로 내 영을 지키셨나이다(10:10-12). 이렇게 주의 손으로 나를 빚으시고 만드셨는데 왜 이제 나를 멸시하시나이까(10:8)? 왜 나를 티끌로 돌려보내려 하시나이까(10:9)? 주께서 나를 태에서 나오게 하셨음은 어찌함이니까(10:18)?"

이런 탄식은 불평이 아니라 직설적인 자기 고백이고, 마음을 토로하는 것이다.

오늘 묵상의 말씀

우리 주변에서 계속 비난하는 말을 할 때 그 이유는 무엇일까?

세 친구와의 1차 변론과 욥의 대답

11장은 욥의 세 번째 친구인 소발이 욥의 말하는 태도에 격분하고 있는 내용이다.

엘리바스가 자기의 체험적인 환상에 근거하여 욥을 책망했다(4:12-21). 빌닷은 사곡한 자의 멸망에 대하여 옛사람의 교훈에 근거해 자신의 정당함을 주장한 다(8:8-19). 그런데 세 번째 친구 소발은 격한 감정으로 즉흥적인 판단에 근거하여 욥을 책망한다.

그 이유는 1) 욥이 너무 말이 많다. 죄인이 말없이 자신을 돌아봐야 하는데, 죄인이 많은 말을 하니 침묵할 수 없다는 것이다(11:1-2). 2) 욥이 하지 않은즉 "내 도는 정결하고 나는 내 주의 목전에서 깨끗하다"라는 말로 욥을 정죄한다. 3) 마치 자신이 하나님이라도 되는 것처럼 하나님께서 욥을 향하여 입을 여실 것이라 말하며, 하나님의 벌하심이 오히려 욥의 죄보다 가볍다고 일방적으로 욥을 정죄하고 있다. 이것은 소발의 그릇된 확신이요 잘못된 편견이다.

12장은 소발에 대한 욥의 항변 내용을 기록하고 있다.

처음에는 욥의 고통을 보면서 애정 어린 충고로 시작했는데, 가면 갈수록 감정이 격해지고 있다. 욥의 입장에서 환난의 원인을 평가하고 위로해 주기는커녕, 오히려 자기들이 절대자이신 하나님이라도 되는 것처럼 욥을 정죄하고 몰아세우기 때문에 욥은 그들의 자만심을 지적하고 있다. 즉 욥의 친구들이 마치 자기들이 없으면 이 세상에서 아무런 지혜도 없을 것 같은 태도, 그야말로 자신들만 지혜로운 사람인 체한다는 말이다(12:1-3). 짐승들도, 공중의 새들도, 바다의 고기들도 다 알고 있다(12:7-10). 지혜와 권능이 다 하나님께 있고, 계략과 명철도 하나님께 있고, 능력과 지혜도 다 그에게 있고, 속은 자나 속이는 자가 다 그에게 속함을 자신도 알고 있다. 다만 우리 하나님이 침묵하고 계신 것도 알고 있다는 것이다.

13장에서는 12장에 이어서 너희 아는 것을 나도 알고, 너희 듣는 것을 나도 듣고, 너희 보는 것 나도 보았다는 것을 말한다(13:1-2). 그러니 이제부터는 차라리 하나님과 변론하겠다고 말하고 있다. 왜냐하면, 하나님은 절대주권을 가지고 있기 때문이다(13:3). 그리고 "너희는 거짓말을 지어내는 자다"라고 지적한다. 마치 욥이 영적인 비밀을 알고 있는 듯하다. 성경은 "마귀는 처음부터 살인한 자요, 진리가 그 속에 없으므로 거짓말쟁이요, 거짓의 아비(요8:44)"라고 말한다. 괜히 마귀가 심술이 나고 욥이 이유 없이 하나님을 잘 섬기겠냐고 거짓말을 꾸며내어 욥을 고자질하고 괴롭히고 있는데, 욥의 친구들은 그것도 모르고 함께 거짓말을 지어서 괴롭히고 있기 때문이다. 이제 그는 절대 주권인 하나님만 바라본다. 이것이 욥의 가지고 있는 핵심신앙이라고 고백하고 있다.

14장에서는 욥이 세 친구와의 첫 번째 변론을 끝내면서 하나님께 자신의 고통을 제거해 달라고 호소한다.

특히 인생의 수명이 짧다고 말한다(14:1). 인생의 운명이 나무보다 더 가엾다고 말한다(14:7-9). 이런 덧없는 인간에게 잠은 인간의 휴식을 상징한다. 잊어버릴 수가 있다.

그래서 하나님께 두 가지를 기도한다. 1) "주의 진노가 쉴 때까지 나를 숨기소서." 2) "나를 위하여 기한을 정하시고 기억하옵소서." 하나님의 절대 주권을 인정하는 그는 자신이 죽고 싶다. 죽어서 고난이 끝나면 살아나는 그것을 바랄 뿐이다. 이것이 그의 부활 신앙이기도 하다.

오늘 묵상의 말씀

세 친구와 1차 변론을 끝나면서 얻은 결론은 무엇인가?

엘리바스의 두 번째 변론과 욥의 호소

15장에서는 욥의 세 친구와의 2차 변론이 시작된다.

2차 변론은 15장-21장까지 이어지는데, 그 내용은 인과응보의 고난 관점에서 1차 변론과 큰 차이가 없으나, 감정적으로는 더 격앙된 상태로 나가고 있다. 엘리바스는 욥을 꾸짖으면서 이야기를 시작한다. 욥은 헛되고 무익한 말을 하고 있으며(15:1-6), 또 연장자의 지혜로운 말을 무시하고(15:7-13), 욥이 하나님을 반대하며 스스로 의롭다고 주장했기 때문이란다. 그런데 엘리바스가 이처럼 심하게 욥을 꾸짖는 것은 오로지 욥의 말을 오해했기 때문이다. 욥은 인간의 전적 부패를 부인하고 스스로 하나님 앞에서 완전한 의인이라고 주장한 것이 아니다. 단지 자기가 환난을 겪은 것이 자신의 직접적인 죄 때문이 아니라고 주장한 것인데, 엘리바스는 욥을 하나님께 불경건한 자로 몰아붙인다.

16장은 엘리바스에 대한 두 번째 변론이다.

사실 욥의 친구들은 욥을 조문하고 위로하기 위하여 찾아온 사람들이다(2:11). 그런데 그들은 욥을 위로하기는커녕 욥을 번뇌케 하는 안위자 역할을 했다(16:1). 엘리바스는 고난받는 욥을 죄인으로 매도하며 회개를 촉구하면서 쌀쌀맞게 원론적인 변론으로 욥을 절망적인 체념상태로 몰아간다. 욥의 비참한 형편은 친구들에게 위로받을 수 없고 오히려 전능하신 하나님께 아뢸 수밖에 없다. 그는 비참한 형편을 아뢴다. 1) 입을 열어 말하여도 괴로움이 해소되지 않고 입을 다물어도 침묵해도 괴로움이 줄어들지 않는다(16:6). 욥이 입을 열어 스스로 변호하면 성미가 급하고 말이 많은 자라고 하고, 침묵하면 스스로 인정하는 것 같기 때문이다. 2) 나의 온 집안이 패망했다(16:7). 즉 아들과 딸은 죽었고, 부인과 하인들은 등졌다. 3) 나의 육신은 질병과 고통이 오래되어 시들시들해졌다(16:8). 4) 악한 자들이 뺨을 치며 대적한다(16:10-11). 5) 그가 나를 꺾으시며 내 목을 잡아 나를 부서뜨리며 나를 세워 과녁으로 삼아 그의 화살들이 사방에서 날아와 사정없이 나를 쏴 내 콩팥을 꿰뚫어 내 쓸개가 땅에 흘러나오게 한다(16:13). 6) 내 얼굴에는 울음으로 붉었고, 내 눈꺼풀에는 죽음의 그늘이 있다(16:16).

그러기에 그는 더욱 간절하게 중보자를 찾는다. 나의 중보자, 그분은 하늘에 계시다. 지금 그분은 나의 증인으로 보고 계신다(16:19). 절대적 중보자인 그분을 기다린다. 즉 욥은 신이며 인간이 되셔서 자기의 모든 것을 이루실 유일한 중보자(딤전2:5)인 예수 그리스도를 시련을 통해 깨닫는 놀라운 영적 통찰력을 갖게 된다.

17장에서는 욥이 점점 기운이 쇠하고 인생의 날이 거의 다 끝나가고 무덤이 자기를 기다리고 있음을 느낀다(17:1).

그리고 죽음을 기다리는 자신의 주변에는 조롱하는 친구들만 남아있다고 한탄한다(17:2). 그러기에 그는 더욱더 하나님께 청원하게 된다.

1) 하나님께서 친히 보증인이 되어 주세요(17:3). 2) 주님이 친구들의 마음을 가려 깨닫지 못하게 하셨으니, 더는 그들이 교만하여 뽐내지 않게 하옵소서. 3) 나로 백성의 이야깃거리가 되게 하시니 그들이 내 얼굴에 침을 뱉으니(17:6) 나의 눈은 근심으로 어두워지고 나의 온 지체는 그림자처럼 지나가는 처량한 신세가 되었나이다. 그런데도 의인을 그 길을 독실하게 행하고 손이 깨끗한 자는 점점 영적으로는 힘을 얻습니다(17:9). 왜냐하면, 나의 중보자 그분이 나의 보증인이 되기 때문입니다(17:3). 친구에게 실망하면 할수록 더 중보자 하나님에게 간절하게 호소하는 욥의 모습에 더욱 부활 신앙의 중요성을 느끼게 한다.

오늘 묵상의 말씀

욥은 친구들이 비방하면 할수록 그의 신앙상태는 어떤 상태로 전진하고 있을까?

고통 중에 발견한 부활 신앙

18장은 8장에 이은 빌닷의 두 번째 책망이다.

8장에서 "네 시작은 미약하였으나 네 나중은 심히 창대하리라" 등의 위로는 전혀 없고. 욥을 정죄하는 내용으로 가득하다. 1차 변론 시 충고한 내용에 대해서 자신은 무죄하다고 말하며 고난에 대해 고집을 피우고 변명으로 일관하고 방어한다고 생각한 빌닷은 감정이 상하여 욥을 경박한 자로 몰아 신랄하게 비난한다(18:1-4). "너 분하여 스스로 찢는 자야, 너를 위하여 땅의 버림을 당하겠느냐, 바위가 그 자리에서 옮기겠느냐?" 이 이야기는 고난 겪는 자를 위로하러 온 것이 아니라, 재판관이 죄인에게 훈시하는 내용이다(18:4). 그러면서 악인에게 닥치는 고난을 열거함으로 욥에게 경고와 정죄를 퍼붓는다.

1) 악인의 불빛은 꺼진다(18:5). 2) 그 장막은 어두워진다. 3) 그 강한 걸음이 곤하여지고 스스로 빠진다(18:7). 4) 그 발이 스스로 그물에 걸린다(18:8). 5) 그 발뒤꿈치는 창에 치이고 그 몸은 올무에 걸린다(18:10). 6) 사망의 장자가 그 지체를 먹는다(13). 7) 그는 흑암으로 몰려가고 세상에서 쫓겨난다(18:18). 8) 그는 아들도 없고 손자도 없을 것이며, 한 사람도 남은 자가 없다(18:19).

19장에서는 빌닷에 대한 두 번째 답변을 기록하고 있다.

욥은 자기의 괴로움을 호소한다. 먼저 그는 친구의 우정에 호소한다. 10번이나 나를 학대하고도 부끄러워하는구나, 친구 좋다는 것이 무엇일까(19:3). 나를 향하여 허물이 있다고 자만하며 수치스러운 행위가 있다고 증언하는구나(19:5). 그러나 그렇다 할지라고 이것은 하나님이 소관이지 친구가 지적하고 괴롭힐 일은 아니다. 그러고 나서 자기의 괴로운 것을 호소한다. 그는 비록 내가 폭행을 당한다고 부르짖어도 응답이 없고 정의가 없고(19:7), 그가 내 가는 길을 막아 지나가지 못하게 하고 있고(19:8), 내 희망을 나무 뽑듯 뽑아 버리고 있고(19:10), 나를 향하여 진노하사 원수 보듯 하고(19:11), 나의 형제들이 나를 멀리 떠나게 하고 나를 아는 사람이 내게 낯선 사람이 되었다(19:13). 내 친척은 나를 버렸고 가까운 친지도 나를 잊었다. 내 집에 머물러 있던 자들이 나를 낯선 사람으로 여긴다(19:15). 내가 내 종을 불러도 대답하지 않는다(19:16). 내 아내도 내 숨결을 싫어한다. 내 자식도 나를 가련하게 여긴다(19:17). 어린아이들도 나를 조롱하고 업신여긴다(19:18). 나의 가까운 친구들이 나를 미워하고 내가 사랑하는 자들이 나와 원수가 되었다(19:19).

"나의 친구야, 너희는 나를 불쌍히 여겨다오. 나를 불쌍히 여겨다오. 그래도 친구니까, 나를 위로해 다오(19:21)"라고 부탁해 본다. 그러다 그게 아무런 도움이 되지 않음을 느낀 욥은 구속자 그분을 바라본다. 그리고 그 유명한 부활 신앙을 고백한다. "내가 알기에는 나의 대속 자가 살아계시니 마침내 그가 땅 위에 서실 것이라(19:25)."

20장에는 소발의 두 번째 변론을 기록하고 있다.

욥의 대답을 듣고 마음이 답답함을 억제하지 못한 그는 격한 감정으로 이야기한다(20:1-3). 악인의 승리는 오래가지 못한다. 그 즐거움도 잠깐이다. 자기의 똥처럼 영원히 멸망 받을 것이다. 그는 꿈처럼 지나갈 것이다. 그를 본 자가 다시 보지 못할 것이요, 밤의 환상처럼 사라질 것이다. 그의 기골이 청년같이 강장하나 그 기세가 그와 함께 흙에 누울 것이다. 그의 가산이 떠나가며 하나님의 진노의 날에 끌려가리라. 이는 악인이 하나님께 받을 분깃이요(20:5-29). 차마 입에 담기 어려운 악담을 고통받는 친구 앞에 퍼붓는 느낌이 든다.

오늘 묵상의 말씀

환란을 통하여 얻은 욥의 통찰력의 중심 신앙은 무엇인가?

엘리바스 세 번째 항변에 대한 욥의 응답

21장은 소발의 두 번째 변론에 대한 대답이자 세 친구의 두 번째 변론에 대한 대답이다.

먼저 욥은 친구들이 자기를 찾아온 목적이 위로하기 위함이니(2:11), 나를 위로하려면 내 말을 자세히 들어달라고 말한다(21:2). 특히 "나를 용납하여 말하게 하라(21:3)"라며 자기의 대답을 들어주도록 겸손하게 요청한다. 그러면서 욥은 "내가 말한 후에 나를 조롱할지라도 나는 내가 알고 있는 진리에 대해 확실히 말하겠다"라고 한다(21:3). 친구들의 '악인은 반드시 환난을 겪는다'는 인과응보의 논리에 대하여 "그렇지 않고 악인이 잘되는 경우도 있다"고 말한다. 예를 들어 1) 장수하고 세력이 강해진다(21:7). 2) 후손들이 굳게 서고 잘된다(21:8). 3) 집안이 평안하고 하나님의 진노의 매가 임하지 않는다(21:9). 4) 사업의 번창한다(21:10). 5) 자녀의 수가 심히 많다(21:11). 6) 기쁨의 노래가 가득하다(21:12). 7) 형통하게 살다가 평안한 죽음을 맞는다. 이들이 다 권선징악은 아니라는 말이다.

22장에서부터 31장까지 제3차 변론이 이어진다.

이번에도 제일 나이 많은 엘리바스부터 변론을 시작한다. 엘리바스와 빌닷만 재차 공격하고 소발은 침묵한다.

먼저 엘리바스는 "사람이 어찌 하나님에게 유익하겠느냐(22:2-3)?" 그렇지 않다는 것이다. 그러므로 욥은 잘난 체하지 말라는 것이다. 그러면 욥의 죄악이 무엇인가? 1) 형제의 물건이나 의복을 저당 잡았고, 2) 목마른 자와 주린 자에게 물과 식물을 주지 아니하고, 3) 권세 있는 자를 도와 토지를 탈취하고, 고아와 과부를 압제한 것이다(22:4-11). "솔직하게 시인하고 하나님과 화목해라. 그리하면 복이 네게 임하리라. "청컨대 너는 그 입에서 교훈을 받고 그 말씀을 마음에 두라. 네가 만일 전능자에게로 돌아가고 네 장막에서 불의를 멀리 버리면 다시 흥하리라

(22:21-23)"고 권고한다.

23장은 엘리바스의 3차 변론에 대한 응답으로 욥의 항변을 기록하고 있다.

욥은 육체적 환난과 친구들에게 당하는 정신적 고뇌 속에 이 문제를 해결할 길을 오직 하나님을 만나는 길밖에 없다(23:1)고 말한다. 그런데 어떻게 하면 하나님을 발견하고 그의 처소에 나아갈까? 어찌하면 그 앞에서 호소할까(23:3-4)? 내가 앞으로 가도 그가 아니 계시고, 뒤로 가도 그가 보이지 아니하며 왼쪽으로 가도 내가 만날 수 없고 오른쪽으로 가도 그가 돌이키시나 뵐 수 없다(23:8-9). 그런데 그를 만나기 위해 탄식하며 호소하다가 귀한 비밀을 깨달았다.

1) 나의 하나님은 나의 인생길을 인도하시는 분이다. 나의 가는 길을 오직 그가 아시나니. 2) 믿음의 소망을 갖게 하시는 분이다. 그가 나를 단련하신 후에는 내가 정금같이 나오리라(23:10). 3) 환난을 통하여 말씀을 귀히 여기도록 도와주셨다(23:12). 일정한 음식보다 그 입의 말씀을 더 귀히 여겼구나(23:12). 4) 하나님의 뜻은 일정하시니 누가 능히 돌이킬까? 하나님의 절대 주권을 인정하게 되었다(23:13).

24장에서는 23장에 이어 엘리바스의 3번째 도전에 대해 응답을 계속하고 있다.

친구들은 권선징악이라는 논리를 가지고 욥이 고통당하는 것은 악을 행했기 때문이라고 비판하고 있다. 그러나 욥은 자신이 받는 고난과 그들의 고난은 전혀 다른 것이라고 말한다.

악한 자들의 대표적인 죄악은 1) 지계표를 옮기며 2) 양떼를 빼앗아 기르며 3) 고아와 과부의 소유를 탈취하며 4) 빈궁한 자 곧 가난한 자를 학대하며 5) 하나님의 절대적인 명령을 거역하는 것(24:2-4)이지만, 욥은 절대적으로 이런 일은 하지 아니했기에 그들과는 다르다고 말하면 자신을 입증하고 싶어 했다.

오늘 묵상의 말씀

하나님에게 탄식하다가 욥은 자신의 가는 길을 어떻게 하려고 했는가?

세 친구의 변론에 대한 응답과 지난날의 회고

25장은 빌닷의 세 번째 변론으로 욥이 악인의 형통에 대하여 대답한 것을 침묵하고 그 대신 하나님의 위대하심과 인간의 비천함에 대하여 언급한다. 빌닷은 욥의 대답을 듣다 보니 그가 너무 거만하다고 느꼈기 때문이다.

26장은 빌닷에 대한 욥의 세 번째 응답으로, 빌닷의 주장은 훌륭하나 자신과는 상관없음을 강조하고 있다(25:1-4). 그리고 욥은 빌닷보다 더 능가할 정도로 하나님의 무한하신 능력과 위엄을 찬양한다. 1) 지하에서 큰 물을 떠는 영까지 다스리고 (26:5), 2) 음부와 멸망의 웅덩이에까지 주장하고(26:6), 3) 천지를 배열하고 주관하고(26:6), 4) 물을 구름으로 싸지만, 물의 무게로 구름이 찢어지지 않게 하고(26:8), 5) 구름으로 자기의 보좌 앞을 가리고(26:9), 6) 수면에 경계를 그어 빛과 어두움의 한계를 정하시고(26:10), 7) 천지를 배열하고 주관하시고(26:7) 바다와 하늘의 폭풍우와 천둥 번개를 주장하신다(26:14). 결론으로 "그 능력의 우렛소리를 누가 능히 헤아리랴"라고 자신의 미약함을 인정한다.

27장에서 31장까지는 세 친구에 대한 욥의 마지막 변론이다.

27장에서 욥은 자신이 지금 받는 고통의 원인이 될 만한 것이 없다. 특별히 악한 자들의 모습과 본인의 모습은 다르다. 비사(교훈)를 들어 말하면 하나님에 대하여 자신의 의를 빼앗으려고 영혼을 괴롭히는 분으로 묘사하고 있다. 이것은 그가 마귀가 얼마나 시험했는지를 영적 안목으로 보지 않았기 때문이다. 그래서 그는 친구들로부터 죄인 취급을 받으며 괴롭힘 당한 것을 하소연했다. 물론 이런 변호는 자기 의를 나타내기 위하여 하나님의 불의를 강조하는 것이기에 피해야 할 표현이다. 나중에야 이것을 깨달았다(42:5)

그러면서 신앙의 순수성을 지키기 위해 몇 가지 맹세를 했다. 1) 입술과 혀로 불의를 말하지 않겠다(27:4). 2) 죽는 순간까지 자기 의를 굳게 지키겠다(27:6)고 말하면서 의인의 삶의 자세에 대하여 기록하고 있다.

28장에서는 이 세상에서 참된 지혜와 명철은 무엇인가에 대한 해답을 내고 있다.

사람들이 이 세상사는 동안 땅속에 감춘 보석들을 얻기 위해 수단과 방법을 가리지 않고 많은 지혜를 짜내고 있다(28:4). 또한, 그것을 얻기 위해 피나는 노력을 아끼지 않는다. 그러나 사람들이 땅의 일과 자연계에 대해 아무리 많은 지식을 가졌어도 악인 중에 흥한 사람이 있고, 쇠한 사람이 있으며 의인 중에서도 형통한 사람이 있고, 고난 겪는 사람이 있다는 것을 알지 못한다. 진정한 의미에서의 해답은 '사람이 하나님을 경외할 때만이' 모든 해답을 알 수 있다. 또한, 현실 가운데서 불가피하게 당한 고난과 슬픔 가운데서 위로를 받는다. 그것이 진정한 명철과 지혜이다.

29장에서는 욥이 지금은 극한 환난 가운데 처해 있지만, 지난날 자기가 누렸던 축복과 영광을 회상하고 있다.

역경 가운데 욥이 지난날의 기쁨과 은혜를 기억하는 것은 자신에게 큰 위로와 힘이 되었다. 1) 하나님의 등불이 자기 머리 위에 임했다(29:2-3). 2) 강장하던 날에 하나님의 우정이 내 장막 위에 있었다(29:4). 3) 가정에서 자녀들이 번성하는 축복을 누렸다. 버터와 기름으로 시내처럼 흘렀다(29:5-6). 소년들과 노인들과 귀인들이 나에게 경의를 표했다(29:7-10). 그 이유는 많은 자비를 베풀었기 때문이다(29:12-17). 이런 회상을 하는 것은 세 친구가 그를 죄인으로 인정함에 대한 반박이기도 하다.

오늘 묵상의 말씀

지난날에 은혜받았던 때의 이야기를 해보자.

욥의 의로움 주장과 엘리후의 등장

30장은 29장에서 욥이 풍족한 과거를 회상했던 것과 반대로 지금 자기 처지를 돌아보면서 탄식하는 내용이다.

그가 비참해하는 이유는 1) 많은 사람에게 존경받던 그가 이제는 조롱으로 바뀌었다(30:1-8). 2) 그들은 욥의 참상을 '노래를 지어서 부를 정도로' 조롱한다(30:9-15). 그러는 가운데 그가 당하는 고통은 1) 내 심령이 녹고(30:16), 2) 뼈가 쑤시고, 열로 인해 타는 듯 고통을 느낄 정도이며(30:17), 3) 이런 고통으로 끊임없이 통증이 있고(30:17), 4) 피부가 종기로 인하여 썩고 굳어지고 검어져서 딱지가 되어 떨어졌다(30:30).

그보다 더 안타까운 것은 1) 하나님이 나를 버리셨다는 것이다. 주께 부르짖어도 대답지 않으시며 고난 겪는 모습을 방관하고 계시다(30:20). 2) 하나님께서 자기를 이처럼 핍박하셔서 멸하려 하신다고 생각된다(30:21-23). 극한 고통이 계속되다 보니 욥이 이처럼 하나님께 버림받았다는 느낌이 드는 것은 당연한지 모른다는 것이다. 그러나 객관적으로 보면 아직 고난 속에 담긴 하나님의 주권적 섭리를 온전히 깨닫지 못하고 신음하고 번민하는 느낌이 든다.

31장에서 욥은 강한 어조로 자기 자신의 순결함과 의로움을 주장하고 있다.

1) 여인과의 관계에서 순결했다(31:1). 2) 공평한 저울을 사용하여 보라 할 만큼 허탄한 행동을 일삼지 아니했다(31:6). 3) 이웃의 유부녀에게 범죄 하지 아니했다(31:9-12). 4) 종들을 함부로 대하지 아니했다(31:13-15). 5) 가난한 자들의 도움을 거절하지 아니했다(31:16-23). 6)재물에 소망을 갖지 아니했다(31:24). 7) 자연에 대하여 하나님의 위대함을 찬양하고 우상 숭배하지 아니했다(31:26). 8) 대적들을 저주하는 것을 즐거워하지 아니했다(31:29). 9) 결코 남의 물건을 착취하지 아니했다(31:38). 이렇게 강한 어조로 자신의 순결과 선행을 주장했다. 그러나 너무 강

하게 주장하다 보니, 하나님의 절대 주권을 경시 여기는 경향이 있어 보인다.

32장에서는 엘리후('그분은 하나님이시다'라는 뜻)가 등장한다.

그는 지금껏 세 친구의 변론과 욥의 의로움을 주장하는 이야기라 듣고만 있었다. 이제 양편 주장이 다 끝나자 비로소 대화에 개입했다. 그가 개입한 이유는 첫째, 욥이 자신을 의롭다고 주장하는 것이 못마땅해서고(32:2) 둘째, 욥이 자신을 의롭다고 주장할 때 친구들이 그에 대해 적절한 반론을 펴지 못하고 오히려 욥을 죄인 취급하기 때문(32:12)에 양쪽에 공평하고 객관적으로 이야기해야겠다는 사명감이 있었던 것 같다. 엘리후가 지금까지 발언을 삼간 이유는 욥과 세 친구보다 연소했기 때문이다. 엘리후는 조금이라도 세상을 오래 산 연장자들이 더 지혜로운 말을 할 수 있다고 생각해서 참았다.

33장에서는 32장에서 엘리후의 입장을 설명하였으니 자기가 하는 말을 호의적으로 받아 달라고 부탁하고 있다(33:1-3).

그러면서 욥에 대하여 의롭지 못하다고 이야기 한다(33:9).

1) 욥이 스스로 깨끗하고 죄가 없으며 허물과 불의가 없다고 주장하였기 때문이다. 2) 하나님과 논쟁하는 것은 잘못된 것이다. 하나님을 전부 이해하지 못하면서 하나님께 왜 고통을 주시는지 따진다는 것을 불경하다(33:13).

오늘 묵상의 말씀

엘리후처럼 객관적으로 나에게 조언하는 사람이 있으면 어떨까?

엘리후의 최종 변론

34장은 33장에 이어서 욥의 문제를 신중하게 다루고 있다.

특히 엘리후는 신관(神觀)에 대한 차이점을 재정립할 필요가 있다고 본다. 엘리후가 생각하는 하나님은 결코 불의와 악을 행하지 않는 분이시다. 그렇기에 모든 사람을 각자의 행위대로 보응하신다. 즉 욥에게도 하나님은 그의 고난을 무조건 죄의 결과라고 보아서도 안 되지만, 그렇다고 전혀 무의미하고 공연한 것으로 여겨서도 안 된다고 한다(34:10-15). 또 하나님은 지위나 재산 등으로 사람을 평가하지 않으신다(34:17-19). 하나님은 모든 길과 걸음을 일일이 감찰하시고(34:21), 그들의 '행위를 따라' 심판하신다(34:25). 그러므로 자기 범죄를 은폐하거나 숨기려고 해도 헛된 것이며, 당당하게 심판하신다는 말이다(34:23-24). 그리하여 악인들에 대해서는 하나님의 심판이 그들이 전혀 예상하지 못했을 때 순식간에 이루어진다. 그러기에 욥에게 바라는 것은 한마디로 말하면 '회개하라'라는 것이다.

지금까지 이야기를 듣는 중 욥의 회개가 선행되지 않고 이야기하는 것은 욥에 대한 진정한 이해와 위로를 주지 못했다고 한다. 욥의 세 친구와 달리 엘리후는 하나님의 깊은 섭리 속에서 고통이 하나의 연단의 기회일 수 있음을 통찰하는 지혜가 되지만 그렇지 않으면 신랄하게 정죄하는 일에만 치우치며 위로는커녕 더 큰 고통이 된다고 말한다.

35장은 엘리후의 세 번째 변론이다.

인간의 행위가 하나님께 영향을 줄 수 없다고 한다(35:1-8). 2) 기도 응답이 없는 이유를 밝히는 부분(35:9-16)이다. 즉 그는 하나님을 초월적 주권자로 생각하여 인간의 모든 행위가 하나님께 아무 유익도, 관계도 없다고 단정하여 욥이 말하는 의로움이 무용한 것이라 주장한다. 또한, 엘리후는 욥이 하나님의 침묵에 대해 괴로워하는 모습을 보면서, 기도 응답이 없는 이유는 회개하지 않고 교만한 태도로 기도하기 때문이라고 말한다.

36장에서는 엘리후의 4차 변론을 보여주고 있다.

4차 변론을 통하여 엘리후는 하나님의 인도하심에 순종하고 복종할 것을 권면하고 있다. 1) 하나님은 결코 인간을 멸시하지 않으신다(36:5). 2) 하나님은 악인에게 응보하시고, 고난 겪는 자를 신원해 주신다(36:6). 3) 의인을 주목하신다(36:7). 특히 사랑하는 백성이 청종치 않고 교만하면 누설(쇠사슬)에 얽매이거나 환난을 겪게 하셔서라도 회개하게 하신다(36:9). 그러면서 엘리후는 하나님의 위대함을 표현하고 있다. 하나님은 위대하셔서 우리가 그를 알 수 없고 그 연수(年數)를 계산할 수 없다(36:26). 물방울을 가늘게 하시며 빗방울이 증발하여 안개가 되게 하신다. 그것이 구름에서 내려 많은 사람에게 쏟아진다(36:27-28). 이와 같은 하나님의 섭리를 보면서 깨달으라는 말이다.

37장에서는 엘리후의 4차 변론을 마치면서 하나님의 위대하심을 강조한다. 하나님의 위대함을 찬송할 때 모든 문제가 해결된다는 것이다. 먼저 천둥소리를 통하여 사람의 청각에, 번개를 통하여 사람의 시각에 자극을 줌으로 우둔한 인간이 자연 속의 하나님을 깨닫게 하신다(37:1-5). 눈비와 바람을 통하여 하나님의 위대함을 나타낸다. 이것들을 통하여 '사람들의 손을 봉하게 하신다' 고 말하는데, 이는 눈, 비, 바람 때문에 사람들이 일손을 멈추고 쉰다는 뜻이다. 구름을 통하여 하나님이 명하시는 것(하나님의 뜻)을 '세상에 이루려 하심'이라고 말한다. 이렇게 기후 변화를 통하여 하나님은 당신의 일을 펼치신다. 그러면서 마지막으로 하나님의 두려운 위엄이 있다고 말한다(37:22).

오늘 묵상의 말씀

우리의 모든 문제 해결의 해답은 어디에 있을까?

하나님의 절대주권과 인간의 축복

38장에서는 자신들의 주장만 고집해오던 욥의 친구들과 자신을 변호하던 욥과의 지루한 논쟁이 해결 기미가 보이지 않자 하나님이 개입하신다.

세상의 모든 주권이 하나님께 있다는 선언과 함께 하나님의 지혜 말씀이 시작되자, 위엄 있는 하나님의 말씀 앞에서 그들은 입을 가릴 수밖에 없었다(38:3). 하나님은 "무지한 말로 생각을 어둡게 하는 자가 누구냐"라고 처음부터 책망하신다. 대답해보라는 것이다. "내가 땅에 기초를 놓을 때 네가 어디 있었느냐(38:4), 그것의 주추는 무엇 위에 세웠으며 그 모퉁잇돌을 누가 놓았느냐(38:6), 바다가 그 모태에서 터져 나올 때 문으로 그것을 가둔 자가 누구냐(38:8), 네가 바다의 샘에 들어갔었느냐, 깊은 물밑으로 걸어 다녀보았느냐(38:16), 사망의 문이 네게 나타났느냐, 사망의 그늘진 문을 네가 보았느냐(38:17), 땅의 너비를 네가 측량할 수 있느냐(38:18), 어느 것이 광명으로 가는 길이냐, 어느 것이 흑암으로 가는 길이냐(38:19), 누가 홍수를 위해 물길을 터주어 비를 내리게 했느냐(38:25-26), 가슴 속의 지혜는 누가 준 것이냐(38:36), 까마귀 새끼를 위하여 먹이를 마련하는 이는 누구냐(38:41), 세상과 동물을 다스리는 것을 물어보셨다.

39장에서는 하나님이 친히 동물을 보살피고 계시는 것에 관하여 물어보았다.

산염소가 새끼 치는 것을 네가 아느냐(39:1), 누가 들 나귀를 놓아 자유롭게 하였느냐(39:5), 들소가 어찌 기꺼이 너를 위하여 일하겠느냐, 네 외양간에 머물겠느냐(39:9), 타조는 즐거이 날개를 치나 학의 깃털과 날개 같겠느냐(39:13), 말의 힘을 네가 주었느냐, 그 목에 흩날리는 갈기를 네가 입혔느냐(39:19), 이렇게 모든 짐승에게 서로 돌볼 수 있게 하신 분도 하나님이시다.

40장에서는 앞장에서 천지 창조와 동물들에 관하여 물으셨을 때 유구무언인 욥에게 이번에는 인간은 감히 하나님과 대면할 수 없다는 것을 보여 주신다.

"트집 잡는 자가 전능자와 다투겠느냐 하나님을 탓하는 자는 대답할지니라(40:2)." 그러자 욥이 "보소서, 나는 비천하오니 무엇이라 주께 대답하리까? 손으로 내 입을 가릴 뿐이로소이다(40:4), 다시는 더 대답하지 아니하겠나이다(40:5)"라고 대답한다. 폭풍우 가운데서 하나님은 또 물으신다. "네가 내 공의를 부인하려느냐? 네 의를 세우려고 나를 악하다 하겠느냐? 네가 하나님처럼 능력이 있느냐, 하나님처럼 천둥소리를 내겠느냐(40:9-10)?" 그렇게 물으신 후 하나님은 하마 이야기를 하신다. 그 엄청난 힘을 가진 하마도 하나님 말씀에 순종한다. 그런데 하마와 똑같은 날에 창조된 욥은 어찌하여 하나님과 다투려는지 책망하고 있다.

41장에서는 앞장에서 하마의 예를 들어 하나님의 절대주권을 보여주시고 이번에는 악어를 통해서 절대주권을 말씀하신다.

"네가 능히 밧줄로 악어의 코를 꿸 수 있겠느냐, 갈고리로 그 아가미를 꿸 수 있겠느냐? 인간은 불가능하지만, 하나님은 하신다." 11절에 보면 "온 천하에 있는 것이 다 내 것이니라"라고 말하면서 하나님의 절대주권을 선포하신다.

42장에서는 욥기의 결론으로서 하나님의 절대주권에 대한 인간의 순종으로 결론을 내린다.

결국 "의인이 왜 고난을 겪는가?"라는 인간의 질문은 "이 사람아, 네가 뉘기에 감히 하나님을 힐문(반문)하느뇨?"라는 말씀처럼 절대주권의 위엄 앞에서 순종이라는 해답으로 귀결을 내린다. 그때 욥의 대답하는 말, "내가 주께 대하여 귀로 듣기만 하였삽더니 이제는 눈으로 주를 뵈옵나이다(42:5)"라고 응답의 결론을 내린다. 이리하여 욥은 세 친구를 용서하는 중보기도를 드렸으며, 이를 우리 하나님이 받으시고 처음보다 배나 축복을 하셨다.

오늘 묵상의 말씀

욥이 체험한 내용과 축복은 무엇인가?

여호와의 율법을 즐거워하는 자

1편은 시편 전체의 서론이다. 또한 시편 전체를 응축시킨 내용으로 전 우주의 창조주이신 하나님이 친히 선택한 백성의 구원자가 되시어 약속하고 길을 인도한다는 내용이다.

길은 의인의 길과 악인의 길이 있다. 두 길 중의 한길을 선택해야 한다. 선택은 자유다. 악인의 길은 오직 바람에 나는 겨와 같다. 그래서 심판을 견디지 못하고 망한다(1:4-6). 그러나 의인의 길은 시냇가에 심은 나무가 철을 따라 열매를 맺으며 그 잎사귀가 마르지 아니함 같아서 하는 일이 모두 형통하다. 이런 사람은 복 있는 사람인데 하나의 주의 사항이 있다면, 악인의 꾀를 따르지 아니하고, 죄인들의 길에 서지 아니하고, 오만한 자의 자리에 앉지 않아야 한다. 그리고 여호와의 율법을 즐거워하고 묵상하는 자이다.

2편은 왕권의 내용이다.

하나님의 왕권은 다윗 언약의 성취이다(삼하7:12-16). 그래서 기도 중에서 이 언약의 기도가 효과가 크다. 이 언약 기도할 때 우리 하나님은 "열방을 유업으로 주어 내 소유가 될 것이다"라는 말씀으로 응답해 주신다.

3편에서는 다윗의 가장 위기였을 때의 내용이다.

다윗은 하나님과 다윗언약인 (삼상7:12-16)을 맺었다. 그러나 그를 피하여 영토 확장 정치, 부조 정치, 장례식 정치를 하다가 육신의 정욕을 못 이겼다. 그로 인하여 가족에게 우환이 왔는데, 가족이 망가지고 심지어는 아들 압살롬에게 왕권을 내어주며 도망가야 했다. 이때 그는 성전 언약을 붙잡고 기도했더니 하나님은 성전 언약을 성산에서 들으셨다. 하나님은 계약 기도를 좋아하신다.

4편에서는 고난을 이기는 비밀이 바로 기도임을 말한다.

"나의 하나님이여 내가 부를 때에 응답하소서. 나의 기도를 들으소서!" 그러면 우리 하나님이 응답하신다. 이런 비밀이 우리에게 있다. 이 기도 응답의 비밀은 추수가 풍성할 때 보다 더 기쁘다.

5편에서는 아침에 드리는 기도를 우리 하나님은 기뻐하신다고 말한다.

다윗은 이것을 느꼈다. "아침에 주께서 나의 소리를 들으시리니 아침에 내가 주께 기도하고 바라리다(5:3)." 왜냐하면, 사람들이 제일 먼저 활동을 시작할 때라서 정신 집중이 잘 된다.

6편에서는 하나님은 내 곡성을 들으시는 분이라고 고백한다.

"여호와여, 나의 뼈가 떨리오니 나를 고치소서. 나의 영혼도 심히 떨리나이다. 여호와여, 어느 때까지이니까?"라는 기도로 밤마다 눈물로 침상을 적실 때 그 곡성을 우리 주님은 반드시 들으시고 응답하신다. 기도를 들으실 뿐만 아니라 실제 응답으로 내 눈에서 눈물을 빼낸 원수, 그 모든 세력을 부끄럽게 하고 떨다가 홀연히 물러가게 하신다.

7편은 다윗이 억울한 비난과 핍박을 당했을 때 하나님께 드린 기도요, 탄원이다.

다윗은 그 억울함이 다윗으로 하나님께 더 가까이 가게 했다. 바로 그런 사람은 하나님을 의지하는 자들이 맛보는 감사와 찬양을 할 수 있는 특권을 누린다(7:17).

8편에서는 하나님의 위대하심과 영화로우심에 대한 찬양의 시이다. 하나님에 대하여 아는 만큼 누리게 되고, 아는 만큼 찬양하게 된다. 주의 손가락으로 만드신 주의 하늘과 주의 베풀어두신 달과 별을 내가 보오니, 하나님이 손가락이 움직일 때마다 하늘의 별들이 한 둘씩 늘어나고 해와 달이 번갈아 가면서 빛을 발한다. 손가락을 움직이면 공중의 새가 움직이고 바다의 어족과 해로에 다니는 것이 주의 손가락이 움직일 때마다, 작품이 하나씩 하나씩 더 많아진다고 찬양하고 있다.

오늘 묵상의 말씀

찬양을 즐거워하고 여호와의 율법을 즐거워하는 자에게 어떤 복이 임할까?

나의 안전지대

9편에서는 공의에 근거한 하나님의 구원을 찬양하고 있다.

감사 예배시(詩)의 하나인 9편은 다윗이 자신의 전 생애를 회고하며 과거에 자신에게 베풀어주신 무수한 하나님의 구원 역사를 감사 찬양하고 또 남은 생애에도 같은 은혜가 계속되기를 소망하며 간구하는 시이다. 1-6절은 과거 하나님의 구원 역사 회고와 찬양을, 7-12절은 압제당하는 자와 가난한 자의 구원 호소에 항상 응답하시는 공의의 심판자이신 하나님께 대한 찬양을, 13-20절은 공의에 입각한 하나님의 악인에 대한 응보와 의인에 대한 구원을 간구하는 내용이다.

10편에서 핍박 자들로 인하여 다윗의 마음은 참으로 답답하다.

그들의 입은 독을 품고 있는 독사(10:7), 몰래 잠복해 있는 악당(10:8), 굶주린 사자, 무고하게 덫으로 잡는 사냥꾼(10:9-10) 등이다. 시인은 이들을 고발한다. 그리고 하나님이 다 보고 계심을 믿고 도우심을 확신한다. "여호와여, 일어나옵소서. 하나님이여, 일어나옵소서. 가난한 자들을 잊지 마옵소서(10:12)." 하나님의 행동하시는 역사를 바라보고 있다.

11편에서는 "터가 무너지면 의인은 무엇하랴(10:4)?

신자의 믿음의 터전, 그 믿음 위에 살아간다"라고 말한다. 아무리 마귀가 믿음의 터전, 삶의 터전을 무너뜨리려 해도 우리는 확신이 있다. 왜냐하면, 여호와께서 성전에 계시고 그의 눈이 우리를 통촉하고 있고, 인생을 감찰하시기 때문이다. 성전 언약(삼하7:12-16)은 우리 주님의 든든한 약속이요. 우리의 꿈이다. 이것은 절대 무너질 수 없는 믿음의 터전이다.

12편에서는 고통스럽기만 한 현실 속에서 하나님에 대한 투철한 다윗의 신뢰를 표현하고 있다.

"여호와여, 도우소서. 경건한 자가 끊어지고, 충실한 자들이 인생 중에서 없어지니이다(12:1).” 이럴 때 우리는 안전지대로 간다. “여호와의 말씀에 내가 일어나 그를 안전한 지대에 두리로다. 그 안전한 지대가 어디인가? 여호와의 말씀은 순결함이여, 흙 도가니에 일곱 번 단련한 은 같도다.” 이때 여호와께서 영원토록 지키신다.

13편에서는 참기 어려운 극도의 고통 속에서 그 고통에 대한 처절한 탄원과 호소를 하고 있다.

이때 다윗은 기도한다. “여호와 하나님, 나를 생각하고 응답하시고 나의 눈을 밝히소서. 하나님의 신비한 비밀을 볼 수 있도록 영안을 열어 주소서.” 그러면 성령님이 믿음을 주셔서 “나는 오직 주의 사랑을 의지하였사오니 나의 마음은 주의 구원을 기뻐하리다”라고 고백하게 된다.

14편에서는 시대적으로 암울하고 주변을 돌아보면 악한 자들뿐인데, 이때 다윗은 성전 계약(삼하7:12-16)을 기억한다.

“주의 구원이 시온에서 나오기를 원하는도다. 여호와께서 그 백성의 포로된 것을 돌이키실 때에 야곱이 즐거워하고 이스라엘이 기뻐하리로다.” 신앙 공동체 속에서 하나님의 언약성취를 바라보면서 미래의 즐거움을 미리 당겨쓴다.

15편에서는 “누가 다윗의 언약(삼하7:12-16)을 붙잡고 살까, 누가 주의 장막에 거하고 그의 성산에 오를까? 이런 일을 행하는 자는 영원히 흔들리지 아니하리로다”라고 고백한다.

16편에서 오랫동안 도망자의 신분으로 살아온 다윗은 “그때가 바로 나의 분깃을 찾을 기회”라고 고백한다. 주밖에는 나의 복이 없다고 고백하면서 주님을 찾았다. 그게 평생 다윗을 축복의 길로 걷게 했다. 그때 주님이 생명의 길을 보이셨고, 주 앞에서 충만한 기쁨을 주셨고, 영원한 즐거움을 주셨다.

오늘 묵상의 말씀

도망가고 싶을 때, 인생이 무너지는 것 같을 때 나의 피난처는 어디인가?

나의 힘이 되신 여호와

17편은 곤고한 위기에 처해있을 때의 기도이다.

"여호와여, 의의 호소를 들으소서. 나의 울부짖음에 주의하소서. 나를 눈동자 같이 지키시고 주의 날개 그늘 아래에 감추사 나의 목숨을 노리는 자 앞에서 벗어나게 하소서. 하나님이여, 내게 응답하시겠으므로 내가 불렀사오니 내게 귀를 기울여 내 말을 들으소서. 여호와여, 이 세상에 살아 있는 동안 그들의 분깃을 받는 사람들에게서 주의 손으로 나를 구하소서. 나는 의로운 중에 주의 얼굴을 뵈오리니 깰 때 주의 형상으로 만족 하리리다."

18편에서는 위기 탈출의 축복을 주신 하나님께 영원히 찬송하고 싶은 마음을 고백하고 있다.

"나의 힘이 되신 여호와여, 내가 주를 사랑하나이다. 여호와는 나의 반석이요, 나의 요새시요, 나를 건지시는 자시요, 나의 하나님이시요, 나의 피할 바위시요, 나의방패시요, 나의 구원의 뿔이시요, 나의 산성이시로다. 내가 환난 중에서 여호와께 아뢰며 나의 하나님께 부르짖었더니 그가 그의 성전에서 내 소리를 들으심이여. 그의 앞에서 나의 부르짖음이 그의 귀에 들렸도다. 여호와의 도(말씀)는 완전하고 여호와의 말씀은 순수하니, 그는 자기에게 피하는 모든 자의 방패 시로다(18:30)."

19편에서는 자연과 율법을 통해 발견한 하나님에 대해 찬송을 하고 있다.

일반 계시인 자연을 보면서 하나님의 음성을 듣게 되고, 언어를 통하여 하나님의 지혜를 듣게 되니 얼마나 감사한지 모른다. "하늘이 하나님의 영광을 선포하고 궁창이 그의 손으로 하신 일을 나타내는도다.", "여호와의 율법은 완전하여 영혼을 소성시키시며, 여호와의 증거는 확실하여 우둔한 자를 지혜롭게 하며, 여호와의 교훈은 정직하여 마음을 기쁘게 하고, 여호와의 계명은 순결하여 눈을 밝게 하도다. 나의 반석이신 여호와여, 내 입의 말과 마음의 묵상이 주님 앞에 열납 되기를 원하나이다." 아멘.

20편에서는 "환난 날에 여호와께서 내게 응답하시고 야곱의(이스라엘 공동체) 하나님이 너를 높이 드시고 성소에서 너를 도와주시고, 시온에서 너를 붙드시며, 네 모든 소제를 기억하시며, 내 번제를 받아 주시기를 원하노라. 네 마음의 소원대로 허락하시고 네 모든 계획을 이루어 주시기를 원하노라. 우리가 너희 승리로 말미암아 개가를 부르며 우리 하나님의 이름으로 우리의 깃발을 세우리니 여호와께서 네 모든 기도를 이루어 주시기를 원하노라"라는 기도로 긴박한 전쟁에 참여하는 자에게 승리를 기원하는 기도를 드리고 있다. 우리의 하루하루 도시 생활이 무한한 생존경쟁의 세상이다. 하나님의 말씀으로 승리의 깃발을 꽂자.

21편에서는 전쟁에 대한 승리를 기원하는 출정 시 20편과 연결되어 전쟁에서 이기고 돌아와 부르는 개선시다.

이러한 시로서 여호와를 통해 획득된 승리에 대한 찬양과(21:1-6) 미래에 대한 여호와를 통해 계속 주어질 승리에 대한 확신(21:7-12), 그리고 마지막 송영(21:13)으로 구성되어 있다.

"여호와여, 왕이 주의 힘으로 말미암아 기뻐하며 주의 구원으로 말미암아 크게 즐거워하리이다. 그의 마음의 소원을 들어주셨으며, 그의 입술의 요구를 거절치 아니하셨나이다. 여호와여, 주의 능력으로 높임을 받으소서. 우리가 주의 권능을 노래하고 찬송하게 하소서."

오늘 묵상의 말씀

매일 매일 부대끼는 현실 속에서 그 입술에 매일 언약이 있고 승리의 확신을 가진 다윗을 보면서 나의 하루 속에서 역동적으로 나를 이끌어 가는 핵심가치는 무엇인가?

여호와는 나의 목자시니

22편은 대표적인 메시아 수난의 시이다.

다윗이 사울의 핍박으로 인하여 고난받는 중에 기록한 비탄의 시이나, 궁극적으로는 택한 백성을 대속하기 위하여 십자가에서 죽임을 당하신 예수 그리스도의 수난을 노래한 메시아 시이다. '내 하나님, 내 하나님, 어찌 나를 버리셨나이까?(엘리 엘리 라마 사박다니, 마27:46)'로 메시아의 십자가 사역이 시작된다. 나는 벌레요, 사람이 아니라 사람의 비방 거리와 백성의 조롱거리다. 십자가에 달릴 때 군인들, 바리새인과 서기관, 장로의 추종자들로부터 조롱당한 것에 대한 예언이다. "내 힘이 말라 질그릇 같고 내 혀가 입천장에 붙었나이다. 주께서 나를 죽음의 진토 속에 두셨나이다." 주님이 십자가에서 타는 목마름 속에 있을 때 나는 목마르다 탄식했다. 그의 공의로 태어날 백성에게 전함이여, 주께서 이를 행하셨다 할 것이로다.

23편에서 "여호와는 나의 목자시니 내게 부족함이 없으리로다"라고 고백한다. 다윗은 목자로서 양떼를 지킬 때 사자나 곰이 와서 양의 새끼를 물어 가면 쫓아가서 그 입에서 새끼를 건져내었고, 그것이 일어나 나를 해치고자 하면 그 수염을 잡고 그것을 쳐 죽여서 새끼를 보호했다. 그러므로 우리 하나님이 영적으로 우리는 그렇게 잘 지키신다는 것을 몸으로 체험하여 하나님의 인도하심을 믿고 전적으로 신뢰를 보내고 있다. 예수님은 "도적이 오는 것은 도둑질하고 죽이고 멸망시키려는 것뿐이요, 내가 온 것은 양으로 생명을 얻게 하고 더 풍성히 얻게 하려는 것이라. 나는 선한 목자라(요10:10-11)"라고 말씀하셨다. 이 예수님을 나의 영원한 나의 목자로 믿고 순종할 때 나의 평생에 선하심과 인자하심이 정녕 나를 따를 것이요, 나는 영원히 여호와의 집에 거할 것이다. 이것은 다윗이 성전 언약(삼함7:12-16)을 붙잡고 기도할 때마다 믿음의 확신과 사랑의 공감대를 보낼 수밖에 없는 친밀감을 준다.

24편에서는 영원한 문들아 머리를 들지어다.

절대적 주권자이신 하나님을 향한 찬양과 경배의 당연함을 보여주고 있다. "영광이 왕이 뉘시뇨, 강하고 능한 여호와시오. 전쟁에 능한 여호와시로다." 그 하나님이 성전에 들어가신다. 여호와께서 그 터를 바다 위에 세우셨다. 강들 위에 건설하였도다. 다윗 언약(삼하7:12-16)을 성취하신 여호와, 그 하나님께 영광 돌리는 것은 정말 축복받을 수 있는 유일한 길이다. 이 여호와의 산에 오를 자 누굴까?

25편에서는 "여호와여 나의 영혼이 주를 우러러보나이다." 진정한 나의 고백이다.

평안하고 일이 잘될 때 그런 고백을 드린 것이 아니다. 원수들이 나를 협박할 때이다. "내 눈이 항상 여호와를 앙망함은 내 발을 그의 그물에서 벗어나게 하시고 하실 것임이로다." 하나님이 반드시 원수의 협박 그물에서 벗어나도록 도와주신다는 것이다. 그 하나님과 친밀감을 느끼는 것이 원수를 이길 비밀이다. "여호와의 친밀함이 경외하는 자에게 있음이여, 그 언약을 저희에게 보이시리로다."

26편에서는 시험이 와서 힘이 들 때 다윗에게 이상한 생각이 든다. 그것은 왕으로서의 기준을 갖추는 시간이라는 것이다. 그래서 행악자들이 그를 치려고 할 때마다 "여호와여, 나를 살피시고 시험하사 내 뜻과 내 양심을 단련하소서. 주의 인자하심이 내 목전에 있나이다"라고 고백한다. 그러다가 더 시련이 계속되면 "여호와여 내가 주께서 계신 집과 주의 영광이 머무는 곳을 사랑하오니"라고 고백하면서 성전 언약인 사무엘하 7장 12-16절을 붙든다.

오늘 묵상의 말씀

환난 날에 나의 무기는 무엇인가? 혹시 아무 대책 없이 마귀에게 당하고만 있지 않은지?

홍수 위에 좌정하시는 하나님

27편에서 다윗은 삶의 현장에서 자신감 있는 것은 하나님은 언약의 하나님이므로 다윗 언약인 사무엘하 7장 12-16절 말씀을 지키실 줄 확신한다.

아무리 원수가 내 살을 먹으려고 달려들어도 나의 대적, 나의 원수는 결국 지쳐서 넘어진다. 설령 그들이 군대를 이루어 나에게 전쟁을 만들어도 태연하게 승리할 수 있다. 왜냐하면, 성전 언약을 우리 하나님은 반드시 지키시기 때문이다. 그러므로 위기 때 나는 한 가지만 하면 된다. "내가 바라는 것은 한 가지 일인데 곧 내 평생에 여호와의 집에 살면서 여호와의 아름다움을 바라보며 그의 성전에서 사모하는 그것이라. 여호와께서 환난 날에 나를 그의 초막 속에 비밀히 지키시고, 그의 장막 은밀한 곳에 나를 숨기시며 높은 바위 위에 두시리로다"라고 기도한다.

28편에서는 고통 가운데서 부르짖을 때 반복하여 느끼는 위기 때 다윗은 하나님께 "나의 반석이시여"라고 부르짖고 있다.

2절에서의 그곳은 바로 '주의 성소'이다. 예수님은 반석 위에 교회를 세우겠다고 말씀하셨다. 그 교회에 음부의 권세가 나를 이기지 못하는 능력을 부여하셨다. 그 힘은 바로 성전 언약에 근거한 힘이요, 약속을 이루시는 하나님의 변치 않으신 성실성이다. 그러기에 나의 반석은 또한 나의 힘이요, 나의 방패가 되기도 한다. 이렇게 나의 힘이요, 나의 방패요, 나의 반석이신 여호와로 말미암아 힘을 얻어 "내 마음이 크게 기뻐하여 내 노래로 저를 찬송하리로다"라고 고백한다.

29편에서 다윗은 홍수 위에 좌정하시는 하나님을 찬양하고 있다.

3절에 보면 뇌성을 발하고 레바논이 꺾이며, 레바논에서 가데스까지 폭풍이 쓸어가도, 레바논 산과 헤르몬(시온)이라는 산 자체가 진동하는 큰 폭풍우가 나타나도 우리 하나님을 그 홍수위에 좌정하시어 홍수를 다스린다. 이 능력은 홍해를 건널 때 기적으로 하나님의 능력을 보여 주셨고, 요단강을 건널 때 보여 주셨다. 이 비밀은 그리스도에게 나타내시었다. 제자들과 함께 배를 타고 바다 저편으로 건너가고 있을 때 갑자기 풍랑을 만났다. 예수님은 주무시고 있었고, 제자들은 당황했다. 이때 우리 주님은 깨어나 바다를 잔잔하게 하시고 풍랑을 잔잔하게 하셨다. 제자들이 놀랐다. "도대체 저가 뉘기에 바람도 바다도 순종하는고?" 이분이 바로 그리스도시오, 바람도 바다도 풍랑도 다스리시는 분이다. 이렇게 어떤 자연현상도 다 다스리시고 세상을 안전하게 다스리시는 하나님이 자기 백성에게 힘을 주신다.

30편의 시는 '성전 낙성가'라고 한다.

물론 다윗이 지었고, 훗날 성전 낙성할 때 부를 노래다. 그만큼 다윗의 마음은 항상 성전을 향하는 마음 중심으로 살았다는 것을 알 수 있다(삼하7:12-16). 성전에서 기도하면 하나님은 나를 고치신다. 성전에서 기도하면 나를 음부에서 끌어내신다. 노여움이 있다가도 성전에서 기도하면 그 노여움은 잠깐이요, 그 은총은 평생 주신다. 그래서 하나님께 "내가 영영히 감사하리로다"라고 고백하고 있다.

31편에서 다윗은 고난과 고통의 때(31:7-9), 연약함과 비난 및 조롱의 때(31:10-11), 외롭고 공포와 위험의 때(31:12-13), 그리고 죄악으로 인하여 심히 고통스러울 때(31:10) 하나님께 간절히 기도하고 있다.

그가 처한 상황이 바로 그가 하나님께 신뢰를 보내는 아름다운 순간이다.

오늘 묵상의 말씀

홍수위에 좌정하시는 하나님은 '나의 산성, 나의 방패'라는 것이다. 어떤 느낌이 드는가?

행복한 사람들

32편에서의 경건한 자는 누구인가? 허물의 사함을 받는 자이다.

그 사람은 바로 마음속에 있는 모든 죄를 용서받아서 간사한 것이 없는 사람이다. 이런 사람은 언제나 청결한 마음으로 살기에 마음속에 조그마한 허물이라도 해결하지 않으면 마치 여름 가뭄에 바싹바싹 마르는 것 같이 애타하는 사람이다. 이런 사람이 하나님께 죄를 고백하고 용서받으면 하나님과의 모든 장벽이 무너지고 시온의 대로가 열리는 상황이 기대된다. 이런 사람은 홍수가 범람할지라도 두렵지 않다. 오히려 이를 하나님 만날 기회로 여기고 기도하면 하나님이 오히려 내 갈 길을 가르쳐 보여주고, 구원의 노래로 나를 에우시기 때문이다.

그러기에 여호와를 기뻐하라! 마음이 정직한 자들아, 다 즐거이 외칠지어다. 그러면 우리 주님이 행복한 길을 열어 주신다.

33편의 시는 성도들을 찬양으로 초대하고 있다(33:1-3).

왜냐하면, 하나님은 찬송 중에 거하시며(22:3), 찬양받기를 즐겨하신다. 그러므로 찬양은 주님을 만나는 최상의 통로가 되는 것이다.

물론 찬양해야 할 마땅한 이유가 많지만 1) 하나님의 말씀이 진실과 정직하기 때문이다. 2) 그 정직의 증거는 공의와 정의를 사랑하심이 충만하여 무한하고 무조건적인 사랑으로 우리를 사랑하심이 충만함을 느낄 수 있기 때문이다. 3) 열방의 도모와 심사를 다스리시고, 자기 뜻을 세워 가시는 그의 행사를 찾아볼 수 있다. 특별히 하나님의 진지하심으로 자기 백성들을 돌보는 것을 알게 된다. 그래서 찬송을 하면서 느낄 수 있는 것은 여호와로 자기 하나님을 삼은 나라, 곧 하나님의 기업으로 빼신바 된 백성은 복이 있다는 것이다.

34편에서는 다윗이 블레셋 왕인, 가드의 아기스 왕 앞에서 목숨을 건지기 위해 미친 체함으로 쫓겨난 후(삼상21:10-22:2), 아둘람 굴로 피신하여 거기서 시를 지어 기도하고 있다.

비록 다윗은 쫓겨 다니는 신세이고, 그러다가 생명을 구하기 위해 블레셋에 갔다가 갑자기 돌발 상황으로 미친 체해 침을 질질 흘리면서 살아남았는데, 아둘람 동굴로 피신하여 가만히 생각하여 보니 그 순간은 재치 있게 넘긴 것이 감사하고, 지금까지 사울을 피하여 여기저기 도망 다니면서 위기의 순간마다 지혜롭게 잘 살아남게 하신 우리 하나님의 위대하심을 찬양할 수밖에 없었다.

35편에서는 다윗이 사울 왕에게 쫓겨 도피 생활 중에서도 그 지역의 위험한 일을 보호하거나 동네를 보호하며 돌보아 주기도 했다. 그런 그를 고자질하여 사울에게 자기 위치를 알려 주거나, 조롱하거나 핍박하는 이도 있었다. 그럴 때마다 불의하고 배은망덕한 그들에게 분노할 수밖에 없었다. 그러나 그는 그 견디기 힘든 분노를 뛰어넘어 기도로 하나님께 아뢰었다.

"저희가 무고히 나를 잡으려고 그 그물을 웅덩이에 숨기며 무고히 내 생명을 해하려고 함정을 팠사오니 멸망으로 졸지에 저에게 임하게 하시며 멸망 중에 떨어지게 하소서!"

"내 영혼이 여호와를 즐거워하고 그 구원을 기쁘게 하소서(35:9)!"

마음속 분노를 하나님께 다 기도로 맡길 때 영혼이 건강해지기 때문이다.

36편에서 1편과 유사하게 자신의 재산과 권력, 명예를 더 갖기 위해 악을 행하는 사람들이 있으나 다윗은 이런 유혹에서 자신을 지켜냈다. 왜냐하면, 생명의 원천은 하나님이기 때문이다.

오늘 묵상의 말씀

자신의 가능성을 확대하기 위하여 악을 행하고 싶은 유혹을 어떻게 이기는가?

기가 막힌 웅덩이에서 건지시는 하나님

37편에서는 다윗이 노년기에(37:25), 의인이 고난을 겪고 악인이 번영하는 것을 배경으로 하여 쓰인 많은 비탄의 시에 대한 해답 격으로 교훈을 제시한다.

1) 시인은 여호와의 절대 주권에 대한 깊은 신뢰가 없이 당장 눈앞에 나타난 악인의 형통을 누리는 모순된 현실을 불평하는 어리석음을 버릴 것을 권면한다. 왜냐하면, 이것은 하나님의 의를 누리지 못하기 때문이다(약1:20). 2) 이어서 하나님의 절대 주권적인 섭리로 인하여 현재 속세에서 일어난 각종 공의의 보응사건을 열거하고 있다. 즉 악인은 이 땅에서 잠시 형통을 누리기도 하나 결국은 영원히 멸망한다는 것이다.

38편에서 다윗은 징벌을 받을 뿐만 아니라, 원수의 조롱까지 당하는 처지에서 죄책감에 사무쳐 통회의 눈물을 흘리며 하나님의 도우심을 구하고 있다.

먼저 자신이 육체의 고통을 당하는 것은 여호와의 분노로 말미암은 책임과 징계라고 생각하고 있다. 그러나 자신을 징계하신 하나님을 원망하는 대신에 그 원인이 자신의 죄악 때문임을 솔직하게 인정하며, 그 결과 육체의 가장 힘 있는 부분인 허리마저 열기로 가득하고 온몸이 성한 곳이 없게 되었다고 고백한다. 그렇지만 하나님은 언제라도 자신의 죄악을 인정하는 자에게 용서의 축복을 주신다는 것을 확신하고 속히 나를 도와 달라고 간절히 간구한다.

39편에서 다윗은 도저히 참을 수 없는 어려운 환경이지만, 입술로서 범죄치 않으려고 잠잠히 침묵하며 자기에게 주어진 고통을 받아들이고 있다. 또 인생의 연약함과 그의 짧은 인생의 삶을 깨달으며 소망을 이 땅에 두지 아니하고 오직 하나님께만 두고 있다. 그래서 자신을 용서하고 회복하신 분은 오로지 하나님뿐임을 확신하며 하나님께 간구한다.

40편에서 다윗은 기가 막힐 웅덩이와 수렁에서 건짐을 받기 위하여 하나님께 끊임없는 기도를 드려 마침내 응답을 받았다. 무수한 재앙이 나를 둘러싸고 나의 죄악이 내게 미치므로 우러러볼 수도 없으며 죄가 나의 머리털보다 많으므로 내 마음이 사라질 수밖에 없는 정황이다. 그러기에 "여호와여, 속히 나를 도우소서"라고 간절히 기도하고 있다. 물론 응답을 기다리는 방법을 이해해야 한다. 하나님께서는 자기를 찾는 모든 자에게 응답하고 구원을 베푸신다. 그러나 하나님의 응답이 우리가 기대하는 것과 전혀 다른 차원으로 나타날 수도 있다. 꼭 자기 생각대로만 하나님이 응답하시는 것은 아니다.

응답을 기다리는 바른 자세가 확립되어야 한다. 1) 응답의 확실함을 믿는다. 2) 불평하지 말고 인내하며 기다려야 한다. 3) 여호와를 강하게 믿고 담대하게 바라보아야 한다. 4) 사슴이 시냇물을 찾는 것과 같이 영혼의 갈급함으로 기다려야 한다. 5) 확신을 가지고 응답이 더딜지라도 기다려야 한다. 6) 주어진 임무에 최선을 다하면서 기다려야 한다. 그리고 응답이 되면 자기를 구원하신 하나님을 찬송하며 구원을 증거 하는데 헌신한다. 그뿐만 아니라 계속적인 하나님의 긍휼과 보호하심을 지속하기 위해 끈끈한 친밀감으로 하나님과 관계를 유지해야 한다.

41편의 시는 시편 5권 중의 1권의 종결로서, 시편 1편과 같이 복 있는 자를 말하고 있다.

복 있는 자는 가난한 자와 육체가 병든 자, 마음이 연약한 자에게 긍휼을 베풀어 즐거워하는 자이다. 함께 즐거워하고 우는 자들과 함께 우는 자들이 복이 있다는 것이다. 왜냐하면, 재앙의 날에 여호와께서 그를 살리시고 원수에게서 구원하시며, 병중에서도 일으키셔서 복을 베풀어 주시기 때문이다.

오늘 묵상의 말씀

내가 기막힌 일을 당할 때와 다윗이 기가 막힌 웅덩이가 있을 때를 비교해보자.

목마른 사슴이 시냇물을 찾듯이

42편에서 73편까지는 제2권으로 출애굽기의 성격을 가지고 있다. 애굽에서 430년간 고통 가운데 하나님께 예배드리기를 사모하는 그 백성들이 현재의 생활에서 탈출하고 싶은 간절한 모습이 그려져 있다. 그것은 국민의 모습이면서 또한 개인의 모습이기도 하다. 그 모습은 마치 목마른 사슴이 시냇물을 찾아 헐떡이듯이 하나님을 갈망한다는 것이다. 이것은 자기가 당하는 핍박으로 인한 괴로움이라기보다는 하나님을 사모하는 마음으로 인해 애가 타는 모습이다. 가장 슬픈 것은 "네 하나님이 어디 있느뇨"라고 조롱하는 것이다.

43편에서는 42편에 이어 자기가 당하는 압제로부터 구원받기를 하나님께 호소하고 있다.

구원을 얻은 후 주의 성산에서 즐거이 하나님을 찬양하겠다는 소원을 표명하고 있다. 특별히 그는 버림받았다고 생각하고 있다. 이유는 원수의 압제와 괴롭힘으로 인하여, 슬픔을 당하게 될 때 하나님을 사랑하는 사람도 이렇게 끊임없는 환난과 고통을 당하는 것이 버림받은 느낌을 받는다. 그래서 주의 성소와 장막에 이르게 해달라고 기도하며 더 나가서 큰 기쁨의 하나님께 이르게 해달라고 기도한다.

44편에서는 "주여 깨소서, 어찌하여 주무시나이까. 일어나 우리를 도우소서"라고 아주 간절한 마음으로 간구하고 있다.

그도 그럴 것이 앗수르 왕 산헤립의 침공을 받아 민족적 멸망의 위기 상황에 직면했을 때, 하나님의 절대적 간섭이 필요했다. "하나님, 이제는 우리를 버려두사 욕을 당하게 하시고, 우리를 미워하는 자가 자기를 위하여 탈취하게 하였나이다. 주께서 우리를 먹힐 양 같게 하시고, 열방 중에 흩으셨나이다(44:9-11)." 이럴 때 간절한 상황을 아뢰고 있다.

45편에서는 왕의 결혼식을 나타내고 있다.

이는 메시아로서 신랑 예수, 신부인 교회 간의 영적 결합으로 예언적 성격을 가지고 있다. 그 메시아의 모습은 이러하다. '인생보다 아름답다(45:2). 위엄 있고 능하신 분으로 결국 메시아는 원수의 세력을 완전히 제어하시고 만민을 다스릴 것이다. 메시아는 열방에 흩어져 있는 교회를 그의 신부로 삼으신다(45:9). 그래서 결국은 많은 사람으로부터 존영을 얻고(45:12), 또 지극한 영광을 누린다(45:13-15).'

46편에서는 '하나님만이 우리 피난처이시오, 힘이시다. 도움이시다'라고 강조하고 있다. 예루살렘이 산헤립에게 포위당하고 고난당하고 있을 때(왕하18:13-19:37). '한 시내'는 예루살렘 옆으로 흐르는 실로암 물을 말한다. 이 시내가 바로 '하나님의 은혜의 원천'이라고 말하고 있다. 즉 험난한 세태 속에서도 하나님께서 은혜와 위로를 베푸신다. 그러므로 "너희는 가만히 있어 여호와가 하나님 되심을 알라"라고 하신다.

47편에서는 온 땅의 왕이신 하나님을 찬양하고 있다. 새해 첫날 신년 예배 때 불리던 민족적 찬양 시로 만왕이 보좌에 오르시는 하나님을 찬양하고, 그의 택하신 백성으로서의 영광을 기쁘게 노래하고 있다.

48편에서는 영원토록 인도하시는 하나님을 찬양하는 시로서 시온을 예표로 하는 하나님의 교회에 대한 찬양이다. 특별히 하나님의 교회, 그리고 그 백성이 가지는 아름다움과 강건함은 모두 하나님의 내재에 의한 것이다.

49편에서는 세상 부귀를 좇는 자의 헛됨을 표현하고 있다. 세상 재물만을 추구하는 자의 헛됨과 멸망을 교훈하는 시이다. 악인들이 번영하는 것 같아도 결국은 공허하다는 것이다.

오늘 묵상의 말씀

하나님을 간절히 사모하는 자에게는 어떤 축복이 있을까?

주의 힘으로 나를 판단하소서

50편 내용은 이렇다. 하나님은 참된 제사를 좋아하신다. 특히 아삽자손을 두어 성막에서 노래하면서 예배하는 것을 원하신다. 그러나 예배를 통하여 잘못된 자들을 소환하신다. 그들을 찢어버릴 것이다. 그러나 감사로 제사를 드리는 자는 하나님을 영화롭게 하기에 응답하신다.

51편은 뼈아픈 다윗의 참회적 고백이다.

하나님의 구속사 속에서 커다란 하나의 획을 긋는 신앙인이며 이스라엘 역대 왕 중에서 가장 뛰어난 정복자인 위대한 왕 다윗 역시 죄의 올무에 빠져서 나약한 인간이 되었다. 그때 "나의 죄과를 도말 하소서 내가 죄악 중에 출생하였음이요 모친의 죄 중에 나를 잉태하였나이다"라고 고백하고 있다. 그때 그는 하나님이 구하시는 것은 상한 심령이라는 것과 예배에 참여하는 것이 중요하다는 것을 느꼈다.

52편은 사무엘상 21장 1-22:19절을 배경으로 한다. 다윗은 놉의 제사장 아히멜렉에게로 피신하여 자기 부하들과 떡을 얻어먹게 되었는데, 마침 그곳에 있던 '도엑'이라는 에돔 사람이 이 사실을 사울 왕에게 고발했다. 그리고 아히멜렉을 비롯한 85명의 제사장과 거기 있는 양민이 학살당했다. 이러한 정황에서 다윗은 그들의 악행을 하나님께 고소하는 내용이다.

"간사한 혀여, 네가 잡아먹는 모든 말을 좋아하는 도다. 그런즉 하나님이 영영히 너를 멸하심이여 너는 취하여 네 장막에서 뽑아내며 생존하는 땅에서 네 뿌리를 빼시리로다(52:5-6)."

53편은 하나님이 없다고 주장하는 사람과 교만한 자들에 관한 기록이다.

그런 사람은 비록 외부적으로 두려운 일을 당하지 않는다 해도 자신의 죄책감으로 두려움에 빠진다. 또한, 하나님께서 그를 버리셨기에 수치와 조소 거리가 된다.

54편의 배경은 사무엘상 23장이다.

다윗이 사울에게 쫓겨 다니다가 십 황무지에 거하게 되었는데 그곳 거민들이 다윗을 사울에게 밀고했다. 이런 정황에서 다윗은 '십' 거민을 염두에 두며 하나님께 호소하고 있다. "하나님이여 주의 힘으로 나를 판단하소서(54:1). 하나님은 나를 돕는 자이기에 주께서 내 생명을 붙드는 자와 함께 하시나이다." 이런 확실한 믿음이 있었기에 그는 자신 있게 하나님께 호소하고 있다.

55편은 견딜 수 없는 고통과 박해를 받으면서 간절한 구원을 바라고 있다.

이때 시인은 피난처에 가서 안식을 누리고 싶었다. '비둘기처럼 날개가 있다면, 멀리 날아가서 폭풍과 광풍이 미치지 않는 곳에 가서 쉬겠다'라는 말이다. 그러니 모든 짐을 여호와께 맡겨 버리라는 것이다.

56편은 그가 사울에게 추적당하여 가드로 피신하여, 블레셋 왕 아기스 앞에 미친 채 행동하였던 때 사건을 배경으로(삼상21:10-15), 그가 유리하던 비참한 처지와 하나님께 대한 간절한 호소를 나타내고 있다. 다윗은 자기가 고통 중에 흘리는 눈물이 얼마나 많은지, 병에 담아 그 양을 측정해 보시라고 말할 정도로 극한 환난 중에서 간절히 하나님의 긍휼을 구한다. 그가 특히 주를 확실하게 의지한 때는 혈육으로 인하여 두려워하는 날이다. 하루 종일 다윗의 말을 곡해하며 그를 해치려는 음모가 있으며, 그들은 또한 다윗의 거동을 일일이 살펴서 어떻게 해서든지 그를 죽이려고 한다. 이때 하나님을 신뢰함으로 용기를 얻는데, 특히 감사할 때, 사망에서 생명으로 건지심을 받는다. 또한, 실족하지 않도록 보호하시는 하나님의 은혜가 감사하다.

오늘 묵상의 말씀

다윗이 제일 힘들었을 때는 어느 때이며, 어떻게 극복했을까?

내가 주의 날개 아래로 피하나이다

57편은 다윗이 사울을 피하여 아둘람 굴속에 있을 때 지은 시다.

그는 자신을 삼키려고 비방하는 대적의 무리에서 괴롭힘당하고 있었다. 그는 자신이 사자 가운데 있으며 불 가운데 있는 것과 같다고 호소하고 있다. 또 그는 창과 화살과 칼에 찔리는 것과 같은 상황에 있는데, 그 재앙이 지나가기까지 주의 날개 아래로 피하고 싶은 마음이 간절하다고 한다. 그러던 그가 "나의 마음이 확정되고 확정되었다. 내가 새벽을 깨울 것이다"라고 확고한 신앙고백을 하며 주께 감사하고 열방 중에서 찬송하겠다고 고백한다.

58편은 악인들의 강포함과 불의함에 대한 고발(56:1-5)과 하나님의 공의로운 심판에 대한 호소(58:6-11)이다.

"하나님이여, 저희 입에서 이를 꺾으소서. 여호와여, 젊은 사자의 어금니를 꺾으시며, 가시나무 불이 가마를 덥게 하기 전에 저가 생것과 불붙는 것을 회리바람으로 제하여 버리게 하소서"라고 고백하고 있다.

59편은 사무엘상 19장을 배경으로 하여 사울이 다윗을 죽이기 위해 사람들을 보내어 집을 포위하였을 당시 상황이 기록되어 있다.

일촉즉발의 위기에 처한 다윗이 하나님께 원수들을 물리쳐 주시도록 호소하는 모습을 생생하게 기록한다. "나의 힘이시여, 내가 주께 찬송하리니 하나님은 나의 산성이시며, 나를 긍휼히 여기시는 하나님이시니이다."

60편은 사무엘하 8장에서 에돔 군대와의 위기 상황에 돌발했을 때 수많은 전투를 치르는 중 일시적인 패배를 맛본 경험으로 하나님께 호소하는 내용이다. 진리를 위해 깃발을 달게 해 달라는 것이다. 이것은 이스라엘이 하나님의 영광을 나타내기 위한 선택된 백성이다.

61편은 다윗이 자기 아들 압살롬에게 쫓겨 피신하던 때에 쓴 것이다.

마치 다윗은 마음이 눌리고 자신이 땅끝에 있는 심정이다. "내가 영원히 주의 장막에 거하며 내가 주의 날개 아래 피하리다. 그렇게 되면 저는 저의 서원을 이행하리다." 사실, 다윗의 존재 이유는 다윗 언약인 사무엘하 7장 12-16절이다. 이를 잊어버릴 때 다른 일에 에너지를 쏟게 되고, 그래서 하나님의 소원과 거리가 멀어지면서 계약을 파기하게 되어 곤란을 당하게 된 것이다. 빨리 계약을 회복해야 한다.

62편은 하나님에 향한 전폭적으로 신뢰하고 싶은 마음을 표현하고 있다.

"나의 영혼이 잠잠히 하나님만 바람이여, 오직 주만 나의 반석이시오, 나의 구원이시오, 나의 산성이시니 내가 크게 요동치 아니하리로다(62:1-2). 나의 영혼아, 잠잠히 하나님만 바라라. 대저 나의 소망이 저로 좇아 나는도다. 그러므로 시시로 저를 의지하고 그 앞에 마음을 토하라 하나님만이 우리의 피난처이다."

63편은 하나님과 대면하기를 소원하는 시인의 열망이 강렬하게 표현되어 있다. 비록 다윗은 메마른 광야에 있지만, 하나님이 도우심을 확신하고 있으며(63:7-8), 하나님의 인자하심을 찬양하리라는 결연한 의지를 보여준다.

64편은 대적하는 원수들로 인하여 두려움에서 벗어나게 하시고 생명을 보존해 주실 것을 호소하고 있다. 하나님께 확신을 가진 자는 여호와로 인하여 즐거워하며 마음이 정직한 자는 다 자랑할 것이다.

오늘 묵상의 말씀

피난 중에 받는 은혜는 무엇인가?

성전을 가까이하는 자

65편은 감사와 찬양으로 가득한 시이다.

다윗의 다윗 됨은 성전언약에 있다. 사무엘하 7장 12-16절 계약의 말씀을 성취하는 것이다. 이를 이루기 위하여 살 때 성전에 올라가는 기쁨이 넘친다. 성전에서 찬송이 기다리고 있기 때문이다. 성전 뜰에 거하기 위하여 택하고, 가까이 오게 하고, 주의 뜰에 있게 하신 자에게는 주의 아름다운 성전으로 만족하게 하신다. 그런 사람에게는 물론 땅을 권고하사 하나님의 강에 강물이 가득하게 하시고 이같이 예비하신 후에 곡식을 주신다. 초장에는 양떼를 입혔고, 골짜기에는 곡식이 덮여서 저희가 다 즐거이 외치고 노래하게 된다. 이것은 성전 계약을 지키는 자에게 주어지는 축복이다.

66편은 민족적으로 공동체적인 입장에서 체험한 하나님의 구원역사에 대한 감사 시로서 그분의 구원 역사를 선포하는 시이다.

"와서 보라, 하나님이 행하신 것을 보라. 인생에 행하심이 엄위하시도다. 그 누가 봐도 놀랄 일, 바로 그것은 그 강한 군대 애굽 군대에서 빠져나왔고, 하나님께서 바다가 변하여 유리되게 하매 무리가 걸어서 도보로 강을 통과하게 하셨다. 열방이 이 소식을 듣고 이스라엘 백성의 하나님은 상천하지의 하나님이시라고 주변 국가들이 다 놀랐다. 다 와서 들으라. 하나님이 내 영혼을 위하여 행하신 일을 내가 선포하리로다(66:16)."

67편에서는 하나님의 긍휼과 그 얼굴빛을 구하는 기도를 드리고 있다.

인간은 하나님 앞에서 결코 자부심을 느끼고 나설 존재가 되지 못한다. 또한, 우리 인간은 하나님의 얼굴빛을 구할 때 영혼이 행복해진다. 달이 태양 빛을 받아 환하게 빛나듯, 인생은 하나님의 빛을 받지 못하면 아무런 존재 의미가 없다는 것을 알려 주고 있다. 그런가 하면 시인은 하나님의 얼굴빛을 받아 하나님의 구원을 만방에 알린다. 그러할 때 우리 하나님은 우리에게 복을 주시고 이어서 땅의 모든 끝이 다 복을 받고 하나님을 경외하게 될 것이다.

68편은 이스라엘 역사 전체를 회고하면서 하나님을 찬양하고 있다.

'여호와여 일어나사(민10:35)'라고 말하면서 모세가 광야에서 행진을 시작할 때의 내용을 상기시킨다. 그때 주의 백성이 앞장서서 나가서 광야에서 진행할 때 진동하였다. 그리고 하늘이 흡족한 비를 내리고 가난한 자를 위하여 주의 은택을 준비하셨다. 저 시내 산도 하나님 앞에서 진동하였다. 가나안 땅에 들어설 때는 여러 군대의 왕들이 도망하고 도망하여 집에 사는 여자들도 탈취 물을 나누었다. 가나안에 들어가서 어떻게 살 것인가? 그런 걱정은 다 뒤로 미루자. 날마다 우리 짐을 지시는 주님을 바라보자. 가나안 땅에 도착했더니, 주님이 직접 예루살렘을 점령하셨다. 그리고 법궤를 오벧에돔에서 예루살렘으로 옮겼다. 이제 하나님이 위엄을 성소에서 나타내시었다. 이스라엘의 하나님은 그 백성에게 힘과 능력을 주사 하나님을 찬송하게 되는 것이다.

69편에는 고난당하는 자의 간절한 구원의 호소가 담겨 있다.

그가 당하는 고통은 깊은 물에 빠져 익사하게 된 것과 같은 상황과 수렁에 빠져 죽게 된 것을 같은 처지에서 고백하고 있다. 그가 질식할 것과 같은 고통 속에서 하나님께 부르짖었는데, 그 외침으로 인해 목이 마르고, 눈물로 인해 눈이 쇠하기까지 했다. 이때 다윗은 원수를 저주하였는데, 이것은 다윗 자신의 열성에서 나온 것이 아니라 하나님을 위한 열성에서 나온 것이리라.

오늘 묵상의 말씀

주님께서 가까이 오게 하신 자는 복이 있다고 말한다. 어떤 복이 있을까?

하나님이여 나를 속히 건지소서

70편에는 "하나님이여, 속히 나를 건지소서. 여호와여, 속히 나를 도우소서"라고 절박한 위기 속에서 기도하고 있다.

"내 영혼을 찾는 자와 나의 수치로 인하여 기뻐하는 자를 물러가 욕을 받게 하소서." 이렇게 간절하게 기도하는 것은 하나님에 대한 절대 신뢰가 있을 때 할 수 있는 고백이다. "결국은 주를 찾는 모든 자는 주를 인하여 기뻐하며 즐거워하고 주의 구원을 사모하는 자로 항상 하나님은 위대하다 하게 하소서." 그런 날이 반드시 올 것이다.

71편에서는 나이 들어서 자신의 과거를 돌이켜본다.

생각해 보니 과거에 하나님의 보호와 구원의 역사가 너무 컸다. 특히 모태에서 하나님의 손길이 강하게 자기와 함께 하신 하나님은 일관성 있게 은혜를 베풀어 주셨다. 그리고 나를 붙들어 주셨고 이미 내 어미 배에서부터 나를 취하신 바 되었다. 이제는 그 하나님이 백발이 성성할 때와 심지어 죽은 후에라도 하나님께서 나를 인도하신다는 확신이 있다. 그래서 그는 노인이 되어 힘이 쇠약한 때에도 무기력하지 않고 주의 기사를 잘 전달할 수 있도록 해달라고 기도하고 있다. 그래서 하나님이 자신을 붙들어 주신다면 노인이 된다 해도 변함없이, 삶의 종지부를 찍는 날에도 영원한 날까지 주의 복음을 증거 하면서 살겠다는 고백이 들어있다.

72편에는 솔로몬의 이상적 통치를 희구하고 있는 동시에, 메시아의 행적을 예표해 주고 있다.

솔로몬은 왕이 되고 나서 하나님께 두 가지를 구했다. 올바른 판단력과 의(義)이다. 솔로몬은 이를 위하여 1,000번제를 드렸다. 하나님께서 꿈속에서 나타나서 '지혜로운 마음' 곧 주의 백성을 재판할 때 선악을 잘 판단할 수 있는 지혜를 달라고 간구했다. 하나님은 그 기도를 응답하셨다. 왕이 건전한 판단력으로 판단을 잘

하면 그 통치를 통하여 백성들이 행복해진다. 그때 베푸는 은혜는 베고 난 풀 위에 내리는 비와 땅을 적시는 소나기와 같다고 표현한다. 그래서 의로운 왕이 있는 한 모든 사람에게 복을 끼치며 아브라함의 축복을 누리게 될 것이다.

73편은 '왜 악인이 형통하여 의인이 고통을 당하는 것인가?' 하는 의롭게 살려는 사람들의 고민이다.

잘못하면 악인을 보면서 실족할 수도 있다. 악인이 지속적으로 번영하는 것이, 선하게 살려고 애를 쓰다가 고난을 겪는 사람에게는 이해가 되지 않을 수 있다. 물론 어떤 면에서는 악인이 더 번영한다. 예를 들면 임종 시 고통 없이 평안히 죽는다(73:4-5). 의로운 삶을 산 사람 중에는 질병으로 인해 말할 수 없는 고통을 겪으면서 임종하는 경우가 많다. 이런 상태를 보고 의인은 실족하지 말라는 것이다. 실족의 문제가 해결되는 길은 오직 성전에 있다. 성전에 들어갈 때, 세상의 번잡한 일에서부터 벗어나 하나님의 은밀한 교제를 나누게 되었을 때 비로소 문제의 해결을 보게 된다. 그동안은 세상의 것, 즉 미시적이며 일시적인 것을 바라보았다면 고난을 통하여 거시적이고 영원한 안목을 갖는다. 이것이 질문의 요지를 해결하는 방법이다.

74편은 민족적 구원에 대한 탄원시이다.

남 왕국 유다가 바벨론의 제3침략으로 멸망하고 그 성전까지 파괴된 것을 목격한 저자는 선택된 민족으로 슬퍼하며 고통을 당하고 있다. 먼저 선택된 민족으로서 이스라엘이 겪는 파멸의 고통을 토로하고 있다.

오늘 묵상의 말씀

왕이 모습을 갈망하는가? 소원을 이루기 위한 부모의 결심은 무엇인가?

찬양과 감사의 시

75편은 찬양과 감사의 시로 의인을 높여주시며, 악인을 꺾으시는 '의로운 재판장'이신 하나님을 찬양하고 있다. 아삽이 하나님께 거듭 감사하는 이유가 있다. 그것은 주의 이름이 가까이 계시기 때문이다. 주님이 가까이 계시면 우리는 요동치 않을 수 있다. 정의로운 하나님은 정하신 기약을 판단하실 것이다. 우리 하나님이 이루시는 일들은 더디 이루어진다고 불평하거나 조급해서는 안 된다. 그리스도께서 세상에 오신 것도 때가 차매(갈4:4) 오신 것처럼, 정의의 하나님이 적절한 때에 오셔서 심판하실 것이다. 이때 하나님과 가까이 자들은 아무래도 하나님과 친밀하기에 하나님의 뜻대로 살 수 있고 결국은 보호받을 수 있다. 그러기 때문에 가까이 계신 것을 감사하는 것이다.

76편에서는 큰 승리를 주신 주님께 찬양하고 있다.

'큰 승리'는 히스기야를 공략하려던 산헤립과 랍사게의 군사가 하룻밤 사이에 185,000명을 몰사한 것을 말한다. 하나님께서 화살과 방패, 칼과 전쟁을 꺾으신 일, 즉 이스라엘을 대적하던 앗수르 군사를 무기력하게 만드셨고(왕하18:13-19), 막강한 그들을 몰사시켰는데, 장사라 할지라도 손을 놀리지 못하고 죽음의 잠을 자게 되었다(76:5). 또한, 병거와 말들조차도 힘을 쓰지 못하도록 하였다(76:6). 하나님의 백성을 모독하는 독설을 퍼붓던 랍사게의 군사들은 이처럼 노하심 앞에서 감히 설 수 없다(76:7). 이렇게 크고 영화로우시며, 존귀하시며 경외함을 받으시기에 합당하신 우리 하나님을 찬양하자.

77편에서는 환난의 날에 고통당하며 많은 고민을 했다.

1) 주께서 영원히 버리실 것인지, 2) 다시는 은혜를 베풀지 않을지, 3) 인자하심이 그쳤는지, 4) 허락을 폐하셨는지, 5) 은혜 베푸심을 잊으셨는지, 6) 노하심으로 긍휼을 베풀지 않게 되셨는지?

그러다가 그는 여호와께서 옛적에 행하신 기적을 회상하게 되었다. 1) 출애굽을 통하여 민족을 구원하신 일, 2) 홍해를 육지처럼 건너게 해 주신 일이다. 그러므로 지금 큰 환난을 만났다 할지라도, 하나님은 구원역사를 이루시기에 또 이루어질 수 있다는 확신을 주시기에 낙망하지 않으며 새 힘이 생겼다.

78편에서는 아삽 또는 그의 자손이 출애굽으로부터 시작하여 다윗의 통치에 이르기까지를 돌아본다.

이스라엘이 지난 과거의 역사에서 경험한 하나님의 사랑과 그에 반한 그들의 죄악상을 회고하는 가운데 그 속에서 백성들에게 귀중한 영적 교훈을 주고 있는 역사시이다. 하나님은 애굽에 10가지 재앙을 내리시고 이스라엘 백성에게 홍해를 건너게 하시고 광야에서 구름 기둥, 불 기둥으로 인도하셨다. 가나안을 정복하고, 다윗을 택하여 왕가를 형성했다. 그리하여 메시아 오실 때까지 성전 계약(삼하7:12-16)을 이루어 가고 계셨다. 그런데 이스라엘 백성들이 조금이라도 맘에 맞지 않은 일이 있으면 원망하고, 불평하며, 하나님의 언약을 떠나서, 체결된 언약을 위배했다. 그래서 하나님은 그들을 죽이기도 하시고, 이방 민족의 포로가 되거나 그들을 죽게도 하셨다. 그러나 하나님은 당신의 언약 성취를 위하여 그들을 영원히 버리지 아니하셨다. 사랑을 깨닫게 할 목적으로 '징계'를 사용하셨다. 이를 통하여 참다운 하나님의 자녀로 자녀답게 인격과 습관을 하나님이 원하는 체질로 바꾸게 하시고, 세상 것을 멀리하고 하나님 나라의 도구가 되도록 훈련받고 성화 되어 일꾼이 되도록 전문가의 길을 닦는다는 것을 알게 되었다.

오늘 묵상의 말씀

하나님은 환난을 통하여 어떤 그릇이 되기를 원하는가?

나를 구원하소서

79편에서는 이방 민족들로 인하여 예루살렘 성전이 더럽혀지고 예루살렘은 돌무더기가 되었다. 또한, 선민은 무참히 학살당했고, 시체들마저 치욕을 당하였다. 더욱더 안타까운 것은 이러한 훼파로 인하여, 하나님의 백성들이 조소와 조롱을 받게 되었다. 그런데도 하나님을 사랑하지도 않고 이름을 부르지도 아니하는 그들에게 진노를 7배나 주실 것을 호소하고 있다. "모든 민족이 하나님을 대적하는 자들의 결말을 확실하게 목도케 하여, 과연 하나님께서 살아 계시다는 사실을 깨닫게 하소서. 하나님의 영광을 위하여 구원하소서!"

80편은 앗수르의 포로 가운데 있는 북 왕국 이스라엘을 바라보면서 민족적, 국가적 회복을 호소하고 있다.

그는 이전에 하나님께서 애굽에서 인도해 내셔서 가나안을 번성케 하신 때처럼 번영을 회복하게 해달라고 기도하고 있다. "다시는 하나님으로부터 멀리 떠나가지 마옵시고, 새롭게 소성하고 주의 영화로우신 이름을 부르며 찬양하게 하소서."

81편은 절기를 맞아 즐거이 찬양할 것을 권고하고 있다.

악기를 동원하여 시를 읊으며 찬양할 것을 권면하고 있다. 영원토록 찬양하는 것이 하나님 백성들이 지켜야 할 규례이다. 애굽의 무거운 강제 노역에서 해방되었다. 광야를 지나는 동안 계속해서 그들을 보살피며, 인도하셨다. 그 영광을 나타내신 분은 오직 하나님 한 분뿐이다. 그런데 이스라엘 백성들은 구원의 은혜를 무시하고 하나님의 목소리를 청종치 아니하고 거부하여 그들이 반역하여 범죄한 그대로 내버려 두었다. 하나님은 자기 백성이 당신을 청종하기 원하신다. 입을 넓게 열어서 기도하시기를 원하신다. 그러면 채워주시겠다고 약속하신다.

82편은 공의에 대한 갈망을 노래하고 있다.

악한 재판장을 견책함으로 가난한 자들을 재판할 때 공의롭게 재판할 것을 호소하고 있다. “하나님이여, 일어나사 세상을 판단하소서. 모든 열방이 주의 기업이 되겠음이니이다.”

83편에서는 계속된 도움을 구하고 있다.

주의 백성들을 괴롭히는 이방 족속들에게 주의 신실하신 심판이 임하기를 간절히 호소하고 있다. “나의 하나님이여, 저희로 굴러가는 검불 같게 하시고, 바람에 날리는 초개같게 하소서. 저희로 수치와 낭패를 당하게 하사 여호와라 이름하신 주 만이 온 세계의 지존자로 알게 하소서.”

84편은 하나님을 향한 열렬한 믿음을 표현하고 있는 시이다.

미물인 금수까지도 하나님의 집에서 쉬기를 원하듯이 성도의 심정 역시 하나님의 성전을 통하여 안식하기를 갈망한다. 하나님에 대한 확실한 믿음을 가진 성도는 비록 어려운 가운데 처할지라도 복된 순례의 길을 교회로 향한다. 비록 우리가 환난의 골짜기에 있다 해도 복된 길로 인도하신다.

85편은 이스라엘 백성들이 비록 과거에 비참한 지경에 빠졌을지라도 마침내 하나님께서는 자기 백성을 구원해 주시며 또 진리의 의복을 허락하신다는 고백이다. “긍휼과 진리가 입 맞추며 진리는 땅에서 솟아나고 의는 하늘에 하감하게 하신 하나님, 감사합니다.”

86편은 다윗 자신의 비참함을 아뢴다.

그는 곤고와 궁핍한 가운데 하나님만 의지한다. “귀를 기울여 내게 응답하소서. 주를 의지하는 종을 구원하소서. 종일 부르짖나이다.”

여호와여 주의 도를 내게 가르치소서. 일심으로 주를 경외하게 하소서.

오늘 묵상의 말씀

시편을 읽다 보면 기도가 저절로 된다. 어떤 마음이 시편 읽는 중에 일어나는가?

시온을 세우신 주님

87편에서는 하나님께서 시온을 택하시고 성소를 세우셨는데(87:1), 여기에서 성소는 솔로몬의 성전 정신을 이어받지만 거기서 끝나지 않고 곧 여호와 종교의 세계화를 내다본다. 여호와 종교가 민족적인 테두리를 벗어나 본격적인 세계화가 추진된 것은 그리스도를 머리로 하는 신약의 교회에서 비롯되었다. 따라서 이 시는 이런 선교적 예언을 구현하는 시온의 찬가이다. 이렇게 세운 시온 성전이기에 전체 이스라엘보다 더 사랑한다. 시온은 만민의 어머니요, 만국의 어머니가 만국이 시온에서 태어났다고 고백하고 있다. 시온에서 태어난 자들이 자기의 근원이 시온이라고 부르며 찬양하는 날이 올 것이다.

88편은 많은 비탄의 시 중에서도 그 탄식의 정도와 호소가 매우 절박한 시이다. 밤낮 부르짖는 애절한 시이다. 불가항력적으로 부르짖어도 응답이 없는 상태이다. 이로 인해 시인은 고통을 당하다가 죽음의 상태에 이르렀다. 그래서 마지막 혼신을 다해서 기도한다. “여호와여, 어찌하여 나의 영혼을 버리시며 어찌하여 주의 얼굴을 내게 숨기시나이까?”

89편은 하나님의 성실하심을 찬양하는 노래이다.

하나님은 다윗과 성전 계약을 맺으셨다(삼하7:12-16). 그 언약은 다윗과 그 자손이 영원히 견고하게 왕의 위를 대대에 세우겠다는 것이다. 이 약속을 지키실 분은 만군의 여호와이시다. 그런데 하나님께서 언약을(89:33-37) 스스로 저버리신 것처럼 모든 울타리가 훼파되어 길로 지나가는 자들에게 다 탈취를 당하며 저로 수치를 당하게 하셨다.

“여호와여 언제까지니이까? 주의 노가 언제까지 불붙듯 하시겠나이까? 주님이 언약을 기억하시고 다시 하나님과의 관계가 회복되게 해주소서.”

90편은 이스라엘 백성들이 애굽에서 나와 광야를 여행할 때에 모세에 의해서

쓰인 것으로 시 중에서는 가장 오래된 시이다.

모세는 인간이 영원하신 하나님 앞에서 나약한 존재임을 깨닫는다. 인간은 흙으로 돌아갈 수밖에 없는 존재이다. 그 이유는 하나님께서 처음 인간을 창조할 때 한 줌의 흙으로 돌아가도록 만들었기 때문이다. 그러나 그에게 영혼을 넣어주셔서 영혼은 하나님께로 돌아간다. 이러한 인간이 이 세상에 사는 시간은 잠깐이다. 밤의 한 경점 같다. 아침에 돋다가 저녁에 벤 바 된 마르는 풀 같다. 이런 인간이 필요한 것은 지혜이다. 그러니 "하나님, 우리 날 계수함을 가르치사 지혜의 마음을 얻게 하소서. 우리의 지난날을 돌아보면 곤고한 날이 많은데, 인생의 후반전을 잘 관리하여 우리를 곤고케 한 날수대로, 우리의 화를 당한 연수대로 기쁘게 하소서"라고 하나님께 간절히 간구하는 것이다.

91편은 신앙의 확신을 기록하고 있다.

하나님을 피난처로 삼고 있는 자는 안전한 요새가 된다는 것이다. 하나님께 보호를 의뢰한 신앙인에게는 삶 속의 산적한 위협이 두려움이 되지 않는다. 하나님이 새 사냥꾼과 같은 올무에서 건지시고 극한 전염병에서도 건지신다. 화가 네 장막에 가까이 오지 못할 것이다. 하나님께서 너를 위하여 사자들을 명령하사 네 모든 길에 너를 지키신다. 그리고 하나님이 말씀하신다.

"저가 나를 사랑한즉, 내가 저를 건지리라. 저가 내 이름을 안즉 내가 저를 높이리라. 저가 내게 간구하리니 내가 응답하리라. 저희 환난 때에 내가 저와 함께하여 저를 건지고 영화롭게 하리라. 내가 장수함으로 저를 만족하게 하며 나의 구원으로 보이리라." 이런 목소리를 하나님에게 들으면 자신감이 생기고 어떤 정황에서도 당황하지 않고 안정감 있게 축복을 누릴 수 있다.

오늘 묵상의 말씀

"내가 저를 사랑한즉 내가 저를 건지리라." 이런 음성을 하나님께 언제 들었는가?

세계를 통치하시는 왕

92편은 안식일에 주님의 은혜를 누릴 수 있는 것을 감사하고 있다.

악인은 풀같이 생장하고 죄악을 행하는 자는 흥왕할지라도 다 영원히 망한다. 그러나 하나님의 언약의 자녀는 종려나무같이 번성하고 레바논의 백향목같이 발육한다. 왜냐하면, 여호와의 집에 심어졌기 때문이다. 하나님은 성전 계약(삼하7:2-16)을 이루신다. 그러기에 주일을 지키며 하나님 안에서 믿음을 지키는 자는 하나님이 약속을 지키셔서 하나님의 자녀 됨의 축복을 누리게 된다. 여호와의 집에 심어졌기 때문에 우리 하나님의 궁정에서 흥왕한다. 늙어도 결실하고 빛이 청청하고 진액이 풍족하고 빛이 청청하고 여호와 우리 하나님의 정직하심을 나타나게 된다.

93편은 왕 되신 하나님의 영광과 위엄, 그리고 영원하심을 찬양하고 있다.

그 이유는 하나님의 말씀이 신실하고 거룩하기에 만물을 통해 하나님께 찬양과 영광을 나타내고 있다.

94편은 하나님은 보수하시는 하나님이시다.

그러므로 내가 원수와 부딪치지 않고 그 내용을 하나님께 부탁하는 것이 순리이다. 그래서 기도한다. "세계를 판단하시는 주여 일어나사 교만한 자에게 상당한 형벌을 주소서. 여호와여 나의 발이 미끄러진다 말할 때 주의 인자하심이 나를 붙드셨나이다." 그리고 이를 통하여 하나님께 영광을 돌리게 된다.

95편은 신 광야를 지나 르비딤에 이를 때(출17:1-7), 물을 찾으나 찾지 못한 이스라엘 백성들은 모세를 향하여 원망했다. 그들은 구름 기둥과 불 기둥으로 인도하신 하나님의 은혜를 망각했다. 여호와는 우리의 하나님이시오, 우리는 그의 기르는 양이로다. 그분이 반석에서 생수를 주신다. 만나와 메추라기를 주신 주님이 우리의 목마름을 아신다. 이제 우리는 구원의 반석을 향하여 노래를 부르자. 감사함으로 그를 향하여 즐거이 부르자.

96편은 처음부터 끝까지 우주적이며 감격스러운 찬양에의 권고로 고백하고 있다. 여호와는 광대하시고 모든 신보다 경외할 가치가 있다. 그러므로 하늘은 기뻐하고 땅은 즐거워하며 바다와 거기 충만한 것은 외치며 즐거워할지어다.

97편은 하나님이 온 땅을 통치하신다는 내용이다.

흑암과 구름이 그를 둘렀고 의와 공평이 그 보좌의 기초로다. 하늘이 그 의를 선포하고 모든 백성이 그 영광을 보도다.

98편에서는 "가능하면 새 노래로 여호와께 찬양하자"라고 말한다.

기이한 일을 행할 때마다 여호와께 찬양하자. 수금으로, 나팔과 호각으로 찬양하자. 바다와 거기 충만한 것과 함께 찬양하자. 오른손과 거룩한 편 팔로 하신 일을 찬양하자.

99편은 통치하시려 보좌에 앉으신 하나님을 찬양하자는 시이다. 신정 정치의 하나님이시라는 것이다. 물론 이스라엘 사회에 왕이 없을 때 모세나, 여호수아 그리고 사무엘 같은 하나님의 종을 통하여 통치했다. 그들을 통하여 말씀과 간구로 친히 다스렸다. 그러나 백성의 요구로 왕을 주셨다. 그 왕은 성전 계약(삼하 7:12-16)으로 영원히 다스리시는 메시아의 예표이며 그리스도가 왕이 되어 우리의 근본 문제를 해결하실 것이다. 그 통치자 하나님을 찬양하자는 것이다.

100편은 기쁨과 감사의 시이다.

하나님이 우리 하나님이시기에 기쁨과 감사로 하나님께 찬양할 근거가 되는 것이다.

101편은 의로우신 통치자를 찬양하고 있다. 왜냐하면, 인자와 공의로 다스리기 때문이다.

오늘 묵상의 말씀

하나님을 나의 왕으로 고백하며 찬양해 본 적이 있나? 그때 기분이 어떠했나?

창조주 하나님을 찬양하라

개인적으로 당한 고난 또한 그것은 민족적으로 당하는 고난이다. 이 고난은 비록 원수로나 환경으로 오지만, 궁극적으로 보면 주님께서 허락한 고난이다.

102편에 기록된 고난도 마찬가지이다. 원수로부터의 오는 시련과 그로 말미암아 오는 육체적, 정신적 고난이 있다. 이들은 눈물을 음식에 말아 먹기도 하고, 마음이 풀처럼 시들기도 한다. 그들이 당하는 외로움은 쓸쓸한 곳에서, 은둔한 새들이 살아가는 것과 같기도 하다. 이런 절규를 할 수밖에 없으나, 하나님이 회복하신다. 어디서 회복하시는가 하면 시온에서 회복하신다. 정한 기한이 오면 시온에서 회복하실 것이다. 이때 다시 건지심을 받은 나라들로 인하여 하나님의 이름을 찬양할 것이다.

103편은 하나님의 인자하심과 기쁨을 감사와 찬양으로 하나님께 영광 돌리는 내용이다.

왜냐하면, 하나님은 계속 은택을 내리시기 때문이다. 1) 죄를 사하신다. 제일 중요한 은택이라고 말할 수 있다. 2) 병을 고쳐 주신다. 육신과 영혼의 병, 그리고 고통과 환난을 이기게 해주신다. 3) 파멸에서 구속하신다. 4) 인자와 긍휼로 관을 씌우신다. 5) 좋은 것으로 만족케 하시고 후히 주신다. 5) 독수리 같이 새롭게 하시고 강건한 믿음을 주신다. 이런 비밀을 모세를 통하여 알려 주셨다. 그리고 다윗을 통하여 지금부터 영원까지 정권으로 통치하시면서 은혜를 베풀기로 약속하셨다. "그러므로 능력이 있어 여호와의 말씀을 이루며 그 말씀의 소리를 듣는 천사여, 그 뜻을 이루는 천군이여, 여호와를 송축하라. 내 영혼아, 여호와를 송축하라."

104편은 창조주 하나님에 대해 찬양하고 있다.

특히 창세기 1장과 2장에 기록하신 그 모습과 연관하여 창조주의 위대하심을 찬양하고 있다. 주께서 옷을 입음 같이 빛을 입히시고, 물에 자기 누각의 들보를 입으시며 구름으로 자기 수레를 삼으시고 바람으로 자기 사자를 삼으시고 화염으로 자기 사역을 삼으시고 땅의 기초를 두사 요동치 않게 하셨나이다.

주께서 물의 경계를 정하사 넘치지 못하게 하시며 다시 돌아와 땅을 덮지 못하게 하셨나이다. 그리고 가축을 위하여 풀과 사람의 소용을 위한 채소를 자라게 하시고 땅에서 식물이 나게 하시고 사람의 마음을 기쁘게 하는 포도주와 사람의 얼굴을 윤택케 하는 기름과 사람의 마음을 힘 있게 하는 양식을 주셨도다. 여호와여, 주의 하신 일이 어찌 그리 많은지요. 주께서 지혜로 저희를 다 지으셨으니 주의 부요가 땅에 가득하나이다. 그러므로 나의 평생에 여호와께 노래하며 나의 생존하는 동안 내 하나님을 찬양하리로다.

105편의 하나님은 물론 104편의 그 하나님이다.

그 하나님께 노래하라. 그 하나님의 성호를 자랑하라. 그 하나님의 능력을 구할지어다. 그 얼굴을 항상 구할지어다. 그 하나님은 아브라함과 이삭과 야곱으로 약속하신 것을 기억하시고, 가나안땅을 기업으로 주어 지경이 되게 하셨다. 그러나 그 후 이 족속에게서 저 족속에게로 유리하게 되었다. 그러나 나의 기름 부은 자를 만지지 말며, 나의 선지자를 만지지 말라 경고하시고 지키셨다. 그리고 이스라엘 백성은 말씀이 응하실 때까지 그 언약의 말씀이 나를 단련하였다. 때가 되매 모세와 아론을 보내어 10가지 기적을 보여 주면서 이스라엘 백성을 애굽에서 탈출시키셨다. 그리고 구름 기둥과 불기둥으로 이스라엘 백성을 인도하셨다. 그리고 만나와 메추라기인 하늘 양식으로 먹이셨다. 이제 그 백성으로 즐거이 찬양하게 하셨다. 할렐루야!

오늘 묵상의 말씀

지난날을 돌아보고 애굽 생활과 광야 생활에서 감사할 일을 기억해 보자.

인생 여정에서 체득한 핵심가치

106편은 시편 4권의 마지막 장으로, 민수기에 해당하는 광야 생활 중에 인간의 불성실 중에서 하나님의 성실을 노래한 역사서이다.

"나로 주의 택하신 자의 형통함을 보고 주의 나라의 기쁨으로 즐거워하게 하시며 주의기업과 함께 자랑하게 하소서." 이스라엘과 백성과 하나님 사이의 시내산 계약을(출19:5-6) 체결하기 위하여 하나님이 이스라엘 백성을 사랑한 것과 계약 체결 후에 광야에서 얼마나 하나님이 우리를 사랑했는지를 보여주고 있다. 우리 열조가 애굽에서 주의 기사를 깨닫지 못하며 주의 많은 인자를 기억하지 아니하고 바다 곧 홍해에서 거역하였다(106:7). 이에 홍해를 꾸짖으시니 곧 마르매 저희를 인도하여 바다 지나기를 광야를 지남 같게 하사 저희를 미워하는 자의 손에서 구속하셨고, 광야 생활 중에서는 고기를 탐하면서 하나님을 시험했고, 모세와 아론을 질투하다가 땅이 갈라져 다단을 삼켰고, 호렙 산에서는 송아지 우상 숭배했더니 그 우상을 섬기므로 그것이 저희에게 올무가 되었다. 우상으로 말미암아 행동이 더러워지고 그 행동이 음탕했다. 또 자기의 꾀로 거역하고 자기 죄로 인하여 또 포로로 잡혀갔다. 그때 그 부르짖음을 행하고 결국 열방의 손에서 고통당했다. 여러 번 여호와께서 건지셨으며 들으시고 그 언약을 기억하여 저희로 사로잡힌 모든 자에게서 긍휼히 여김을 받게 하셨다. "여호와 우리 하나님이시여, 우리 성호를 감사하며 주의 영예를 찬양하게 하소서." 개인이나 국가나 삶의 여정이 있다. 그 삶의 여정을 돌아보면 부끄럽고 괴로울 수밖에 없는 실수나 문제가 많이 있음을 발견하다. 그런데도 나를 사랑하고, 우리 민족을 지키는 그분이 나를 평생 지켜주시기로 약속했다. 하지만, 나는 건성으로 약속하였기에 약속의 의미를 잊어버리거나 현실의 정황 때문에 배신할 때도 많다. 그런데도 그분은 한 번도 나를 나무라지 않고 부르짖으면 해결하여 주고 더 좋은 길을 인도하시니 얼마나 감사한가? 지나고 보니 그게 우리 인생 여정(광야 생활)이었다는 것이다.

107편은 시편 5권의 시작으로 신명기에 해당하는 내용으로 가나안을 바라보면서 신세대들에게 지난날 하나님과 맺은 언약을 다시 상기시켜준다.

"저희가 광야 길에서 방황하여 거할 성을 찾지 못하고 주리고 목마름으로 그 영혼이 속에서 피곤하여 부르짖었더니, 주께서 말씀을 보내사 저희를 위경에서 건지시는 도다. 그 하나님께 감사제를 드리며 노래하면서 그 행사를 선포할지어다(107:1-22)."

고생의 바다 같은 곳에 선척을 띄우며, 큰물에서 영업할 때 광풍이 일어나 바다 물결이 하늘로 올라갔다 땅으로 내려갔다가 한다. 타고 있던 배가 이리저리 구르며 비틀거리니 땅이 흔들릴 때, 여호와께 부르짖었더니 여호와께서 그 고통에서 인도하여 내시고 광풍을 평정히 하사 물결을 잔잔케 하시고 저희로 평온과 기뻐하는 중에 소원의 항구로 인도하시는도다(107:23-32). 이것이 가나안의 꿈을 그리며 광야 40년 여정에서 체험한 하나님의 믿음이요, 바벨론 포로에서 70년을 지나는 중에 하나님이 우리에게 보여준 신뢰이다.

108편에서는 절망의 상황을 만났다. 하지만 신앙인은 해답을 알고 있다.

하나님은 부르짖으면 나를 구원하시고 더 좋은 것으로 응답한다. 그것을 지난 세월 살아오면서 느낀 것이다. 그렇다면 이제 난 내 마음을 정했다. 새벽을 깨울 것이다. 비파로 수금으로 새벽이 오는 것을 맞이할 것이다. 승리의 확신이 있기 때문이다.

오늘 묵상의 말씀

지난날을 살아오면서 나에게 가장 중요한 핵심가치는 무엇인가?

내게 주신 은혜를 무엇으로 보답할꼬?

109편은 신앙인의 진정성을 보여주고 있다.

사람은 희로애락 오애욕(인간이 표현하는 7가지 정서)를 표현하면서 산다. 그때 잘 표현해야 감정이 억눌리지 않고 건강하게 살 수 있다. 그런데 악마가 가득한 세상에 살다 보면 악으로 말미암아 속상할 때가 많다. 그렇다고 사람과 싸우는 것은 영적인 비밀을 모르는 사람이다. 그래서 그 사람과 싸우지 않고 그 속마음을 다 하나님께 표현한다. 나는 기도만 할 뿐이다. 나는 사랑하나 저희는 도리어 나를 대적하니, 이때 나는 기도한다. 그러면 그분이 잘 해결해 주신다는 것이다.

110편은 여호와가 시온에서 주의 권능으로 왕의 지팡이를 보내시니 주의 권능의 날에 거룩한 백성이 즐거이 헌신하고 새벽이슬 같은 청년들이 주께 많이 나오니 얼마나 좋은가?

111편은 하나님께서 지금까지 행하신 일이 엄청나게 크시니 즐거워하면서 연구하고 싶다.

그 기이한 일을 사람으로 기억하게 하여 축복을 나누어 주고 싶다. 하나님은 영원히 그 약속을 기억한다. 다 이루어 주셨다.

112편은 그 여호와의 언약을 즐거워하면 여호와를 경외하는 자는 복을 받는데, 그 후손이 강성하고 부요와 재물이 그 집에 있고, 흑암 중에 빛이 일어나고 은혜를 베푸나 꾸는 자가 되지 아니하고, 흉한 소식을 들어도 마음이 든든하고 견고한 자로서 축복을 누리게 된다는 것이다.

113편에서는 하나님의 이름은 해 돋는 데부터 해지는 데까지 찬양받으실 것이요, 그 이름은 모든 나라 위에 높으시며 그 영광은 하늘 위에 높다고 고백한다.

114편은 하나님의 약속대로 유다는 하나님의 성소가 될 것이며 이스라엘은 그의 영토가 될 것이다. 저가 반석을 변하여 못물이 되게 하고, 차돌로 샘물이 되게 하신다고 고백한다.

115편에서는 오직 하나님께만 영광을 돌리게 해달라고 고백한다.

"하나님이 하늘에 계셔서 모든 것을 행하시니이다. 우상에게 돌리지 않게 하소서. 입이 있어도 말하지 못하며, 눈이 있어도 보지 못하며, 귀가 있어도 듣지 못하며, 코가 있어도 맡지 못하며, 손이 있어도 만지지 못하며, 발이 있어도 걷지 못하며, 목구멍이 있어도 소리도 내지 못하는 우상을 섬기지 말게 하시고, 오직 여호와만 의지하게 하소서. 여호와만이 우리의 도움이요 방패시니이다."

116편은 "여호와께서 내게 주신 모든 은혜를 무엇으로 보답할꼬?"라는 신앙인의 진실한 고백이다. "내가 여호와의 모든 백성 앞에서 나의 서원을 여호와께 갚겠나이다."

117편에서는 "너희 모든 나라야, 여호와를 찬양하며 너희 모든 백성아, 여호와를 찬송할지어다. 우리에게 향하신 여호와의 인자하심이 크고 진실하심이 영원함이로다"라고 노래한다.

118편은 "여호와는 내 편이시라 내게 두려움이 없나니 사람이 내게 어찌할꼬? 여호와는 내 편이 되사 나를 돕는 자 중에 계시니 그러므로 나를 미워하는 자에게 응보하시는 것을 내가 보리로다(118:6-7)"라는 신앙고백이다. 하나님이 다윗에게 은혜를 베푸는 가장 중요한 이유는 성전 계약이다(삼하7:12-16). 이 비밀을 알고 있는 한 하나님은 나를 절대적으로 지켜 주신다. 아무리 악인이 나를 겹겹이 에워싸서 나를 괴롭혀도 하나님이 깨끗이 해결하신다. 그 이유는 약속 때문이다. 그래서 의인의 장막에는 항상 기쁜 소리, 구원의 소리만 들린다. 여호와의 오른손이 구원을 베푸시는 것이다. 건축자의 버린 돌 같은 인생이지만 하나님의 손에 잡히면 하나님은 성전 계약을 이루기 위해 모퉁이의 머릿돌이 되게 하신다.

오늘 묵상의 말씀

내게 주신 은혜를 무엇으로 보답할까? 계획해보자.

하나님의 말씀은 나의 행복

119편에서 바벨론 포로 생활은 이스라엘 사람에게는 신앙적으로 큰 위기였다. 하나님을 떠나서 이방 종교에 동화되어 버리는 사람들이 속출되었다. 이런 와중에도 하나님을 의지하고 신앙생활을 지속하려는 사람들을 중심으로, 말씀연구 운동이 일어났다. 귀환 후, 이들의 주도하에 말씀 교육과 경건의 운동을 벌인 것이다. 이 시는 이런 정황에서 히브리 22자에 각 한 글자에 8절씩 노래를 답관체로 지어 하나님의 말씀을 특출하게 강조하고 있다.

1-8절은 사람들이 행복하게 사는 비결은 '지키는데' 있다. 그러기에 "내 길을 굳게 정하고 주의 율례를 지키게 하소서"라고 간구하는 것이다. 9-16절은 주의 말씀을 항상 사모함으로 가르침을 받고 마음에 새김으로 좌우로 치우치지 않는다. 17-24절은 율법을 연구함으로 불경건한 자들의 박해를 견디어 낼 힘의 원천을 확보한다고 가르친다. 25-32절은 고난 중에서 말씀에 순종하는 자에게 약속된 새로운 생명을 주실 것을 간구한다. 말씀은 고난 속에 익숙한 좁은 시야를 넓게 볼 수 있는 원동력이요, 생명의 원천이다.

33-40절은 탐욕과 헛됨을 추구하는 것에서 벗어날 수 있는 길은 주의 말씀을 배우고 깨닫고 실천하는 것이다. 41-48절은 주의 말씀 안에 주님의 분명한 구원과 끝없는 인자하심이 있기에 전적으로 말씀을 의지하는 자는 담대함을 얻고 자유를 얻을 수 있다. "나의 사랑하는 바, 주의 계명을 스스로 즐거워하며 또 나의 사랑하는바 주의 계명에 네 손을 들고 주의 율례를 묵상하리로다."

49-56절은 신앙생활 자체를 조롱받고, 위기에 처하여 신앙과는 거리가 멀어져 타락의 길로 가는 상황에서도 말씀이 소망이 되고 생명이 된다. 그러므로 고난 중에 말씀을 얼마나 붙잡느냐 하는 것은 굉장히 중요하다.

57-64절은 여호와가 나의 분깃이다. 그러기에 나는 전심으로 주의 은혜를 구하

여 주의 계명을 신속히 지키겠다.

"주의 인자가 땅에 충만하니 주의 규례로 나를 가르치소서. 악인의 줄이 내게 두루 얽혔을지라도 나는 주의 법을 잊지 아니하였나이다."

65-72절은 고난을 통한 깨닫게 된 주의 법을 끝까지 지키는 신앙인의 성숙한 모습이 나타난다. 고난 가운데 얻게 된 주의 말씀에 대한 깨달음과 확신이 그 어느 것보다도 가치가 있고 우월한 신앙고백이다.

73-80절은 괴롭고 억울한 상황 속에서도 주의 말씀을 떠나지 않음은 말씀이 가장 큰 위안이 되며 즐거움이 되기 때문이라고 고백한다. 신앙인은 말씀을 통해 고난 속에 담겨 있는 주의 의로운 섭리를 깨달을 수 있기에 말씀만 바라보고 있다.

81-88절은 곤고한 심령이 갈급하게 주의 도움을 구한다. 이는 구원을 약속하신 주의 말씀의 신실성을 확신하며 주의 인자하심을 구하는 철저한 신앙의 자세를 보여준다. "저희가 세상에서 거의 멸하였으나 나는 주의 법도를 버리지 아니하였사오니 주의 인자하심을 따라 나로 소성케 하소서. 그리하시면 주의 입의 증거를 내가 지키리이다."

오늘 묵상의 말씀

당신이 고난 중에 제일 붙잡을 수 있는 말씀은 무엇인가?

주의 법이 어찌 그리 사랑스런지요

119편 89-96절은 악인으로부터 공격을 받는 상황에서의 고백이다.

이때 그는 말씀에 굳게 서 있었다. 그래서 고난이 그를 굳세게 했다. 고난 중에 묵상을 통해 창조주 하나님을 확신하게 되고 창조된 만물은 하나님의 말씀에 순종하고 있다는 것을 발견한다.

97-104절에서는 "내가 주의 법을 어찌 그리 사랑하는지요. 내가 그것을 종일 묵상하나이다. 주의 말씀의 맛이 내게 어찌 그리 단지요. 내 입에 꿀보다 더 하니이다"라며 말씀은 시인, 스승, 노인, 그 누구보다도 더 지혜롭다는 것을 확신한다.

105-112절에서는 "주의 말씀은 내 발에 등이요, 내 길에 빛이니이다. 주의 증거로 내가 영원히 기업으로 삼았사오니 이는 내 마음의 즐거움이 됨이니이다"라고 고백한다. 그러기에 그 어떤 위기 속에서도 결코 떠날 수 없으며, 끝까지 그 말씀에 순종할 수밖에 없다.

113-120절에서 시편 기자가 확실히 싫어하는 사람은 두 마음을 품은 사람임이 드러난다. 이들은 하나님의 백성이라는 확실한 긍지와 정체성이 약한 사람이다. 곧 행악자(119:115)이며, 그들은 결국 찌꺼기(119:119)가 되는 것이다.

121-128절은 악인이 율법을 파괴할 때 하나님이 간섭해 주실 것을 호소한다. "내 눈이 주의 구원과 주의 의로운 말씀을 사모하기에 피곤하나이다. 나는 주의 종이오니 깨닫게 하사 주의 증거를 알게 하소서, 저희가 주의 법을 폐하였사오나, 지금은 여호와의 일하실 때이니이다." 오히려 고난 속에 더 주님께 가까이 가고 있다.

129-136절은 사람들이 여호와의 말씀을 지키지 아니했으므로 자신이 슬픔에 처했다고 토로하면서 하나님의 사랑을 간구하고 있다. 말씀이 그의 삶을 주관하기를 간구한다. 자신도 이 점에 대하여 노력하겠지만 하나님의 긍휼 때문에 그리고 마음

을 주관하시는 자의 손에 붙잡힐 때 가능하기에 깨우침을 달라고 호소한다.

137-144절에서는 주의 말씀이 가진 의로움과 진실함, 세미함과 신실함을 고백하고 있다. 영원한 진리인 주의 말씀은 환난 중에도 결코 버릴 수 없는 것이다. "주의 증거는 영원히 의로우시니 나로 깨닫게 하사, 살게 하소서."

145-152절, "여호와여, 전심으로 내가 부르짖으오니 내게 응답하소서. 내가 주의 율례를 지키리이다. 내가 새벽 전에 부르짖으며 주의 말씀을 바라며 내가 야경이 깊기 전에 깨어났나이다. 주의 인자하심을 따라 내 소리를 들으소서. 여호와여 주의 규례를 따라 살리소서."

153-160절에서는 악인으로부터의 구원을 계속 간구하면서 부동의 진리의 말씀에 대한 충성을 다짐한다. "나를 핍박하는 자와 나의 대적이 많으나 나는 주의 증거에서 떠나지 아니하였나이다."

161-168절, "주의 의로운 규례를 인하여 내가 하루에 일곱 번씩 주를 찬양하리이다. 주의 법을 사랑하는 자에게는 큰 평안이 있으니, 저희에게 장애물이 없으리이다. 내 심령이 주의 증거를 지켰사오며 내가 이를 지극히 사랑하나이다."

169-176절은 알파벳 22글자의 마지막 글자로써, "주의 말씀의 깨달음이나 구원의 간구, 혹은 사모하는 마음이 많음에도 불구하고 그는 주님의 도움이 필요하다. 하나님이 지키시고 도와주지 아니하면 마치 길을 잃은 양과 같이 유리할 수밖에 없다"라고 고백한다.

오늘 묵상의 말씀

알파벳 22글자의 기도를 통하여 가장 기억하고 싶은 구절은 어느 구절인가?

성전 순례시

120편부터 134편까지는 성전 순례시이다.

성전 순례시는 원래 바벨론 포로 귀환 시 예루살렘으로 돌아오던 자들이 부르던 노래였는데, 이후 절기 때 예루살렘에 나아오는 자들이 부르는 순례시로 이어져 내려왔다. 온갖 거짓과 궤사가 만연한 세태에서 오직 화평을 구하는 성도의 영적 갈망을 보여준다.

121편은 순례자의 고달픈 모습을 그림과 동시에 졸지도 아니하고 주무시지도 아니하고 자기 백성을 알뜰히 지키는 하나님의 보호를 찬양하고 있다. 실로 이러한 위대하고 세심하신 보호의 하나님이 계시기에 천성을 향한 순례자들인 성도들은 그 어떤 상황 속에서도 담대할 수 있다.

122편은 다윗이 법궤를 오벧에돔의 집에서 예루살렘으로 옮길 당시(삼하6:12-19) 지은 노래이다.

"사람이 내게 말하기를 여호와의 집에 올라가자 할 때에 내가 기뻐하였도다." 이 구절은 법궤가 예루살렘 성전 문 앞에 이르렀을 때 외친 함성이다(삼하6:16).

123편에서 포로 귀환한 자들이 예루살렘 성전과 성곽을 재건하려 하자 사마리아 거민이 조직적으로 방해할 때(느4), 제사장들과 회중들이 여호와께 도움을 아뢰고 있다.

124편은 암몬과 수리아 연합군을 상대로 한 전쟁에서 승리했을 때 하나님께 찬양을 드리고 있다.

우리가 그들을 이긴 것은 새 사냥꾼의 올무에서 벗어남과 같이 되었으니, 곧 올무가 끊어지므로 우리가 벗어나게 되었다는 것이다.

125편은 바벨론에서 귀환한 후 성전과 성곽을 건축할 때, 주변에 조직적인 방해가 있었으며, 이에 맞서서 한편에서는 건축하고, 다른 한편에서는 방어했을 때를 배경으로 한다. 물론 적들이 에워쌌으나 확신할 수 있는 것은 하나님의 보호로 악의 세력이 절대로 미치지 못하도록 보호하고 있다는 사실이다.

126편에서는 이스라엘 백성들이 바벨론 포로에서 귀환한다는 것은 엄청난 감격이었다.

그 꿈꾸던 것이 현실로 나타났기에 사람들은 무척 행복했다. 그때 우리 입에는 웃음이 가득하고 우리 혀에는 찬양이 찼었다. 여호와께서 저희를 위하여 대사를 행하셨으니 기쁘다며 행복해했다. 그러나 그것도 잠시였다. 성전을 짓는 데 방해가 심했다. 그럼에도 불구하고 기쁨을 가지고 돌아올 날을 바라보고 눈물을 흘리면서 씨를 뿌려야 했다.

127편에서는 하나님께서 의탁하지 않은 인위적 노력은 허무하다고 고백한다.

국가뿐만 아니라 개인 특히 가족까지도 마찬가지이다. 하나님이 지켜 주셔야 한다.

128편은 하나님을 경외하는 자의 행복을 말한다.

외부적인 축복인 노동의 대가로부터 시작하여 가정 그리고 후손에 이르기까지 시온에서 복을 받을 것이다.

129편은 환난 중에서 보호해주심을 감사드린다.

그리고 이스라엘을 괴롭힌 자들의 운명을 말하고 있다.

130편은 참회 중에 인자하심이 풍부한 주님을 기다리는 참회의 시이다.

131편은 10년 이상 지속한 사울로부터의 시달림이 끝난 직후 다윗은 아주 겸손한 사람으로 변했다. 그는 다가올 영광과 지위에 아랑곳하지 않고, 하나님이 주신 그때의 안식을 엄마 품에 안긴 아기로 비유하고 있다.

오늘 묵상의 말씀

시편 기자가 시를 통하여 믿음이 성장하는 때는 언제인가?

인자하심이 영원하신 하나님

132편은 왕의 시로 하나님께서 다윗 왕가에 세우신 언약을 기억해 달라고 한다.

다윗은 예루살렘 성소의 준비와 성전건축을 위해 준비하면서 근심을 한다. 이것은 복의 근원으로 후손을 위한 다윗 심경의 표현이다. 하나님은 성전 언약을 통하여 그의 후손들에게 복 주실 것을 약속하였다.

133편에서는 법궤가 시온에 안치되자 나라 안은 안정 속에서 결속을 가져오게 되었다.

134편에서는 축제 때 예루살렘 성전에 모여든 순례객들이 밤에 봉사자들과 함께 찬양한다.

135편은 찬양에 초대받은 여호와의 종들이 찬양하고 있다. 창조의 권능으로 자연현상이 모든 변화를 장악하신 분이시오, 구속주의 하나님으로 이스라엘을 애굽에서 구출하셨고, 가나안 정복하면서 모든 우상의 허무와 실상을 깨우쳐 주셨다. 이를 찬양하고 있다.

136편은 총론적 서사시로서 "그의 인자하심이 영원하심이로다"라고 고백하고 있다. 하나님은 온 우주를 창조하셨고, 출애굽에서 가나안 정복까지 이스라엘 역사 속에서 보면 약속하신 것을 변하지 않고 꼭 성취하셨다. 그리고 오늘날 우리의 필요를 채워주신다. 그 하나님의 사랑은 영원하시다는 것이다.

137편은 바벨론 포로에 끌려간 이스라엘 백성의 심경을 대변한 노래이다.

포로 생활 속에서 감내하기 힘든 신앙적 수모와 그럼에도 불구하고 눈물을 삼키며 인내하는 내면적 절제의 모습, 그러나 절제된 내면세계에 감추어진 하나님 나라를 대적하는 자에 대한 무서운 적의를 동시에 그려낸 감동된 깊은 걸작이다. 시인은 여러 강변(깃발, 을래)에 앉아서 시온을 기억하며 울었다. 악기를 통하여 찬양하며 울적한 마음을 달래기도 했다. 그런데 이방 지역의 원수들이 그 악기로 노래를 불러서 자기를 즐겁게 해보라는 것이다. 그래서 그럴 바에는 차라리 악기를 다루는 재주를 잊어버리든지, 아니면 내 혀가 내 입천장에 붙어서 노래를 못하든지 하겠다고 한다. 오직 하나님만을 향하려는 철저한 신앙인의 모습을 보여주고 있다.

138편은 주님이 약속하신 성전 계약(삼하7:12-16)인 하나님이 영원한 왕이 오실 그날을 바라보며 꿈을 꾸게 하는 내용이다.

이런 꿈을 성전을 통하여 꾼다는 것은 가슴 벅찬 일이다. 훗날 세상의 많은 왕이 하나님의 언약을 듣고 그의 영광을 찬양하며 감사하기 위하여 몰려들 것이다. 그들도 각자의 신들을 섬겼지만, 이제는 하나님의 은혜에 감사하며 함께 찬양할 때가 온다는 것이다. 이것은 하나님의 언약이 온 세계에 퍼져나가는 것을 암시하기도 한다. 그리고 그는 지난 경험을 통해서 이스라엘 백성들에게 어떠한 어려움과 곤경에 처하더라도 끝까지 구원하여 주실 것을 확신했다.

139편에서는 하나님은 못 하실 일이 없다, 하나님은 우주 만물을 창조하셨고, 그 자신을 지으신 하나님의 오묘하신 솜씨를 들어 하나님의 전능성을 감탄하고 있다. 어머니 태중에서 그냥 자동으로 태어난 것이 아니라 하나님의 섭리 하에 운행된다. 하나님은 모든 것을 다 아신다. 말, 행동, 마음, 생각, 전 인격을 아신다. 세밀히 관찰하고 계신다. 그리고 아니 계신 곳이 없다. 피하려고 해도 피할 수도 없다. 또한, 못하실 일이 없다.

140편은 악인의 음모에서 건지심을 간구한다. 고난 겪는 자를 변호하시면 궁핍한 자에게 정의를 베푸시는 하나님께서 나를 악인의 손길에서 보전하시기를 기대한다.

오늘 묵상의 말씀

지난날을 돌아보면 애굽을 건넌 경험과 언약을 맺은 경험이 있는가?

기도를 즐겨하시는 하나님

141편에서 다윗은 기도할 때 진실하게 기도할 수 있게 해달라고 기도하며 기도에 응답해 달라고 간구한다.

기도 내용을 보면 1) 허튼소리 하지 않도록 자신이 자신의 입술을 지켜 달라고 기도하고 있다. 2) 마음이 악한 일에 기울어지지 않도록 기도했다. 3) 악인의 유혹에 넘어가서 그들의 행위에 빠지지 않도록 지켜주실 것을 기도했다. 그래서 자신의 결심과 기도를 오직 하나님이 지켜주심을 의지하고 있다.

"주 여호와여, 내 눈이 주께 향하며 내가 주께 피하오니 내 영혼을 빈궁한 대로 버려두지 마소서. 나를 지키사 저희가 나를 잡으려고 놓은 올무와 행악자의 함정에서 벗어나게 하옵소서."

142편에서 다윗은 사울을 피해 원수의 나라에까지 망명하였다가(삼상19:11-17), 다시 유대 광야에 피신했다.

다윗을 돕는 자는 아무도 없다. 더 이상 숨을 곳도 찾을 수 없다. 동굴 부근을 사울의 군사들이 샅샅이 뒤지고 있다. 이 절박한 상황에서 다윗은 하나님께 토로한다. 이러한 때 하나님만이 그의 피난처이시기에 하나님께 간절히 기도하고 있다.

"여호와여, 나의 부르짖음을 들으소서. 나는 심히 비천하나이다. 나를 핍박하는 자에게서 건지소서. 저희는 나보다 강하니이다. 내 영혼을 옥에서 이끌어 내사 주의 이름을 감사케 하소서. 주께서 나를 후대하시리니 의인이 나를 두르리이다."

143편은 고난 중에 쓴 시로써 이 고난은 본인의 죄에서 온 것을 느끼고 자신의 죄책감과 더불어 원수의 핍박에 고통을 당하는 중에 기도하고 있다. 기도 응답을 바라는 그의 모습은 1) '거짓됨이 없이 공의로운' 응답을 기도한다. 2) 하나님 앞에서 의롭다고 말할 자가 없으므로 자신을 긍휼히 여기시고, 자신의 죄를 용서해 주실 것을 간구한다. 3) 원수의 죄 때문에 핍박받아 자신이 비참해지고 있다. 4) 이러한 갈등에서 죄송스러운 마음보다 나를 사랑하시는 하나님을 신뢰하게 하기 원한다고 기도한다.

그가 바라는 기도 응답은 1) 주의 인자한 말을 듣고, '나의 다닐 길'을 알게 해 달라, 2) 나를 가르쳐 주의 뜻을 행하게 하시고 공평한 땅으로 인도해 달라, 3) 원수들에게 건져 주고, 환난 중에 이끌어 달라, 4) 원수들을 멸하여 달라, 5) 다시는 죄악에 빠지지 않게 해달라는 것이다.

144편은 다윗이 골리앗을 이긴 때의 시이다.

하나님은 반석, 요새, 산성, 건지시는 자, 방패라는 말로 하나님을 표현하고 있다. 그 하나님은 나의 의지이다.

"여호와여, 사람이 무엇이관대 주께서 저를 알아주시며 인생이 무엇이관대 저를 생각하시나이까?"

하나님이 지금까지 나를 지켜주시고 보호하심을 감사하면서 나의 기도를 들어 주실 줄 믿고 기도한다.

그의 기도 내용은 1) 지금 이방인의 위협으로부터 건져달라. 2) 비파를 켜고 내 노래를 노래하며 드린다. 3) 이방인들의 궤사와 거짓을 보고 그들에게서 건져달라는 것이다. 이때 자녀의 복, 양식과 사업의 복, 마음의 평안과 즐거움의 복이 임함을 기도하고 있다.

145편은 왕이신 하나님을 찬양하는 노래이다.

거룩하신 성품대로 성도들을 통치하셔서 영원한 나라를 이끄시는 하나님을 찬양하고 있다. 왕의 성품은 인자하고 자비하시고 은혜로우시고 화를 참으시고, 긍휼을 베푸시는 하나님이다. 이로 인하여 만물이 다 주님께 찬양 드리고 있다.

오늘 묵상의 말씀

하나님은 어떤 때 나를 만나시는 것을 가장 즐거워하실까?

호흡이 있는 자마다 찬양할지어다

146편에서 150편까지는 할렐루야 찬송의 시가 많아서 '할렐루야 시리즈'라고 이야기한다.

특히 146편은 포로에서 돌아온 자들이 지금까지 함께 하시고 인도하신 하나님의 속성을 이해하며 감사 찬송을 드리고 있다(학개와 스가랴의 시, 70인 역의 인용). 여기서는 첫 번째는 도울 힘이 없는 인생을 의지하지 말라고 이야기한다.

그 이유는 1) 아무리 유능해 보이는 사람도 궁극적으로는 남을 도울 힘이 없다. 2) 언제 죽을지 모르는 인생과 아무리 훌륭한 계획을 세운다 한들 죽음과 함께 그 계획도 허사가 된다. 3) 그 대신 야곱의 하나님으로 도우심을 삼는 것에 관심을 가질 필요가 있다. 4) 즉 야곱이 간사하고 비천했음에도 불구하고 하나님은 그와 언약하셔서 베푸신 은혜를 풍성하게 하셨음이다.

그러면 하나님은 어떤 도우심으로 우리에게 응답하실까? 1) 타인에 의해서 압박을 당하거나 갇힌 자를 공정히 판단하셔서 해방하신다. 2) 주린 자와 비굴한 자를 도와 일으키신다. 3) 소경의 눈을 뜨게 하신다. 4) 나그네를 보호하시고, 고아와 과부를 인도하신다. 5) 물론 중요한 것은 정말로 도움이 필요한 자에게 적절하게 도우신다.

147편은 우리 하나님께 찬양함이 마땅하다고 찬양하고 노래한다.

그 이유는 모든 사람을 사랑하고 축복하시지만, 특별히 자기 백성들을 사랑하신다는 것이다. 이에 포로시대 이후 느헤미야 시대에 성벽 문을 세우면서 특별히 하나님의 은혜를 체험한 내용을 기록하고 있다.

1) 포로 생활 중에 받았던 마음의 상처를 고쳐주시는 '치료의 하나님'을 깨달았다. 예루살렘을 세우시며 이스라엘의 흩어진 자들을 모으시며 상심한 자들을 고치시며 그들의 상처를 싸매신다. 이렇게 이스라엘 백성을 사랑하신다. 2) 그 하나

님은 자기 백성 모두를 개개인으로 부르시는 '세밀하신 하나님'이심을 깨달았다. 3) 그 하나님은 '무한하신 지혜와 능력'을 갖고 계신다. 4) 이 모든 일은 악인을 멸하시고 겸손한 자를 일으키시는 '하나님의 공의'에 기준을 두고 찬양하고 있다. 그 하나님이 경내를 평안케 하시고 아름다운 말로 너를 배불리 하시고 말씀을 보내어 야곱에게 이행하게 하셨다.

148편은 모든 피조물이 하나님을 찬양한다고 보고 있다.

1) 하늘의 천군천사들에게 찬양을 권하고 있다. 2) 하늘의 천체들에게 찬양을 권하고 있다. 3) 이러한 것들이 아무리 높이 있다 할지라도 역시 하나님의 피조물이므로 여호와의 이름을 찬양하라고 권한다. 4) 또한 이러한 것들은 영원히 유지되도록 창조되었으니 하나님을 찬양하고 있다.

149편에서 성도들은 자기를 창조하신 하나님, 이제는 그들의 왕이 되셔서 친히 다스리시는 하나님을 기뻐한다. 이 기쁨을 악기로 연주하며 노래와 춤으로 표현하고 있다. 또한 자기 백성을 기뻐하시는 하나님의 기쁨이 성도들 기쁨의 근원인 구원을 이루었다는 사실을 고백하고 찬양한다.

150편은 호흡이 있는 자마다 찬양하는 것은 인생에 있어서 가장 축복된 삶임을 고백한다. 성소와 권능의 궁창은 하나님께서 계시는 곳이다. 어디에든지 계시는 하나님을 찬양하고 있다. 그럼에도 불구하고 하나님은 그 성소, 하나님이 계시다고 믿는 바로 그 장소 거기에서 찬양하라는 것이다. 두 번째는 악기를 가지고 찬양을 한다. 이것은 인간의 모든 것을 다 동원하여 찬송하는 것이다. 세 번째 결론은 호흡이 있는 자마다 찬송하라는 것이다.

오늘 묵상의 말씀

시편을 읽으면서 가장 은혜 받은 내용은 무엇인가?

지혜의 근본

잠언서는 솔로몬이 기록한 책으로 언약 백성에게는 중요한 의미가 있다. 솔로몬은 다윗 언약(삼하7:12-16)을 통하여 지금까지 가나안에서 제일 축복을 누리는 전성기의 시대를 누렸다. 그 극치가 바로 솔로몬 성전을 지음으로 이루어졌다. 그러면 어떻게 이런 하나님의 축복을 누리게 하는가? 물론 그 당시 학교가 없기에 가정을 통하여 말씀을 계승하여야 하는데, 솔로몬에게는 1,000명의 부인이 있었다. 그들의 자녀들이 모두 잘 교육을 받으려면 바른 지혜서가 필요할 것이다. 그래서 기록한 말씀이 바로 잠언이라고 볼 수 있다. 그러니까 잠언은 인간이 어떻게 구원을 얻어야 하는 가에 대한 책이 아니라 구원받은 백성이 어떻게 살아야 하는가를 밝혀주는 책이다.

1장에서는 잠언을 기록한 목적을 나타내고 있다.

1) 지혜와 훈계를 알게 하고 2) 명철의 말씀을 깨닫게 하고 3) 지혜롭게, 의롭게 공평하게, 정직하게 행할 일에 대한 훈계를 받게 하며 4) 어리석은 자를 슬기롭게 하며 5) 젊은 자들에게 지식을 주려함이다. 또한 삶의 지혜는 하나님을 경외하는 데서 시작되며 하나님을 경외할 때 비로소 인간은 하나님께서 원하시는 관점과 기준에서 삶에 성공할 수 있다.

2장에서는 지혜를 구하는 방법을 기록하고 있다.

지혜를 얻으려면 첫째, 말씀에 귀를 기울이고, 마음 깊이 새겨 잘 간직해야 한다. 왜냐하면, 하나님의 말씀 안에 지혜와 지식의 모든 보화가 들어 있기(골2:3) 때문이다. 둘째, 소리를 높여 부르며 간구하는 기도가 있어야 한다. 지혜를 주시는 분은 하나님이시며(왕상 3:4-15). 부르짖으라, 내가 응답하겠고 네가 알지 못하는 크고 비밀한 것을 네게 보이리라(렘33:3) 말씀하셨기 때문이다.

3장에서는 그러면 지혜는 왜 중요한가에 대하여 말하고 있다.

1) 지혜는 진주보다 귀하고 우리가 사모하는 모든 것과도 비교할 수 없을 정도로 중요하다. 2) 지혜에는 장수, 부귀, 즐거움, 평강이 따르기 때문에 금은보화보다 더 중요하다. 3) 지혜를 얻는 자는 복이 있고, 지혜는 그 얻는 자에게 생명나무와 같다. 4) 그렇게 하면 장수한다.

그러면 장수의 비결은 무엇인가에 대해 기록하고 있다. 1) 하나님의 법을 잊어버리지 않은 것, 2) 하나님의 명령을 마음으로 지키는 것, 3) '인자와 진리'가 떠나지 않고 그것을 목에 매고 마음 판에 새기는 것이다.

4장에서는 아들에게 지혜를 얻으라고 간곡하게 부탁하고 있다.

물론 지혜는 훈계에서 얻는다. 1) 아비의 훈계와 명철, 선한 도리, 내 법이라고 반복한다. 2) 자신의 훈계와 명철은 결코 자신이 만들어낸 것이 아니라 다윗 부모에게서 물려받은 내용이라고 밝히고 있다. 이 말씀을 지키면 장수하고 실족하지 않는다고 말한다.

5장에서는 결혼에 대한 지혜를 말해주고 있다.

솔로몬은 부인 1,000명을 두어서 결혼생활에서 큰 어려움을 겪었을 것이다. 자녀에게만큼은 실패하지 않기를 간절히 바랐을 것이다. 어떻게 하면 결혼 생활이 성공할 것인가, 단순하다. 말씀대로 일부일처이다. "너는 네 우물에서 물을 마시며 네 샘에서 흐르는 물을 마시라. 네 샘으로 복되게 하라. 네가 젊어서 취한 아내를 즐거워하라. 그는 사랑스러운 암사슴 같고 아름다운 암노루 같으니 너는 그 품을 항상 족하게 여기며 그 사랑을 항상 연모하라(5:15, 18)."

오늘 묵상의 말씀

성공한 인생을 살려면 어떻게 해야 할까?

의로운 자와 게으른 자

6장은 일상생활을 기록하고 있다.

천국의 생활은 일상생활 속에서 나타나는 것인데, 그중에서도 솔로몬이 싫어하는 것은 가난이다. 이 가난은 왜 오는가? 첫째는 보증서는 일(6:1-5)이요, 둘째는 게으름이요, 셋째는 음행이다.

그러면 게으른 자에게 주는 교훈은 무엇인가? 1) 게으른 자여, 개미에게로 가서 그 하는 것을 보고 지혜를 얻어라. 즉 두목이나 지도자나 감독관이 없어도 여름에 예비하며 추수 때에 양식을 모으는 개미의 삶을 통하여 삶의 지혜를 배우라. 2) 게으른 자여, 네가 어느 때까지 눕겠느냐? 네가 어느 때에 잠이 깨어 일어나겠느냐? 인생을 허송세월하지 말라. 3) 계속된 나태와 무관심을 결국 돌이킬 수 없는 결과를 초래한다. 강도와 군사처럼 빈궁과 곤핍함이 쳐들어올 것이다.

그러면 게으른 사람의 특징은 무엇인가? 1) 잠자기를 좋아한다. 2) 양식을 얻기 위하여 일하는 것도 싫어한다. 3) 심지어 식사하는 것조차 노동이라고 생각한다. 4) 게으른 자는 부질없는 핑계가 너무 많다. 5) 자신을 가장 지혜롭게 여긴다. 6) 비가 새는 자기 집을 수리하기 싫어한다. 7) 돌아다니면서 험담이나 공공연한 문젯거리를 만든다.

7장은 일상생활에서 지켜야 할 내용이다.

1) 지혜의 말씀을 지킬 것과 음녀의 유혹에 넘어가지 말라는 교훈을 지킬 것 2) 음행의 죄를 피할 수 있는 최선의 길은 하나님의 명령을 지키는 것 3) 어리석은 젊은이들이 음녀의 유혹에 넘어갈 위험이 다분하다는 것 4) 음부의 길은 마지막이 사망의 방임을 강조하며, 음녀의 유혹에 넘어가지 말라고 경고한다.

8장에서는 '의로운 여인'을 초청하고 있다.

이는 5-7장에 나오는 음녀의 유혹과 는 대조된다. 즉 '지혜'란 이름을 가진 그녀를 따르는 자들에게 주어지는 엄청난 축복을 다루고 있다.

그 지혜의 내용은 1) 가장 선한 것 2) 정직 3) 진리 4) 악을 미워함 5) 의로움 6) 굽은 것과 패역한 것이 없다. 그리고 지혜를 가지는 '하나님의 훈계'를 맡은 것이 은을 받는 것보다 낫고, '지식'을 얻는 것이 정금을 얻는 것보다 나으며, '지혜'는 진주보다 낫다고 한다. 따라서 이미 솔로몬은 "지혜가 제일이니 지혜를 얻으라(4:7)" 교훈한 바 있다.

9장은 1-9장의 제1 잠언집의 결론으로써 지혜자의 초청과 미련한 자의 계집에 대해 초청하고 있다.

지혜자는 먼저 '지혜'는 자기편에서 모든 준비를 다 한다. 즉 1) 일곱 기둥을 다듬어 집을 짓고, 2) 고기와 포도주를 갖춘 상을 차린 후, 3) 그 여종을 보내어 '어리석은 자'들을 조건 없이 초청한다. 4) 지혜 없는 자들에게 생명의 길을 제시한다. 즉 와서 내 식물을 먹으며 내 혼합한 포도주를 마시고 어리석음을 버리라 권한다. '명철의 길', '생명'이 주어질 것을 지혜가 약속한다.

10장은 10장부터 22장 16절까지의 2부 시작으로 의인과 악인을 대조시키는 내용이다.

	의인의 삶	악인의 삶
1. 정의	여호와를 경외하는 자	여호와를 경외하지 않는 자
2. 나이	장수함(영생을 얻음)	짧음(멸망에 이름)
3. 소망	즐거움을 이룸	끊어짐
4. 여호와의 도	산성을 이룸	멸망
5. 최후의 결과	영영히 이동되지 아니함	땅에 거하지 못함
6. 언어생활	지혜로운 말로 기쁘게 함	패역한 말로 베임을 당함

오늘 묵상의 말씀

지혜는 순간순간의 선택이다. 무엇을 선택하고 있는가?

의인과 악인의 언행 심사 비교

11장은 의인과 악인을 대조하고 있다. 그 내용은 다음과 같다.

구절	의인	악인
5절	그 의로 인하여 그 길이 곧게 됨	그 악으로 인하여 넘어짐
6절	그 의로 인하여 구원을 얻음	자기의 악에 잡힘
7, 8절	환난에서 구원을 얻음	죽을 때에 그 소망이 끊어짐
9절	그 지식으로 구원을 얻음	입으로 그 이웃을 망하게 함
10절	형통하면 성읍이 즐거워함	패망하면 성읍이 기뻐 외침
11절	축원하면 성읍이 진흥함	악담으로 성읍이 무너짐
18절	의로 뿌린 자의 상은 확실함	악인의 삯은 허무함
19절	생명에 이름	사망에 이름
21절	자손이 구원을 받음	단합해도 벌을 받음
23절	소원이 선함	소망이 진노를 이룸
27절	은총을 얻음	악이 임함
28절	푸른 잎사귀같이 번성함	패망함
30. 31절	의인의 열매는 생명나무임	반드시 응보를 받음

12장은 악인과 의인은 언행 심사를 비교하고 있다.

구절	악인의 언행 심사	의인의 언행 심사
12절	불의의 이익을 탐함	의의 결실을 거둠
13절	입술의 허물로 그물에 걸림	환난에서 벗어남
15절	자기 행위가 바른 줄로 여김	권고를 들음
16절	분노를 당장에 나타냄	수욕을 참음

구절	악인의 언행 심사	의인의 언행 심사
17절	궤휼을 말함	의를 나타냄
18절	칼로 찌름같이 함부로 말함	지혜로운 자의 혀는 양약
19절	거짓 혀는 눈 깜짝할 동안만 존재함	진실한 입술은 영원히 보존됨
20절	그 마음에 궤휼이 있음	화평을 논하는 자에게 희락이 있음
21절	앙화가 가득함	아무 재앙도 임하지 않음
22절	여호와의 미움을 받음	여호와의 기뻐하심을 받음
23절	미련한 것을 전파함	지식을 감추어 둠
26절	악인의 소행은 자기를 미혹함	그 이웃의 인도자가 됨
28절	사망이 있음	생명이 있음

13장-15장은 의인과 악인의 특성을 대조시키고 있는데 15장은 다음과 같다.

구절	의인의 말	악인의 말
1절	유순한 대답으로 분노를 그치게 함	과격한 말로 노를 격동함
2절	지식을 선히 베풂	미련한 것을 쏟음
4절	생명나무와 같음	마음을 상하게 함
14절	지식을 요구함	미련한 것을 즐김
18절	노하기를 더디 하여 시비를 그치게 함	분을 쉽게 내어 다툼을 일으킴
22절	모사가 많아 경영을 성립시킴	의논이 없어서 경영을 파함
23절	그 입의 대답으로 기쁨을 얻음	
26절	선한 말은 정결함	악한 꾀는 여호와께서 미워하심
28절	대답할 말은 깊이 생각함	악을 쏟아 놓음
29절	여호와께서 의인의 기도를 들으심	여호와께서 악인을 멀리하심

오늘 묵상의 말씀

의인의 삶의 행복은 무엇인가?

미련한 자와 지혜로운 자

16장에서는 사람의 계획과 하나님의 주권 사이의 관계에 대하여 기록하고 있다.

1) 사람의 어리석음과 하나님의 위대하심을 깨닫게 한다.
2) 인간이 아무리 훌륭할 계획을 세워도 그 결과가 하나님께 달려 있다.
3) "너의 행사를 여호와께 맡기라. 그리하면 너의 경영하는 것이 이루리라."
4) 인간인 우리는 모든 일의 결과까지 책임지는 완전한 계획자로서의 위치를 하나님께 맡기고 하나님의 계획을 수행하는 데에 참여하는 '하나님의 도구' 위치에 겸손히 머무를 줄 알아야 한다.

17장에서는 다툼과 화목에 대하여 대조하고 기록하고 있다.

1) 총명한 자는 한 마디의 꾸지람에서도 100대의 매를 맞는 미련한 자보다 더 많은 것을 깨닫는다.
2) 반역을 일삼는 악한 자는 무서운 처벌을 면치 못할 것이며 미련한 일을 행하는 어리석은 자는 그 무엇보다도 위험한 인물이다.
3) 누구든지 선을 악으로 갚는 자는 그 입에서 악이 떠나지 않는다.
4) 다툼의 시작은 댐에서 물이 새는 것과 같다.
5) 여호와께서 악인을 의인으로 취급하는 자와 의인을 악인으로 취급하는 자를 미워한다.
6) 끊임없이 사랑하는 자가 친구이고, 위급할 때에 돕는 자가 자기 형제이다.
7) 다툼을 좋아하는 자는 죄를 사랑하는 자이고, 자기 문을 높이는 자는 파멸을 자초한다.
8) 마음이 비뚤어진 자는 복을 얻지 못하고, 혀를 함부로 놀리는 자는 재앙을 당한다.

18장은 여호와를 경외하는 지혜로운 자의 삶과 그렇지 않은 미련한 자의 삶을 대조하여 귀중한 잠언의 말을 모아 놓고 있다.

1) 미련한 자는 명철을 기뻐하지 아니하고 자기 의사를 드러내기만 기뻐한다. 2) 미련한 자의 입술은 다툼을 일으키고 그 입은 매를 자청한다. 3) 미련한 자의 입은 그의 멸망이 되고 그 입술은 그의 영혼의 그물이 된다. 4) 악인을 두호하는 것과 재판할 때 의인을 억울하게 하는 것이 선하지 않다. 5) 남의 말하기를 좋아하는 자의 말은 별식과 같아서 뱃속 깊은 데로 내려간다. 6) 사연을 듣기 전에 대답하는 자는 미련하여 욕을 당한다 등은 미련한 자의 징조를 나타내는 말이다.

19장은 단편적인 잠언을 모아서 의인과 악인에 대하여 정리하고 있다.

그중에서 정리해 보면 1) 지식 없는 소원은 선치 못하리라. 2) 재물이 많은 친구를 더하게 하나 가난한즉 친구가 끊어지느니라. 3) 지혜를 얻는 자는 자기 영혼을 사랑하고 명철을 지키는 자는 복을 얻느니라. 4) 미련한 사람은 마음으로 여호와를 원망하여 자기의 길을 굽게 한다.

20장에는 지혜로운 자와 어리석은 자의 생활을 비교하여 잠언들을 모아 두었다.

예를 들어 게으른 자들의 공통점은 무엇인가? 1) 게으른 자는 잠자는 것을 좋아한다. 2) 게으른 자는 일용할 양식을 얻기 위하여 일하는 것도 싫어한다. 3) 게으른 자는 부질없는 핑계가 많다. 4) 게으른 자는 자기를 가장 지혜롭게 여긴다. 5) 게으른 자는 서까래가 무너진 자기 집을 수리하는 것도 싫어한다. 7) 게으른 자는 집마다 돌아다니며 쓸데없는 험담이나 일삼고 공공연한 문젯거리로 삼는다.

오늘 묵상의 말씀

진정한 성공의 길을 걸으려면 어떻게 살아야 할까?

경제생활과 자녀 교육

21장에는 악인의 특징에 대하여 단편 잠언을 모으고 있다.

1) 의와 공평을 행하는 것은 제사 드리는 것보다 하나님을 기쁘시게 하느니라.
2) 눈이 높은 것과 마음이 교만한 것과 악인이 형통한 것은 죄니라.
3) 속이는 말로 재물을 모으는 것은 죽음을 구하는 것이다. 불려 다니는 안개니라.
4) 악인의 강포는 자기를 소멸하나니 이는 공의 행하기를 싫어함이니라.
5) 다투는 여인과 함께 큰 집에 사는 것보다 움막에서 혼자 사는 것이 나으니라.
6) 악인의 마음은 남의 재앙을 원하나니, 그 이웃도 그 앞에서 은혜를 입지 못하느니라.
7) 게으른 자의 정욕은 그를 죽이나니 이는 그 손으로 일하기를 싫어함이니라.
8) 은밀한 선물은 노를 쉬게 하고 품의 뇌물은 맹렬한 분을 그치게 하느니라.
9) 연락을 좋아하는 자는 가난하게 되고 술과 기름을 좋아하는 자는 부하게 되지 못한다.
10) 입과 혀를 지키는 자는 그 영혼을 환난에서 보전하느니라.

22장은 경제생활에 대하여 기록하고 있다.

1) 많은 재물보다 명예를 택함과 여호와를 경외함의 보상은 재물과 영광과 생명이니라.
2) 은이나 금보다 은총을 더욱 택할 것이니라.
3) 겸손은 가난한 자를 주관하고 빚진 자는 채주의 종이 되느니라.
4) 게으른 자는 말하기를 사자가 밖에 있은즉 내가 나가면 거리에서 찢기겠다 하느니라.
5) 아이의 마음에는 미련한 것이 얽혔으나, 징계에는 채찍이 이를 멀리 쫓아내리라.

6) 빚보증을 서지 말라, 만일 갚을 것이 없으면 네 누운 침상도 빼앗길 것이니라.

7) 자기 사업에 근실한 사업을 보았느냐. 이러한 사람은 왕 앞에 설 것이요, 천한 자 앞에 서지 아니할 것이다.

23장은 자녀의 훈계를 기록하고 있다.

1) 부모가 그 자식을 훈계하는 근본적인 원인은 그 자식에 대한 사랑이어야 한다.

2) 훈계란 부모의 고유 권한임과 동시에 책임이며 의무이다.

3) 필요한 경우에는 채찍을 들어야 하며 오히려 이때 영혼을 구원하게 된다.

4) 부모는 자식이 정직한 사람이 되도록 훈계한다.

5) 부모는 자식이 술을 즐기는 자나 탐식하는 자와 사귀지 않도록 훈계한다.

6) 부모는 자식의 진리와 징계와 훈계와 명철을 구해야 한다.

7) 부모는 자녀가 죄악의 유혹에 빠지지 않고 욕심을 절제하도록 훈계해야 한다.

24장은 악인에 대하여 기록하고 있다.

1) 악인의 형통을 부러워 말고 그와 함께 있기도 원하지 말라.

2) 네가 만일 환난 날에 낙담하면 네 힘이 미약함을 보임이니라.

3) 의인은 일곱 번 넘어질지라도 다시 일어나려니와 악인은 재앙으로 인하여 엎드러진다.

4) 네 아들아, 여호와와 왕을 경외하고 반역자와 더불어 사귀지 말라.

5) 무릇 악인에게 옳다 하는 자는 백성에게 저주를 받을 것이요. 국민에게 미움을 받는다.

6) 너는 좀 더 자자, 좀 더 졸자, 손을 모으고 눕자 하니 네 빈궁함이 강도같이 온다.

7) 네 곤핍함이 군사같이 이른다.

오늘 묵상의 말씀

잠언을 읽으면서 성공해야 하겠다는 결심이 서려면 어떻게 해야 한다고 생각하는가?

지혜로운 자의 대인관계

25장은 솔로몬의 잠언이다.

히스기야 왕 때 편집한 것이다. 히스기야 왕은 왕의 정통성을 잃어버려서 오랜 세월 동안 국가가 흔들리다가 아버지 아하스 때 가장 큰 위기를 만났다. 하지만 그는 이사야 선지자를 통하여 하나님의 말씀을 배웠고, 신앙의 정통성을 세우게 되었다. 이때 솔로몬의 잠언이 큰 도움이 되었다. 히스기야가 가장 중요하게 여긴 것은 성전 정결과 말씀 회복이다. 이것은 아마 다윗과 솔로몬을 모델로 한 종교 회복에 있었을 것이다. 하나님의 언약의 백성(출19:5-6)이 그 언약체결의 최종적인 배경은 성전회복과 말씀회복이요. 이의 최고 모델은 다윗과 솔로몬의 성전건축과 더불어 말씀과 기도에 전념하는 내용이다. 그때 하나님은 이스라엘에 최고의 번성을 주셨고 이웃 나라가 부러워하는 큰 소망을 주신 것이다. 이것을 회복해야 한다. 그래서 다윗과 솔로몬의 행적과 언어를 중요하게 여겨 새 동력을 얻어 종교개혁과 기도운동에 박차를 가했다.

그러면 솔로몬의 제일 중요한 장점이 무엇인가? 그것은 다툼을 잘 해결하는 일이다. 1) 성급하게 다투지 말아야 한다. 2) 다투는 일이 생기더라도 다툼의 원인이 되는 그 문제만 거론하고 상대방의 다른 허물까지 들추어내어 인신공격하지 말아야 한다(25:8-10).

26장은 악인을 미련한 자, 게으른 자, 간섭자, 속이는 자, 다투는 자로 구분하고 있다.

1) 미련한 자는 영예가 적당하지 않다. 여름에 눈 오는 것과 추수 때 비 오는 것과 같으니라.

2) 미련한 자 입술의 잠언은 술 취한 자의 손에 든 가시나무 같으니라.

3) 개가 토한 것을 도로 먹는 것처럼 미련한 자는 실수를 거듭하느니라.

4) 게으른 자는 돌쩌귀를 따라 도는 것같이 침상에서 구르느니라.

5) 게으른 자는 그 손을 그릇에 넣고도 입으로 올리기를 괴로워하느니라.

6) 게으른 자는 선히 대답하는 사람 일곱보다 자기를 지혜롭게 여기느니라.

7) 함정을 파는 자는 그것에 빠질 것이요, 돌을 굴리는 자는 도리어 그것에 치이리라.

27장은 대인관계에서 취해야 할 삶의 태도를 말하고 있다.

1) 타인이 너를 칭찬하게 하고 네 입으로는 너 자신을 칭찬하지 말라.

2) 분노는 잔인하고 창수 같다. 그러나 그것보다 더 무서운 것은 질투다.

3) 친구의 통책은 충성에서 말미암은 것이나 원수의 잦은 입맞춤은 거짓에서 난 것이다.

4) 배부른 자는 꿀이라도 싫어하고 주린 자에게는 쓴 것이라도 달다.

5) 본향을 떠나 유리하는 사람은 보금자리를 떠나 떠도는 새와 같다.

6) 기름과 향이 마음을 즐겁게 하듯이 친구의 충성스러운 권고가 이와 같다.

7) 네 환난 날에 형제의 집에 들어가지 말라, 가까운 이웃이 먼 형제보다 낫다.

8) 지혜를 얻고 내 마음을 기쁘게 하라. 그러면 비방하는 자에게 대답할 수 있다.

9) 슬기로운 자는 재앙을 만나면 피하나, 어리석은 자는 나아가다가 해를 받는다.

10) 이른 아침에 큰 소리로 그 이웃을 축복하면 도리어 저주같이 여기게 된다.

11) 철이 철을 날카롭게 하는 것처럼 사람이 그 친구의 얼굴을 빛나게 한다.

28장은 악인과 의인의 삶의 모습과 그 결과를 말한다.

1) 악인은 쫓아오는 자가 없어도 도망하나 의인은 사자같이 담대하다.

2) 충성된 자는 복이 많아도 속히 부하고자 하는 자는 형벌을 면하지 못한다.

오늘 묵상의 말씀

오늘 나는 어떤 말씀을 붙잡고 싶은가?

왕의 협력자와 현숙한 여인 찾기

29장은 히스기야가 솔로몬의 잠언을 편집한 내용으로 공의를 다루고 있다.

1) 자주 책망을 받으면서도 목이 곧으면 갑자기 패망이 온다.

2) 지혜를 사모하는 자는 아비를 즐겁게 해도 창기를 사귀는 자는 재물이 없어진다.

3) 왕은 공의로 나라를 견고케 하나 뇌물을 억지로 내게 하는 자는 나라를 멸망시킨다.

4) 악인의 범죄는 스스로 올무가 되게 하고 의인은 노래하고 기뻐한다.

5) 의인은 가난한 자의 사정을 알아주나, 악인은 알아줄 지식이 없다.

6) 지혜로운 자와 미련한 자가 다투면 지혜로운 자가 노하든지 웃든지 다툼은 그침이 없다.

7) 왕이 가난한 자를 성실히 신원하면 그 위가 영원히 견고하리라.

8) 묵시가 없으면 백성이 방자히 행하거니와 율법을 지키는 자는 복이 있다.

9) 종은 어렸을 때부터 곱게 양육하면 그가 나중에는 자식인 체한다.

10) 사람을 두려워하면 올무에 걸리게 되고 여호와를 의지하는 자는 안전하다.

11) 불의한 자는 의인에게 미움을 받고, 정직한 자는 악인에게 미음을 받는다.

30장은 솔로몬이 직접 쓴 것은 아니라 협력자로서 생활 속에서 잠언을 기록하고 있다.

1) 나는 무지하나 하나님의 말씀은 다 순전하고 그를 의지할 때 방패가 된다.

2) 두 가지를 구하자. 그중 하나는 "허탄한 것과 거짓말을 내게서 멀게 하옵소서"이다. 둘째는, "나로 가난하게도 말고 부하게도 마옵소서. 오직 필요한 양식으로 내게 먹이시옵소서"이다.

3) 종은 그의 상전에게 비방하지 말라, 그가 저는 저주하겠고, 너는 죄책을 당할

까 두려우니라.

4) 만일 네가 미련하여 스스로 높인체하였거니와 혹은 악한 일을 도모하였건 네 손으로 입을, 코를 비틀면 피가 나온다.

31장은 잠언서를 끝내면서 여인에 관한 기록을 하고 있다. 그가 왕으로 직책을 잘 수행하려면 부인이 도움이 가장 중요하다. 그래서 아들이 왕이 되려면 좋은 아내를 염두에 두어야 한다는 뜻으로 르무엘 왕의 어머니가 아들에게 교육하고 있다.

1. 네 힘을 여자에게 쓰지 말며 왕들을 멸망시키는 일을 하지 말라.

2. 포도주를 마시는 것이 왕에게 마땅하지 않다.

3. 너는 말 못하는 자와 고독한 자의 송사를 위하여 입을 열라.

4. 현숙한 여인을 찾으라, 그의 값은 진주보다 더하다.

1) 남편에게 선을 행하고 악을 행하지 아니하는 자, 2) 밤이 새기 전에 일어나서 자기 집안사람들에게 음식을 나누어 주며 여종들에게 일을 정하여 맡기며, 밭을 살펴보고 사며, 자기의 손으로 번 것을 가지고 포도원을 일구며 힘 있게 허리를 묶어 자기의 팔로 강하게 하며, 3) 곤고한 자에게 손을 펴며 궁핍한 자를 위하여 손을 내밀며, 4) 자기 집안일을 보살피고 게을리 얻은 양식을 먹지 아니하고, 5) 입을 열어 지혜를 베풀며 그의 혀로 인애의 법을 말하는 여인이다. 6) 자식들은 일어나 감사하며 그의 남편은 칭찬하나니 그 여인은 모든 여자보다 뛰어나다. 7) 그 손의 열매가 그녀에게로 돌아갈 것이요, 행한 일로 성문에서 칭찬을 받는다. 8) 오직 여호와를 경외하는 그 여자는 칭찬을 받는다.

오늘 묵상의 말씀

축복의 통로가 성공하려면 어떻게 살아야 할까? 잠언을 읽으며 느낀 점을 말해 보자.

인생의 허무와 극복하는 길

1장은 솔로몬이 인생 후반전에 자기 인생을 정리하면서 그의 인생의 지혜를 설명하는 책이다.

솔로몬은 지혜와 부귀영화를 최고로 누린 상징의 사람이다. 사실 그가 이런 축복을 누린 것은 다윗의 계약(삼하7:12-16)을 성취하신 하나님의 축복이다. 하나님은 이를 위하여 아브라함을 부르시고, 하나님 나라 백성으로서의 언약을 체결하고(출19:5-6), 가나안 땅에 도착하고, 하나님의 뜻을 잘 이행한 다윗(행13:22)을 통하여 하나님의 뜻을 성취했다. 이로 인하여 하나님은 그의 아들 솔로몬에게 최고의 지혜와 최고의 부귀영화를 누리게 하셨다. 솔로몬은 이 하나님의 언약의 줄을 잘 붙잡았으나, 나중에는 부인이 많아서 우상 숭배하다가 그 축복의 줄을 놓침으로 그 많은 부귀영화의 축복과 업적들이 다 무너지게 되었다. 그래서 인생의 희로애락, 오애욕의 경험을 충분히 해본 자로서 인생의 지혜는 무엇인지 설파하고 있다. 결론부터 말하면 하나님을 말하지 않고 인생을 말하는 것은 허무한 일이다. 해 아래서 수고하는 모든 것은 다 헛것이 된다. 한 세대가 가고 다음 세대가 온다. 사람들이 부지런히 무엇을 붙잡으려고 애를 쓰지만 결국은 허무하게 된다. 해 아래서 하는 모든 것이 헛되고 헛되다.

2장은 쾌락과 사업이 헛되다는 것이다. 인생이 사는 것은 행복을 위하여 모든 것을 투자한다. "어떻게 내 육신을 즐겁게 할까?"하고 나의 사업을 크게 하여 많은 부를 거느리고 많은 자녀를 두고 처첩도 많이 두었다. 그래서 내 눈이 원하는 것 다 가졌고 내가 보는 것 다 보았고 나의 즐겁게 지내고 싶은 것 다 해봤다. 그런데 이제 보니 다 무익하다. 다 헛되어 바람을 잡으려는 것이로다.

3장은 그러나 인생의 허무를 극복하는 가장 큰 행복은 하나님의 시간표를 이해하는 것이다.

하나님이 때를 따라 아름답게 하셨고 사람들에게 영원을 사모하는 마음을 주셨기에 하나님 안에서 그 가치를 찾을 때 진정한 행복을 누리게 된다.

4장은 인생의 허무한 원인을 5가지로 제시하고 있다.

1) 죽음 앞에서 인간은 유약하다(3:16-22). 2) 참된 위로자가 없다(4:1-3). 3), 안식이 없다(4:4-6), 친구가 없다(4:7-12). 노력하여 얻는 것이 불완전하고 덧없다(4:13-16).

5장은 인생의 허무를 극복하기 위한 유일한 해결책은 여호와를 경외하는 것임을 말한다.

하나님을 경외하기 위해 주의해야 할 내용은 두 가지이다. 하나는 경건하지 못한 예배자세요, 또 하나는 경박한 서원 기도이다.

경건치 못한 예배 자세를 극복하기 위하여, 하나님의 전에 들어갈 때 발을 삼가라고 말한다. 이 말은 행동을 조심하라는 말이다. 발걸음을 걸을 때마다 하나님의 말씀에 순종하고, 순종의 기쁨을 늘 누린다. 순종이 제사보다 낫다. 순종이 들어있는 예배는 믿음을 자라게 하고, 믿음이 자라면 열매가 맺히고, 열매가 맺히면 서로 나누는 행복이 있다. 그리고 서약을 함부로 하지 않은 것이다. 하나님을 두려워하지 않고 비인격적으로 서약하거나, 지킬 수 없는 서약을 남발하는 것을 하지 말라는 것이다.

6장은 허무를 채울 수 없는 세상에 속한 것들에 대하여 기록하고 있다.

특히 인간의 욕망은 끝이 없다. 그런데 인간은 만족을 모르고 더 나은 것을 추구하며 욕망이라는 전차를 타고 달려가고 있다. 지혜로운 사람이나, 어리석은 사람이나 마찬가지다.

오늘 묵상의 말씀

나의 삶에 있어서 꼭 하고 싶은 것은 무엇인가?

인생의 가장 귀한 가치는 무엇일까?

7장은 인생의 허무를 극복하기 위하여 시행되는 다양한 세속적 노력이 모두 실패한 6장의 이야기를 보완하는 내용으로 인생의 끝(종말)을 생각하라고 한다. 1) 죽는 날이 출생하는 날보다 낫고, 2) 초상집에 가는 것이 잔칫집에 가는 것보다 낫고, 3) 슬픔이 웃음보다 낫고, 4) 지혜자의 마음은 초상집에 있고, 우매한 자의 마음은 혼인집에 있다. 5) 일의 끝이 시작보다 낫고, 참는 마음이 교만한 마음보다 낫다. 인생의 지혜를 총동원하여 살피고 궁구하고 알고자 하여 지혜와 명철을 쏟았으나 못 찾았다. 더군다나 여자는 더욱 못 찾았다(만약 찾았다면 나라가 분열하지 않았겠다). 그런데 분명한 것은 하나님이 한 사람도 찾지 못했다. 그러므로 세상에서 찾으려고 헛수고하지 말고 "나는 길이요 진리이요 생명이다"라고 말씀하신 예수님만 믿고 나갈 때 허무를 극복하고 행복을 찾을 것이다.

8장의 지혜자는 사리의 해석을 할 수 있는 자이며 마음이 평안하여 광채가 난다. 왕의 권세에 순종하는 것이 지혜자의 길이다. 이는 하나님이 왕에게 권세를 주었기 때문이다. 그렇게 되면 하나님의 절대주권을 인정하는 것이 되어 화를 면하고 살 것이다. 그리고 먹고 마시는 일에 즐거워하며 사는 것이 해 아래 있는 동안 행복하다.

9장은 죽음에 대해 언급하는데 해 아래 있는 인생의 허무는 종결된다.

"인생의 한계를 분명히 하고 해 아래서 아내와 즐겁게, 네 수고한 것으로 행복하게 살라. 그게 인생의 행복이다. 지옥에 가면 일도 없고 계획도 없고 지식도 없고 지혜도 없음이라(9:10)."

10장에서는 인생의 허무를 극복하는 상대적인 방안에 대해 기록하고 있다.

"지혜자의 마음은 오른편에 있고, 우매자의 마음은 왼편에 있느니라. 주권자가 네게 분을 일으키거든 너는 네 자리를 떠나지 말라. 공손함이 큰 허물을 용서

받게 하느니라. 무딘 철 연장을 갈지 아니하면 힘이 더 드느니라. 오직 지혜자가 성공하기에 유익하느니라. 게으른 자는 서까래가 퇴락하고 손이 풀어진즉 집이 새느니라. 잔치는 희락을 위하여 베푸는 것이요, 포도주는 생명을 기쁘게 하는 것이다. 돈은 범사에 이용되느니라(Money gives everything!). 또한, 심중에라도 왕을 저주하지 말라. 침방에서라도 부자를 저주하지 말라. 공중의 새가 그 소리를 전하고 날짐승이 그 일을 전파할 것이라."

11장은 인생의 허무를 극복하는 절대적인 방안을 이야기하고 있다.

1) 네 떡을 물 위에 던지라. 여러 날 후에 도로 찾으리라. 2) 너는 아침에 씨를 뿌리고 저녁에도 손을 거두지 말라, 계속 뿌릴 수 있을 때 뿌려라. 3) 청년이여, 어린 때를 즐거워하면서 네 청년의 날에 네 눈이 보는 대로 좇아 행하라.

12장은 전도자의 결론이다. 솔로몬은 처음에는 다윗 성전의 언약(삼하7:12-16)을 붙잡고 그를 지키기 위해 헌신의 노력을 집중했다. 그러나 이를 이루는 과정에서 신명기 17장 18-20절을 제대로 못 지켜서 나중에는 부인들의 유혹으로 언약이 희미해졌고, 그러는 가운데 분별력이 흔들려서 말년에는 하나님의 언약과 멀어짐으로 인생이 허무해졌고, 그로 인하여 삶의 제약을 받은 것도 사실이다. 이제 인생의 후반기에서 자신의 삶을 정리하면서 다시 한번 인생의 회복이 돌아온다면 시행착오 없이 창조주 여호와만을 사랑하면서 신명기 17장 17-20절 말씀대로 살 것이다. 지혜자의 말씀, 스승의 말씀, 회중이 스승의 말씀을 잘 박힌 못처럼 가슴에 새기고 살 것이다. 그러므로 청년들이여 곤고한 날이 이르기 전에 여호와 말씀을 붙잡고 살자.

오늘 묵상의 말씀

전도서를 읽으면서 얻은 통찰력은 무엇인가?

나의 사랑 나의 어여쁜 자여

아가서는 솔로몬이 사랑하는 여인을 사랑하듯이 하나님이 이스라엘 백성을 사랑하는 내용으로, 유월절에 낭독하는 내용이다. 출애굽 할 때 신랑은 하나님, 신부는 이스라엘 백성으로 출애굽기 19장 5-6절의 말씀대로 맺은 계약으로 인정하여 유월절에 낭송하는 내용이다.

1장에 '솔로몬의 아가'라고 말하면서 이야기를 시작한다.

아가는 노래 중의 노래로 10개의 중요한 노래가 있다.

1) 아담의 노래(시92), 안식일의 노래, 2) 출애굽의 노래(출15), 3) 광야 시대의 노래(민21:17), 4) 모세의 노래(신32), 5) 여호수아의 노래(수10:12), 6) 드보라의 노래(삿5:1), 7) 한나의 노래(삼상2:1), 8) 다윗의 노래(삼하22:1), 9) 포로 후, 10) 아가서 등이다.

그 이유는 하나님이 모세오경을 주셨다는 것이다. 2절에 '하나님이 입 맞추기를 원한다', 여기에서 주어인 '나'는 솔로몬이지만 풍류적으로는 '하나님'으로 읽는다. '술람미 여인'은 이스라엘 백성 공동체를 말한다. 향유는 하나님의 위대한 사역을 말하며, 처녀는 의로운 길을 따르는 순수한 이스라엘 백성으로 이해할 수 있다. "왕이 나를 침궁으로 이끌어 들이시니 너는 나를 인도하라. 우리가 너를 인하여 기뻐하며 즐거워하나니(1:4)." 하나님이 애굽에서 건져 내어 하나님의 영광이 그녀를 구름 기둥으로, 불 기둥으로 인하여 시내 산기슭에 머물게 한 후, 시내 산에서 22글자로 기록한 말씀을 주시므로 우상을 멀리하고 하나님의 사랑에 몰입하게 하신 것이 너무 감사하다.

2장은 사랑의 기쁨에 대하여 기록하고 있다.

"나의 사랑하는 자는 노루와 같고 어린 사슴과 같아서, 우리 벽 뒤에 서서 창으로 들여다보면 창살 틈으로 엿보는구나. 나의 사랑 나의 어여쁜 자여, 일어나서 함께 가자(2:9-10).” 이 이야기에는 유대인이 애굽의 첫 유월절 밤에, 애굽의 모든 장자가 다 죽임을 당할 때 하나님께서 이스라엘 백성을 구출하기 위하여 문설주에 피와 할례의 피를 보고 이스라엘 백성을 건져 낸 구원 역사 이야기를 재현하고 있다. 11절의 ‘겨울도 지나고 비도 그쳤고’에는 애굽의 고난의 노예 생활이 끝났음을 말한다. 12절의 ‘지면에는 꽃이 피고 새의 노래가 때가 이르렀는데, 반구의 소리가 우리 땅에 들리는구나’에는 애굽에서 10가지 기적을 통하여 바로 왕이 이스라엘 백성들을 내보내겠다는 약속을 했으니 창세기 15장 13-14절의 시간이 단축되고 공소 시효의 만기가 가까웠음을 이야기한다.

‘무화과나무에는 푸른 열매가 익었고, 포도나무는 꽃이 피어 향기를 토하는구나. 나의 사랑 어여쁜 자여, 일어나서 함께 가자(2:13).’ 이 말씀은 홍해를 건너면서 처음으로 축복의 노래를 부르기 시작했는데 젖먹이도, 어린아이도, 찬양한다는 뜻이다. 14절에 ‘바위틈 낭떠러지 은밀한 곳에 있는 나의 비둘기여, 너의 목소리를 듣게 하게 네 소리는 부드럽고 네 얼굴은 아름답구나’라는 말은 그동안 바로의 공격 앞에서 숨을 죽이면서 숨어서 기도하며 순결을 지키는 이스라엘 백성의 그 순수함이 비둘기같이 순수한 목소리요, 아름다움이 있다는 의미이다.

3장에서는 사랑하는 자를 찾는 마음을 기록하고 있다.

1절에 ‘내가 밤에 침상에서 마음에 사랑하는 자를 찾는구나, 찾아도 발견치 못하였구나’, 이는 모세가 십계명을 받으러 간 사이에 금송아지 숭배를 하기 때문에 그 죄로 인하여 영적인 눈이 어두워 찾지 못했다는 말이다.

4장은 신부에 대한 노래를 하고 있다.

‘북풍아 불어라, 남풍아 오라. 나의 동산에 불어서 향기를 날리게 하라(4:16)’, 이는 성전에 들어가서 제사를 드릴 때 향기를 발한다는 것이다.

오늘 묵상의 말씀

하나님이 말씀을 통하여 나를 뜨겁게 사랑하는 것을 얼마나 체험하고 싶은가?

나의 비둘기야, 나의 사랑을 주리라

5장에서는 '나의 비둘기, 나의 완전한 자'라고 칭송하고 있다.

2절에 '내가 잘지라도 마음은 깨었는데, 나의 사랑하는 자의 소리가 들리는구나. 문을 두드려 이르기를 나의 누이, 나의 사랑, 나의 비둘기 문 열었다고. 내 머리에는 이슬이, 내 머리털에는 밤이슬이 가득하였구나'라고 기록하고 있다. 이 말은 이스라엘 백성이 죄로 인하여 포로 생활을 했고, 그로 인하여 통회의 시간을 가졌다. 이때 머리는 회개의 눈물로 눈을 적셨다. 이렇게 회개하는 것은 깨어 있다는 것이요. 회개의 소리가 들리고 계속 밤에 기도하다 보니, 밤이슬이 가득한 것처럼 눈물이 가득 고이게 되었다. 이렇게 하여 순수성을 회복한 이스라엘 백성을 나의 비둘기처럼 순결한 자로 인정하며 기다리고 있다.

6장은 집 나간 자를 찾아 나서는 모습을 기록하고 있다.

"여자 중 극히 어여쁜 자야, 너의 사랑하는 자가 어디로 갔는가? 너의 사랑하는 자가 어디로 돌이켰는가? 우리가 너와 함께 찾으리라. 우리의 어떤 죄가 하나님의 얼굴로부터 멀어졌는가? 어느 나라보다도 아름다운 이스라엘 나라의 백성들이 어떤 죄 때문에 하나님으로부터 멀어졌는가(6:1)?"

예언자들은 말한다. "지금 회개의 자리로 돌아오라, 지금 일어서라. 지금 그 앞에서 기도하자, 지금 자비를 구하자!" 이때 우리 주님이 그들의 기도를 받으셨다. 그리고 바벨론 포로에서 건져주셨다. 고레스, 에스라, 느헤미야, 스룹바벨, 유대인의 장로를 통해서이다. 그리고 성전을 지어 주셨다. 제사장을 세우고 레위인을 통하여 하나님의 말씀을 듣게 하셨다. 이런 사실은 우리 하나님을 크게 기쁘게 하셨다.

7장은 "나의 사랑을 네게 주리라"라고 선언하고 있다.

1절에 보면 "귀한 자의 딸아, 신을 신은 네 발이 어찌 그리 아름다운가? 네 넓적다리는 둥글어서 숙련공의 손이 만든 구슬꿰미 같구나", 7절에 "네 키는 종려나무 같고 네 유방은 그 열매 송이 같구나"라고 말한다. 이 내용은 "말씀으로 돌아오라, 율법을 배우러 오라"라고 간곡하게 말할 때 그들이 하나님께 돌아왔다는 뜻이다. 일 년에 3번, 절기를 정하여 하나님 앞에 달려올 때 그 발이 얼마나 아름답게 보이는지! 주홍색 신발 끈을 매달은 신발, 아이들은 반짝반짝 빛나는 보석이 달린 허리띠를 띠고, 봉헌의 예물을 가지고 달려오는 모습이 무척이나 아름답다는 것이다.

이들은 마치 갈멜산에서 여호와를 위하여 열심히 바알 선지자들을 때려죽이고 여호와의 거룩 성을 나타낸 엘리야 같은 모습이요. 다니엘처럼 바벨론 도시에서, 수산에서의 모르드개처럼 당당하게 여호와의 영광을 나타낸 모습이 아름답다는 것이다. 이는 아브라함이 10번의 시험을 통과한 것처럼 다니엘 역시 시험을 통과하며 에덴의 포도나무 과실과 사과의 향기와 같고 종려나무처럼 우뚝 서서 하나님의 의로우심을 당당하게 나타내는 그 모습을 보면 모든 사랑을 주고 싶다는 우리 하나님의 선언이다.

8장은 메시아의 도래를 말하고 있다.

1절에 "네가 내 어미의 젖을 먹은 오라비 같았다면 내가 밖에서 너를 만날 때 입을 맞추어도 나를 업신여길 자가 없을 것이라"라는 말은 '메시아가 온다'는 뜻이다. 예루살렘에 올라온다. 그리고 우리는 율법을 가지고 젖을 먹을 것이다. 마치 어머니 가슴에서 젖을 빠는 아기처럼 말이다. 땅의 그 누구도 우리를 조롱하지 못한다. 메시아 잔치에 우리는 들어갈 것이다. 빨리 더러운 세상에서 탈출하여 메시아 오실 그 땅으로 달려가자! 산에서 달리는 노루와 같이, 어린 사슴같이 말이다.

오늘 묵상의 말씀

이 세상 살면서 가장 큰 나의 행복은 무엇이면, 나의 사랑은 무엇인가?

성령의 역사와 정통성 회복

1장에서는 메뚜기 재앙으로 인한 슬픈 날이 올 것을 경고하고 있다.

"너희의 날이나 너희 조상들의 날에 이런 일이 있었느냐?(In all your history, has anything like this happened before?)" 이런 일은 이전에는 없었다고 할 만큼 충격적인 일이다. 그것은 팥중이, 메뚜기, 느치, 황충 4가지 메뚜기가 나타나서 들판의 모든 식물을 다 말라 시들게 하고 먹을 것이 우리 눈앞에서 끊어졌고, 우리 하나님의 성전의 기쁨과 즐거움도 끊어졌다는 것이다. 이렇게 비참한 상황은 단순하게 농사가 안되도록 메뚜기가 나타났다기보다는 이를 통한 비유의 메시지가 있다. 그것은 다름 아닌 이스라엘에 충격적인 일이 벌어진 것이다. 다윗의 전승이 무너지고, 하나님의 말씀을 들을 수 없도록 신정 국가의 체제가 완전히 무너진 것이다. 그래도 남쪽은 신정 국가의 정통성을 이어가고 있었다. 다윗의 왕의 후계자가 이어지고 있었고, 예루살렘이 있고, 성경을 읽을 수가 있었는데, 아하시야 왕이 죽더니 그의 어머니 아달랴가 다윗 왕가의 모든 사람을 다 죽이고 스스로 왕이 된 것이다. 그는 이세벨의 딸로 이스라엘에 우상숭배를 조장한 가장 악랄한 여자의 딸이다. 정략결혼으로 유다의 왕후가 되어 남편인 아하시야 왕이 죽자마자 다윗의 혈통을 이어갈 가능성이 있는 모든 자는 다 죽이고 스스로 왕좌에 올라앉아서 자기 어머니의 방법으로 폭정을 했다. 다윗의 혈통이 끊어진다는 것은 사무엘하 7장 12-16절의 약속이 파기된다는 것이요, 이스라엘의 정통성이 무너지는 것이요, 메시아가 오실 길이 없어진다는 뜻이다.

2장은 이런 위기에 하나님의 언약 중단 방지를 위해 큰 심판이 있게 된다.

그러므로 시온에서 나팔을 불어 그날이 온다는 것을 알리라고 한다. 그래서 이 소식을 들은 이스라엘 백성은 그 우두머리인 장로들과 어린아이들과 젖먹이에 이르기까지 모두 모여 회개하고 통곡한다. "그 후에 내가 내 신을 만민에게 부어

주리니 너희 자녀들이 장래 일을 말할 것이며 너희 젊은이는 이상을 보고… 누구든지 주의 이름을 부르는 자는 구원을 얻으리라(2:28-29).” 역사가 일어날 것이라는 예언의 말씀이 그들에게 주어졌다. 사실 이런 일이 생기지 않도록 제사장, 레위인들이 예언 사역을 감당해야 하나 그들이 그 기능을 못할 때는 누구에게나 주님의 말씀을 따르는 자에게 주의 신을 불어 넣어주셔서 생명 구원사역을 맡기시겠다는 것이다.

3장은 그날에 만국에 흩어진 예루살렘의 사로잡힌 자들을 돌아오게 하여 심판을 하겠다고 한다. 그의 사례가 바로 브라가 골짜기이다. 브라가 골짜기 사건은 역대하 29장 1-30절에 기록된 사건으로 암몬과 모압과 마온 사람과 세일 사람들이 여호사밧 왕과 이스라엘을 파멸시키기 위하여 침공할 때 하나님께서 여호와의 신을 보내셔서 이스라엘을 괴롭히는 모든 자를 하나님의 방법으로 다 파멸시키셨다. 이 골짜기가 바로 브라가 골짜기인데, 멸망하는 자들에게는 판결의 골짜기요(3:14), 믿음의 자녀들에게는 축복의 골짜기이다(대하20:26).

이와 같은 사건이 그날에 이루어질 것인데, 그때 판결 골짜기에 역사하신 성령을 믿는 자들에게 부어 주심으로 믿음으로 기적을 일으키며 새로운 공동체를 이룩할 것이고, 그렇지 않은 사람들에게 해와 달과 별들이 빛을 잃게 되어 세상 사는 소망을 잃어버리게 될 것이요. 황무하게 될 것이다. 이런 기적은 사도행전 2장에서 실현되었다. 베드로가 예수님 승천 후에 처음 오순절에 예루살렘에서 요엘서의 말씀으로 설교했을 때 3,000명이 회개하고 세례받아 제자의 수를 더했으면 초대교회가 탄생 하여 인류 구원의 랜드마크(landmark)가 세워진 것이다.

오늘 묵상의 말씀

요엘서의 내용과 초대교회는 성령의 역사이다. 성령의 체험으로 지금도 감격하고 있는가?

회개의 시간이 왔구나

아모스서는 여로보암 2세에 대한 경고이다. 선조 예후가 아합의 왕국을 잘 청소하였기에 그 대가로 하나님은 북 이스라엘은 정치적인 안정과 함께 물질적으로 풍요한 생활을 누리게 되었다. 국가는 부익부 빈익빈의 상태에서 영적으로 타락의 극치를 보여 주었다. 이때 순순한 농부 출신인 아모스가 회개를 촉구하는 내용이다.

1장은 여로보암 시대에 지진으로 인하여 다메섹, 가사, 두로, 에돔, 암몬에 대하여 심판을 경고하고 있다. 그 중요한 이유는 어디에 있는가? 이것은 다윗의 장막이 무너지고 있다는 것이다(9:11). 다윗의 장막이 무너진다는 것은 이스라엘의 정통성이 무너지는 것이요, 이는 다윗의 언약(삼하7:12-16)이 무너지는 것이요. 이스라엘의 존재 이유가 없어지기에 근본이 흔들리는 문제였다.

2장은 모압과 유다, 그리고 이스라엘의 멸망을 예고하고 있다.

암몬 왕은 에돔 왕의 뼈를 불사르는 등 잔인무도하였기에 판결하는 것이고, 유다 백성들은 하나님의 말씀을 멸시하고 그 법도를 지키지 않고 우상숭배를 계속했다. 그래서 그들은 하나님과의 계약을 해지하였기에 판결을 받는 것인데, 훗날 바벨론 느부갓네살 왕에 의해 실현되었다. 그리고 북 왕국은 뇌물을 받고 재판을 굽게 하고 가난한 자, 약한 자를 학대했다. 나실인으로서 계약 위반을 하고 우상숭배하여 하나님의 사랑을 무시한 배역 행위이기 때문이다.

3장은 하나님이 이스라엘 자손을 심판하시는 이유는 이스라엘 백성들은 하나님과 계약을 맺은 계약 백성인데, 그들이 언약을 지키지 아니했기 때문이다. 그러면서 아모스는 자기가 이 메시지를 전해야 할 이유를 말하고 있다. 그는 제사장도 아니다. 예언자 훈련을 받은 것도 아니다. 그냥 뽕나무밭에서 일하는 짐꾼인데, 이렇게 예언을 하는 것은 1) 하나님과 아모스의 뜻이 의합했고 2) 사자가 부르짖으면 새끼 사자가 부르짖듯이 그도 하나님의 계시를 받았기 때문이다. 3) 창애(덫)

에 새가 걸렸듯이 그도 말씀으로 위임받았기 때문이다. 4) 여호와의 명령이 있었다. 4) 하나님은 자기의 비밀을 그 종 선지자에게 보이지 않고는 결코 행하지 아니한다(3:7). 5) 그 하나님이 예언하시는데 어찌 부르짖지 아니하겠느냐(3:8). 이는 아모스가 예언하는 이유를 말하고 있다.

그래서 사마리아의 죄를 특히 경고하는데, 1) 포학과 겁탈(3:10), 2) 공의를 행하지 아니함(3:11), 3) 우상숭배(3:14), 4) 사치, 여름 궁과 겨울 궁이 있다. 하나님은 이들을 파멸하시고 남은 자들로 구원하실 것이다.

4장은 이스라엘의 부패에 대하여 선언한다. 그들은 사치와 방종에 빠져든 바산의 암소들이다. 우상 숭배하지 말라고 했는데, 더 열심히 죄짓고 우상 숭배했다. 그래서 여러 가지 재앙으로 회개하도록 알려준다.

그 재앙의 종류는 1) 기근(4:6), 2) 가뭄(4:7), 3) 풍재와 깜부기, 4) 염병과 전쟁(4:10)이다. 소돔과 고모라처럼 멸망시킬 것이니 "하나님 만나기를 예비하라(4:12)"라고 예고하신 것이다.

5장은 이스라엘의 멸망에 대한 애가(哀歌)이다. 처녀 이스라엘 즉, 한 번도 정복당한 적이 없는 이스라엘이 적군에게 정복당할 것이다. 일어나지 못할 것이다. 군인이 출정하면 1/10 정도만 남게 될 것이다(5:3). 그러나 남은 자를 통하여 구원할 것이다. 그러니 살길이 있다. 너희는 나를 찾으라. 그러면 살리라. 벧엘을 찾지 말고, 길갈로 들어가지 말고, 브엘세바로도 가지 말라. 나를 찾으라. 그리하면 살리라. 말씀을 지키지도 아니하면서 "여호와의 날이 올 테면 와보라"하고 여호와를 사모하는 자는 화가 있을 것이다. 그날은 어두움이요, 빛이 아니다. 사자를 피하면 곰을 만나고, 집으로 피하면 벽에 손을 대었다가 뱀에게 물린다. 엉터리 제물로 희생 드리는 것을 받지 않는다. 오직 정의를 물같이, 공의를 마르지 아니하는 강같이 흐르게 할 지어다(5:24). 하나님은 공정한 사회를 원하신다.

오늘 묵상의 말씀

하나님은 심판하시기 전에 어떤 징후를 보이실까?

아모스의 5개 환상과 예언 성취

6장은 하나님의 경고를 무시하고 전적으로 사치와 쾌락에 빠져서 자긍하고 있는 이스라엘에 대한 경고이다.

지도층에 있는 자들의 사치 행위로 상아 침대에 누워서 어린 양과 살찐 송아지를 잡아먹으며, 비파에 맞추어 노래를 지절거리며, 대접으로 포도주를 마시면서 몸에는 귀한 기름을 바르면서 지내지만(6:4-6), 가난한 노숙자들은 이불 대신 입고 있는 옷을 저당 잡힘으로 이불이 없어 맨몸으로 벌벌 떨면서 밤을 보내고 있고, 법을 지킬 능력이 없어서 벌금이 밀린 사람들을 돌보지 않는 것을 경고하고 있다. 그들은 사치와 연락을 즐기며 육욕을 채우기에 급급했다. 마치 그들의 하는 일을 보면 말들로 하여금 바위 위를 달리게 하며, 소로 하여금 바위에서 쟁기질하게 하듯이, 정의에 어긋나는 불의를 행하고 있다. 그들은 결국 포로로 잡혀갈 것이다. 실제로 이 경고를 받지 않고 있다가 결국은 앗수르에게 징벌을 받았다.

7장은 북이스라엘이 망할 것을 5가지 중 3가지 환상으로 보여주고 있다.

1) 메뚜기 환상이다. 1절에 '왕이 풀을 벤 후에 풀이 다시 움이 돋기 시작할 때에'라고 기록하고 있다. 이 말은 앗수르가 이스라엘을 공격할 때 큰 곤욕을 치렀으나 앗수르 북쪽의 아라랏 군대가 앗수르를 쳐서 전쟁을 하게 되자 이스라엘은 잠시 힘의 공백을 얻어서 새 풀이 돋아나는 것처럼 여로보암 2세 때 나라가 흥왕하여 솔로몬 때만큼 회복했다는 뜻이다. 그런데 그 후에 황충(앗수르)이 쳐들어와 이스라엘을 부수겠다는 것이다. 아모스는 이때 하나님께 간절한 중보기도로서 중지를 허락받았다. 2) 두 번째 환상은 불로 인한 재앙인데, 불이 나와서 큰 바다를 삼키고 육지까지 삼키려는 것이다. 역시 그는 중보기도로 중지하게 되었다. 3) 세 번째 환상은 다림줄을 가지고 이스라엘을 재어 보겠다는 것이다. 만약 성소가 훼파되었거나 똑바로 서지 않았으면 칼로 이스라엘 성소와 여로보암의 집을

훼파할 것이라고 경고한다. 그러자 벧엘의 제사장 아마샤는 아모스에게 예언하지 말고 유다 땅으로 가서 떡이나 먹으며 지내라는 것이다. 이에 아모스는 나는 목자이고, 선지자가 아니지만, 하나님의 명령에 순종해서 예언하는 것인데 이를 못하게 했으니, 네 아내는 창기가 되고 네 아들은 칼에 죽을 것이라고 예언한다.

8장은 7장의 환상과 이어진다.

4) 네 번째 환상으로서 끝물 여름 실과 한 광주리를 보여 주시면서 심판의 때가 가까웠음을 알려주었다. 이들이 심판을 받아야 하는 죄는 두 가지이다. 하나는, 하나님에 대한 예배 행위에 대해서다. 그들은 안식일과 월삭을 잘 지키었으나 그것은 전부 형식이었다. 빨리 시간이 지나가서 다시 상업 활동하기를 소원하고 있었다. 둘째는, 그들은 부당이득을 취했다. 저울을 속여서 팔고, 은으로 가난한 자를 사서 종으로 삼고 이웃을 돌아보지 아니했다. 이때 그들에게 여러 재난이 일어나는데, 제일 견디기 힘든 것은 기근이다. 기근은 참으로 견디기가 힘들다. 그러나 더 힘든 것은 양식이 없어 주림이 아니요, 물이 없어 갈함이 아니요, 여호와의 말씀을 듣지 못한 기갈이다. 사람이 이 바다에서 저 바다까지 말씀을 구하려고 왕래하나 얻지 못하고 그날에 아름다운 처녀와 젊은 남자가 다 갈하여 피곤하리라.

9장에서는 우리 주님이 제단 곁에 서서 심판하실 것임을 알려준다. 아무도 피하지 못한다. 심판의 모습은 곡식을 체질함같이 한다. 겨와 같은 자는 다 날아갈 것이요, 알곡과 같은 자는 하나도 남김없이 구원받을 것이다(9:9). 그때 우리 주님은 다윗의 무너진 장막을 복구하신다는 소망의 예언을 전한다(암9:11). 이 예언의 말씀은 초대교회 기둥 같은 야고보가 예루살렘 첫 총회 때 이방인들이 주님께 돌아온다는 사도바울의 1차 전도여행의 보고를 받으면서 교회 회복의 예언이 성취되고 있음을 선포했다(행15:16-17).

오늘 묵상의 말씀

하나님이 제일 원하시는 것은 무엇일까?

음란한 아내를 취하여 음란한 자식을 낳으라

호세아는 북 왕국 여로보암 2세 때 최고의 번영기 때의 글이다. 겉으로는 화려해 보이나 영적인 측면에서는 이혼한 상태이다. 하나님은 축복의 통로로서의 사명(창12:1-3)을 확실히 하기 위하여 시내 산에서 정통성의 계약(신19:5-6)을 체결하고 성전 계약(삼하7:12-16)을 주셨다. 이를 통하여 부부간에 서로의 정절을 지키고 서로의 행복을 만들어가는 나라가 되도록 약속하였다. 그런데 이방 신을 섬기게 되었다. 그래서 하나님은 바른 관계를 다시 회복하고 싶으셨다. 이에 호세아를 보내어서 안타깝게 호소하시는 것을 본다.

1장에서는 여호와께서 호세아에게 음란한 백성에게 가서 음란한 아내를 취하여 음란한 자식을 낳으라고 말씀하신다. 그래서 호세아가 가서 아들을 낳았는데, '이스르엘'이라고 이름 지어주셨다. 이 이름은 여로보암 2세가 예후 왕가를 세운 후에, 아합 왕가가 멸망한 지명이다. 하필이면 그 이름을 호세아 아들의 이름이 되게 한 것은 아합 왕가가 예후에게 망했듯이 이스라엘 나라가 망할 것을 예고한 것이다. 둘째는 딸을 낳았다. 이름은 로루하마, '사랑받지 못한다 '는 뜻이다. 셋째아들을 낳았는데 이름은 로암미('내 백성이 아니다')이다. 그런데도 하나님은 이스라엘 백성을 사랑하신다. 구원과 회복을 위한 약속이 들어 있는 것이다.

2장은 그들에게 하나님의 결심을 보여 주신다. '이스르엘은 흩으신다'가 아니라 '심으신다로(1:11)'. 로암미는 암미로, 로루하마는 루하마로 고쳐서 그들을 사랑하는 징표를 주시겠다는 것이다(2:1). 그럼에도 불구하고 그들은 우상을 섬긴다. 행음하고 연애하여 떡과 물과 양털과 삼가 기름과 술을 받았다. 물질의 우상 때문에 하나님을 배반했다. 그런데도 하나님은 아골 골짜기가 소망의 문이 되게 해주시겠다고 약속했다(2:15). 이 길은 인격적인 관계를 회복하여 진정한 부부간의 도를 알아서 경험할 때 일어날 것이다.

3장은 스스로 방종의 길로 나아가 비참한 신세에 빠진 고멜을 호세아 선지자가 용서하고 그녀를 은 15세겔, 보리 1.5호멜(합계: 은 30세겔)을 주고 속량하는 사건을 통하여, 하나님을 버리고 죄악의 길로 빠진 인간을 구원하시기 위한 하나님의 극진한 사랑을 교훈한다. 그 사랑은 다윗의 왕통 회복을 통하여 구체적으로 실현될 것이다.

4장은 그 멸망의 죄악 길에서 회복하는 길을 기록한다.

이스라엘에 두 가지 죄악이 있는데 첫째는, 있어야 할 것이 없다. 그것은 진실(진리), 인애(자비) 그리고 하나님을 아는 지식이 없다. 둘째는, 해서는 안 될 일을 했는데 저주(거짓 맹세), 사위(거짓말), 살인, 투절(도둑질) 그리고 간음의 죄다.

먼저 이스라엘 백성들의 죄는 그들의 마음속에 온갖 더러운 것뿐만 아니라 교만, 강퍅함으로 가득 차서 지도자와 다투려고 할 정도였다. 이것은 지식을 버린 이유이다. "내 백성이 지식이 없으므로 망하는 도다." 제사장들의 죄악 역시 하나님에 관한 지식을 버린 것이다. 하나님 지식을 백성들에게 가르쳐야 할 제사장이 오히려 율법을 잊어 벼려서 죄악의 선봉에 섰다. 그렇다 보니 번성하면 번성할수록 범죄 하는 자들이 되었다. 이것은 백성이나 제사장이나 일반이라 소행대로 심판한다는 말씀이다(4:9).

유다에 부탁하는 내용은 이스르엘은 그렇게 행음하여도 유다는 그러지 말라는 부탁이다. 길갈로 가지 말고, 벧엘로 가지 말라고 한다. 이스라엘은 계약을 포기하였으니 나도 포기하겠다는 것이다. 결국 하나님 심판의 바람이 이스라엘의 죄악을 보따리에 싸서 멀리 날려 보내게 될 것이다.

오늘 묵상의 말씀

호세아의 3자녀의 이름은 무엇이며, 어떻게 회복시키겠다고 약속하셨는가?

여호와를 알자. 힘써 여호와를 알자

5장은 백성들의 마음이 거짓과 음란으로 가득 차 있어서 하나님을 알지 못한다고 말한다. 이제 그들은 교만하여져서 하나님 섬기기를 그만두고 우상을 숭배하여 이방의 종교 풍습을 따라 살았고, 하나님과 아무런 관계없는 일을 하였다. 그뿐만 아니라 유다까지도 죄악의 길을 걷도록 유도했고, 유다도 똑같이 행했다. 물론 하나님은 유다 역시 이스라엘의 범죄에 빠지지 말 것을 경고했다. 나팔이나 호각을 불어 전쟁 때와 같이 위기를 백성에게 알렸는데 '기브아', '나', '라마'는 남 왕국 유다와 인접한 요새지이며, '벧아웬'은 요단 계곡을 향하여 소리 지르면 그 소리가 널리 퍼질 수 있는 곳에 있다. 그곳에서 "베냐민아, 네 멸망도 가까웠다"라고 외침으로써 유다 땅에도 위기가 왔음을 알리라는 것이다. 하나님은 그들이 계속 죄를 범할 때 그들에게 두려움을 주는 존재가 되겠다고 말씀하신다. 곰팡이처럼 소리 없이 서서히 심판할 것이고, 사자처럼 무섭게 심판할 것이라고 한다. 그런데도 이스라엘과 유다는 자기의 처지를 깨달으면서도 하나님을 의지하지 않고 세상을 의지했다(5:13). 그래도 15절에 우리 주님은 결심을 말씀하신다. "나는 돌아가서 내 얼굴을 구하기까지 기다리리라!" 하나님의 무한한 인내심을 보여준다.

6장은 "오라 우리가 여호와께로 돌아가자. 여호와께서 우리를 찢으셨으나 도로 낫게 하실 것이요, 우리를 치셨으나 싸매 주실 것이라. 우리가 여호와를 알자, 힘써 여호와를 알자"라고 설득하고 있다. 그들의 아쉬운 행동은 꾸준하고도 확고한 사랑을 하나님께 표현하지 못했다. 구름의 모양이 수시로 바뀌듯, 아침이슬이 쉬 사라지듯, 그들의 태도는 너무나 자주 바뀌었다. 그것은 하나님께서 "나는 인애를 원하고 제사를 원치 아니하노라. 번제보다 하나님을 아는 것을 원하노라"라고 말한 것은 하나님에 대해 잘 알지 못했기에 인격적 관계가 되지 않아 자기 멋대로 태도를 바꾸었다는 뜻이다. 그들의 범죄 내용을 보면 마치 아담이 언약을 어기고 선악과를 따먹고 하나님 말씀에 순종하지 않고 패역한 것처럼 이스라엘 백성도 그러했다. 그래서 북 이스라엘을 쓸어버릴 텐데, 여기에서 남 유다는 제외되는 것이 아니라 이 심판을 통하여 알곡과 쭉정이를 고르시는 '추수'가 있을 것이다.

7장은 하나님께서 이스라엘을 치료하러 선지자를 보내셨으나 이스라엘의 죄악은 더 심해졌다. 그 죄악은 사기와 거짓, 도둑질과 노략질로 사회가 범죄로 가득했다. 혁명과 반역이 꼬리를 물고 혼란에 혼란이 거듭되었으나 아무도 하나님께 기도하거나 호소하지 않을 정도로 혼잡과 불신앙이 가득했다. 이제는 이스라엘이 타락하여 세속화될 정도였음에도 불구하고 자신들의 죄악을 도무지 깨닫지 못했다. 그러면서도 심히 교만하여 외세 곧 앗수르와 애굽을 의지했다(7:11). 이러한 행위는 '뒤집지 않은 전병'으로 한쪽은 불에 타버렸고, 한쪽은 설익어서 먹을 수 없는 상태와 같다. 한쪽은 종교적 위선으로 가장하고, 다른 한쪽으로는 세속화되었다. 우리 하나님은 계속 죄를 짓도록 내버려 두지 않으신다. 계속 외세를 의존하면, 그물을 쳐서 새를 잡듯이 그들을 징계하겠다고 하신다. 즉 그들은 그물에 걸린 새처럼 자유를 잃고 포로로 끌려가게 한다는 말이다(7:12). 그런데도 그들은 하나님을 떠났다. 잔치의 즐거움을 위하여 한자리에 모여도, 하나님께 예배하기 위하여 모이지는 아니했다(7:14). 이제 그들의 행동은 '속이는 활', 즉 빗나간 과녁처럼 하나님을 배반한 인생이 되었다.

오늘 묵상의 말씀

하나님이 진정 나에게 원하시는 것은 무엇일까?

묵은 땅을 기경하자, 봄비를 구하자

8장에서 10장까지는 이스라엘의 패망을 지적하면서 장차 포로가 될 것을 예언한다.

먼저 8장에서는 계속 하나님을 거부하고 무시하던 이스라엘에 하나님의 심판이 임하게 되면, 그때 자기들이 하나님을 의지할 것이라고 말한다. 그들이 하나님의 뜻에 어긋난 방법을 보면 1) 하나님의 뜻에 따라 왕을 세우지 않고 자기들의 뜻에 맞게 세웠고, 2) 방백들을 세울 때 역시 자기들 뜻대로 세웠다. 3) 더불어 이들은 우상을 세웠다.

하나님은 이들에게 내릴 처벌을 알려 주었다. 1) 이방 국가에 의해 멸망할 것이다. 2) 작은 바람을 심고 큰 광풍을 거두는 것과 같은 무서운 결과가 일어난다.

그래서 장차 그들은 1) 사랑받지 못하는 질그릇 같을 것이다(8:8). 2) 앗수르에게 곡물을 바칠 것이고, 애굽에 공물을 바칠 것이다. 3) 그럼에도 불구하고 더 앗수르의 군대를 보내어 벌할 것이다.

9장은 이스라엘이 패역하여 하나님의 뜻을 저버린 결과 장차 비참한 생활을 하게 될 것이고 예언한다.

그 이유는 하나님께서 풍성한 수확을 거두어가시기 때문이다. 그래서 더는 약속의 땅에 살지 못하고 앗수르에 포로로 끌려가서 거기서 '더러운' 것을 먹으며 비참한 지경에 이르게 될 것이다(9:2, 8, 9). 애굽을 의지하여 그곳으로 피난한다 하여도 그곳에서도 비참한 지경에 이르게 될 것이다(9:6). 또한, 그들은 하나님께 제물을 드릴 때 부정한 식물을 드렸으며, 설사 제물을 드린다 해도 자기가 먹기에만 급급하여 하나님이 기뻐하지 않는다. 거짓 선지자들은 어리석고 또 미친 듯이 행동했다. 그런가 하면 파수꾼 같이 일을 해야 하나, 백성들을 멸망에 빠뜨리는 '새 잡는 그물'의 역할을 했다(9:8). 그리고 기브아 시대(사사 시대)와 같이 자기의 소견대로 살았다(9:9). 백성들의 영적 지도자가 되어야 할 자들이 이처럼 죄악에 빠질 때 백성들 역시 걷잡을 수 없이 구렁텅이 속으로 몰려가게 되어있다.

이렇게 죄에 빠지면 이스라엘에 주어지는 벌은 1) 자녀의 축복을 거두신다(9:11). 2) 하나님은 이스라엘을 사랑하되 목마른 광야에서 시원한 포도를 대함같이 무화과나무에 열린 첫 열매를 보는 것처럼 사랑하셨다. 그러나 이스라엘은 그 반대로 우상을 그렇게 사랑하니 하나님은 이스라엘이 더는 번성하지 못하도록 했다. 또 열국 가운데 방랑하는 슬픔을 맛보게 될 것이다(9:17).

10장에서는 그들의 죄악상은 두 가지 마음을 품었다고 경고한다.

이 말은 하나님과 바알 사이에 갈팡질팡하고 있다는 뜻이다. 이제 그들은 그 죗값을 받을 때가 되었다. 그 죗값은 제단과 주상의 파괴로 나타난다. 즉 앗수르 침략이 있어서 이스라엘을 무차별하게 파괴하고 학살을 감행할 것이다. 그때가 되면 이스라엘은 “우리가 하나님을 두려워하지 않은 결과로 이렇게 무서운 벌을 받게 되었구나. 우리를 이 어려움에서 건져 낼 왕이 없구나. 또 있다 해도 그가 우리를 어떻게 건져 낼 것인가(10:3)”라고 탄식할 것이다. 그래서 우리 주님은 계속 호소한다. “지금이 바로 여호와를 찾을 때다. 의를 심고 긍휼을 거두라. 너희 묵은 땅을 기경하라. 마침내 여호와께서 임하사 의를 비처럼 너희에게 내리시리라. 너희는 악을 밭 갈아 죄를 거두고 거짓 열매를 먹었나니, 이는 네가 네 길과 많은 용사를 의뢰하였음이라.”

이러한 죄악은 전쟁의 참화를 불러올 것이며(10:14), 이로 인하여 왕은 새벽이 슬처럼 멸절하게 될 것이다. 그러므로 이때가 곧 하나님을 찾기에 좋을 때이다. 기회를 놓치지 말고 무조건 긍정적으로 나를 수용하시는 하나님께로 나아가자! 그가 치료할 것이다.

오늘 묵상의 말씀

“지금이 여호와를 찾기에 좋은 때다. 묵은 땅을 기경하고 봄비를 구하자!” 이렇게 기도하자.

회개한 자에게 주어진 축복

11-14장은 이스라엘에 대한 하나님의 사랑을 보여 준다. 먼저 11장에서는 하나님이 이스라엘을 사랑하여서 애굽에서 불러내었다(11:1). 그리고 광야 생활을 통하여 '걸음을 가르치고 팔로 안아주면서(11:3) 사랑을 베풀었다. 또한, 사랑의 줄을 목에 걸어 그들을 이끌었다(11:4). 그런데도 그들은 부를수록 멀리하고 계속해서 거절했다(11:2). 아무도 하나님께로 돌아오는 자가 없었다(11:7).

우리 하나님은 당신의 심정을 이렇게 고백한다. "에브라임이여, 내가 어찌 너를 버리겠느냐. 내가 어찌 너를 아드마(소돔) 같이 놓겠느냐. 내 마음이 내 속에서 불붙듯 하도다(11:8)." 그러면서 믿는다. 하나님께서는 어미 사자가 자기 새끼를 불러 찾는 것처럼 자기 백성을 불러 모으실 것이다. 그리고 새와 비둘기가 자기 둥우리를 찾듯이 먼 곳에서부터 하나님의 품 안으로 돌아오게 될 것이다.

12장에서 그들의 행동은 멸망을 자초하고 있다.

하나님의 품 안에 있어야 할 그들은 오히려 헛된 일만을 추구하고(바람을 먹으며), 멸망의 길을 택하여 갔다(동풍을 따라갔다).

우리 하나님은 유다와는 쟁변하고 야곱과는 그 행위를 따라 벌을 내리시겠다고 말씀하신다. 이는 남 왕국 유다는 아직 징벌을 받을 때가 되지 아니했고, 북 왕국 이스라엘은 이미 심판을 받을 때가 되었다는 의미다. 그래서 하나님은 야곱의 내력을 말하면서 죄를 생각나게 하여 회개의 길로 이끄신다.

야곱의 죄는 3가지다. 1) 그는 태아에서부터 그 형의 '발뒤꿈치를 잡고' 태어났다. 이 말은 '속이다'라는 뜻이 있는데, 천성적으로 간교함이 그에게 있었다(12:3). 2) 그는 얍복강에서 천사와 겨루어 이기었고 울며 간구하여 인간적으로 하나님과 겨루어 이기었다. 3) 형을 피하여 아람 곧 메소포타미아로 도망했다(12:5). 그러다 보니 그들의 뿌리가 속이는 거짓 행위를 해놓고도 스스로 무죄라고 한다. 마치 저울을 속이는 상인(상고)처럼 저울과 추를 속여서 장사하여 고객을 속이면서도 '나는 죄가 없다'라고 주장한다.

그래서 우리 주님은 다시 시작하자고 말씀하신다. 9절에 모델을 제시하고 있다. 그것은 출애굽 하여 광야 훈련받은 내용이다. 이를 모델로 다시 한번 훈련받아야 하겠다는 뜻이다. 명절 곧 초막절에 장막 가운데 거하는 것처럼 과거의 유목 생활을 다시 시키시겠다는 말씀이다. 그렇게 하려면 다시 포로로 생활을 해야 한다.

13장에서 에브라임 지파는 북이스라엘 국가의 주도세력으로(첫 번째 왕 여로보암은 에브라임 지파다) 하나님을 거역하고 우상 숭배하는 일을 조장했다. 그래서 동풍(앗수르)이 불어와서 이스라엘을 쓸어가서 이스라엘은 최후를 맞게 된다.

14장은 호세아서의 전체 결론으로 하나님의 계속된 사랑과 자비를 보여주고 있다.

"우리가 앗수르의 구원을 의지하지 아니하며 말을 타지 아니하며, 다시는 우리 손으로 지은 것을 향하여 너희는 우리의 신이라 하지 아니하오리니 이는 고아가 주께로 말미암아 긍휼을 얻음이니이다 할지니라(14:3)." 만약 회개하면 하나님이 축복을 회복하겠다는 뜻이다. 1) 패역을 고치고 즐거이 저희를 사랑하고 진노를 고치겠다(14:4). 2) 아침마다 풀잎을 소성케 하는 이슬같이, 뿌리 깊은 나무같이 축복하시겠다(14:6) 3) 감람나무와 같고 향기는 레바논 백향목 같게 된다(14:6). 4) 푸른 잣나무같이 열매를 얻으리라(14:8). 이런 축복을 하면서 결론적으로 말씀한다.

"누가 지혜가 있어서 이런 말씀을 깨달으며, 누가 총명이 있어 이런 일을 알겠는가? 의인이라야 하나님의 말씀을 행할 수 있을 것이다."

오늘 묵상의 말씀

결론적으로 회개한 자에게 주어진 축복은 무엇인가?

니느웨로 가서 외치라

1장에서 여로보암 2세 때 하나님은 요나에게 "큰 성읍 니느웨로 가서 그것을 쳐서 외치라. 그 악독함이 상달되었다"라고 명령했다. 이 말씀을 들은 요나는 달갑지 않았다. 자기 민족을 괴롭히는 앗수르가 하나님의 진노를 받아야 마땅하다고 생각했다. 그래서 다시스로 도망하기 위해 배를 탔다. 배 밑바닥에 가서 잠을 청했다. 그런데 배는 대풍을 만났고, 선원들은 죽을 위기가 되어 신들을 부르기도 하고 인위적인 방법을 다해 침몰을 면하려 하였으나 뜻대로 되지 않았다. 결국 제비뽑기를 하였는데 요나가 걸렸다. 요나는 자기 잘못을 인정하며 "이 환난이 바로 나의 연고인 줄 아노라"라고 말했다. 그래서 바다에 던져졌는데, 3일 밤낮을 물고기 뱃속에 있었다.

2장에서 요나는 물고기 뱃속에서 하나님께 기도했다. 그에게는 최대 위기였다. 고기 뱃속에서는 공기가 없으므로 몇 초도 존재할 수 없다. 하나님의 특이한 방법으로만 살 수 있는 절대 주권자의 주권이다. 생명의 위기에 있을 때 그는 하나님께 부르짖었다. 여기서 가장 핵심적인 언약은 바로 성전 계약(삼하7:12-16)이다. 계약은 쌍방이다. 하나님이 성전 계약을 취소할 수 없는 언약이다. 이 계약은 영원한 계약으로 주님 오실 때까지 영원히 지켜야 할 언약이다. 그러므로 요나는 이 언약을 붙잡은 것이다. 그래서 지금 '내가 주님에게서 쫓겨난다 할지라도 다시 주의 성전을 바라보겠나이다(2:4)'라고 고백한다. 이 언약은 이루어져야 한다. 더군다나 그곳을 바라보면서 서원 기도를 한다면 이 기도는 하나님께서 반드시 응답하신다. '저를 살려 주신다면 성전계약을 위해 인생을 바치겠습니다'라고 고백하면 들어 주실 수밖에 없다. 요나는 그 비밀을 알고 있다. 그래서 핵심적인 기도를 했다. 정말로 하나님은 고기를 통하여 요나를 육지에 토하게 하셨다.

3장은 하나님이 다시 "저 큰 성읍 니느웨로 가서 그들에게 선포하라"라고 말씀하셨다. 그랬더니 니느웨의 백성이 모두 재에 앉아 회개했다. 그래서 앗수르에 재앙이 임하지 않았다.

4장에서 이때 요나가 심히 싫어했다. 그래서 기도하기를 "이제 내 생명을 취하소서. 사는 것보다 죽는 것이 나음이니이다"라고 하자 하나님은 "네가 성냄이 어찌 합당하냐"라고 말씀하신다. 요나가 성에서 나가 그 성 동편에 앉아 거기서 자기를 위하여 초막을 짓고 그늘에 앉아서 성읍이 어떻게 되는지 보고자 했다. 그때 하나님이 박 넝쿨을 준비하사 요나를 가리게 해주셨다. 그러자 요나가 심히 기뻐했다. 그런데 새벽에 하나님이 벌레로 그 박 넝쿨을 씹게 하시니 곧 시들었다. 그때 요나가 혼곤하여 죽기를 구하였다.

"내가 사는 것보다 죽는 것이 더 나으니이다"라고 대답했다. "네가 이 박 넝쿨로 인하여 성냄이 어찌 합당하냐"는 하나님에게 요나는 "내가 성내어 죽기까지라도 합당하나이다"라고 말했다. 그러자 하나님은 "네가 박 넝쿨도 아꼈거든 하물며 이 성읍에 좌우를 분변하지 못하는 자가 십이만여 명이요, 육축도 가축도 많다"라고 말씀하신다. 하나님은 온 세상 백성을 사랑하신다. 앗수르를 살릴 때 이스라엘 백성에게도 구원역사가 더 크게 나타날 수 있다. 하나님은 이와 같은 하나님의 소원 알기를 원하신다. 그럼에도 불구하고 하나님의 소원을 저버리고 자기 욕구를 채우려고 한다면 그는 망할 것이다. 북이스라엘은 이와 같은 사실을 깨닫도록 일깨워주건만 알아차리지 못했다. 그래서 요나가 복음을 전한 여로보암 시대(BC 750년경)에서 약 30년 후(BC 722년경)에 앗수르에게 망했다고 역사는 말하고 있다.

여기에서 우리가 기억할 것은 나의 관점을 하나님의 관점으로 바꾸어 행동할 때만 행복한 미래가 다가온다는 사실이다.

오늘 묵상의 말씀

요나는 왜 다시스로 가려고 했을까? 왜 하나님은 니느웨로 요나를 보내셨는가?

여호와의 초청

이사야서는 북 왕국이 앗수르에게 패망하고 나서 남 유다 역시 앗수르의 공격을 받아 위기에 직면하게 될 때부터 시작하여 하나님의 개입으로 위기를 극복할 때까지를 제1이사야(1-39장), 바벨론 포로로 들어갔다가 해방된 후 하나님의 구원역사가 펼쳐져 새 하늘과 새 땅의 역사를 꿈꾸는 비전을 보여주는 제2이사야(40-66장)로 내용이 전개되고 있다.

1장에서 유다는 언약 백성(출19:4-5, 출20:1)인데, 언약을 잊어버리니 하나님을 멀리하여 자녀 되는 축복을 버렸다. 그 결과 온 머리는 병들었고, 온 마음은 피곤하였으며, 발바닥에서 머리까지 성한 곳이 없이 상한 것과 터진 것과 새로 맞은 흔적뿐이거늘, 싸매며 기름으로 유하게 함을 받지 못하고 고통당하고 있다(1:1-6). 더군다나 땅은 황무했고, 성읍은 불탔고, 토지는 이방인에게 삼키었다. 그나마 조금 남겨 두지 아니했으면 소돔과 고모라 같이 완전히 망했을 것이다(1:5-9).

왜 꼭 그렇게 살아야 할까? 우리 주님이 초청하신다. "오라, 우리가 서로 변론해 보자. 너희의 죄가 주홍같이 붉을지라도 눈과 같이 희어질 것이요. 진홍같이 붉을지라도 양털같이 되리라. 너희가 즐겨 순종하면 땅의 아름다운 소산을 먹을 것이요. 너희가 거절하여 배반하면 칼에 삼켜지리라(1:18-20)."

1) 어찌하여 성읍이 창기가 되고 2) 은은 찌꺼기가 되었고 3) 고관들은 패역하여, 도둑과 짝하고, 다 뇌물을 구하고, 고아를 신원하고 과부의 송사를 수리하지 않는다. 내가 장차 내 대적에 응보하여 내 마음을 편하게 하고 내 원수에게 보복하리라. 너의 찌꺼기를 온전히 청결하게 하여 버리며 너의 혼잡 물을 다 제하여 버리고 너의 모사들을 본래와 같이 회복하리라(1:21-26).

2장에서는 징벌이 끝난 후 회복된 메시아 왕국이 올 것이라고 한다. "여호와 전의 산이 모든 산꼭대기에 굳게 서서 뛰어날 것이다. 거기에서 율법이 나올 것이요, 여호와의 말씀이 예루살렘에서 나올 것이다(2:3).” 드디어 다윗 계약(삼하 7:12-16)의 성취를 위하여 지속 가능한 말씀 운동을 예루살렘을 통하여 회복하는 길을 열어 놓았다. 그때 네 가지 문제(전쟁, 기근, 전염병, 흩어짐)의 기본인 전쟁 연습이 멈추면서 샬롬의 사역이 이루어질 것이다. 그러므로 “야곱 족속아, 오라 우리가 여호와의 빛에 행하자(2:5)”라고 유다를 초청하고 있다.

3장에는 이를 위하여 다시 정결케 하시려고 징벌을 내리려 하신다.

1) 유다가 신뢰를 두고 의지하는 모든 것을 다 빼앗아 버리겠다. 2) 의지하는 양식과 의뢰하는 재물을 없애겠다. 3) 전쟁을 통하여 고통과 슬픔을 주고 모든 것을 황폐케 하겠다는 것이다(3:1-4, 17, 23-26).

그러면 유다는 어떤 잘못을 했을까? 1) 말과 행위로 하나님의 영광을 거슬렀다. 즉, 그를 무시하고 대적하는 언행을 서슴지 않고 하나님을 거슬렀다. 2) 그러한 태도를 자랑으로 여기고, 도무지 돌이키고 회개하지 않았다. 3) 유다 사회에 질서와 사랑과 긍휼과 아름다움이 사라지고 학대와 교만이 판을 치게 되었다. 4) 아이와 부녀가 적절하지 못한 지도자에 의해 미혹되며, 파멸의 길로 빠지게 되었다. 5) 시온의 딸들이 교만하여 늘인 목, 정을 통하는 눈으로 다니며 아기작거리며 쟁쟁한 소리를 냈다는 것이다. 그래서 우리 주님이 심판하겠다는 것이다. 그때 썩은 냄새가 그 향기를 대신하고 노끈이 띠를 대신하고 대머리가 숱한 머리털을 대신하고 굵은 베옷이 화려한 옷을 대신하고 수치스러운 흔적이 아름다움을 대신할 것이며, 저희의 장정은 칼에 저희의 용사는 전쟁에 망할 것이다.

오늘 묵상의 말씀

내가 하나님과 변론을 나누고 싶은 내용은 무엇인가?

임마누엘의 약속

4장에서는 3장의 심판으로 인하여 전쟁에서 남자들이 거의 죽어 여자가 생계를 유지하는 세상이 된다. 그러나 징벌을 통하여 성화된 예루살렘은 남은 자들을 통하여 다시 싹이 나서 아름답고 영화로울 것이요. 그 땅의 소산은 남은 자와 피난한 자를 위하여 얻게 할 것이요. 더위에 천막이 있어 그늘이 되고 폭우를 피하여 숨는 곳은 하나님의 보호를 받을 수 있다.

5장에서 이스라엘을 향한 하나님의 계획은 마치 포도원 같다. "땅을 파고 돌을 제하고 극상품 포도나무를 심고 망대를 세우고 좋은 포도 맺기를 바랐더니 들포도가 맺혔구나(5:1-2)." 같이 이야기해보자. 하나님은 포도원을 위하여 최대한의 약속을 다 지켰는데, 들 포도가 맺힘은 어찜인고? 그로 인해 우리 주님의 실망이 크시다. 우리 주님은 축제를 기대하고 포도원을 두고 노래하고 싶었는데, 그렇지 못했다. 실제로 열흘 갈이 포도원에 겨우 포도주 한 바트(22ℓ)가 생산이 되었다. 하나님의 관심에 전혀 개의치 않고 유다 백성들은 게으름과 불의와 포학의 열매를 맺었다. 거짓과 탐심으로, 쾌락과 방종으로, 하나님에 대한 무지로 하나님의 언약인 사무엘하 7장 12-16절을 잊어버리고 이스라엘의 거룩한 자의 말씀을 무시했다(5:8-13). 그리하여 외국군대가 깃발을 세우고 빨리 달려와 부르짖는 암사자처럼, 소리 지르는 어린 사자처럼 움켜 가버린다고 한다(5:26-29). 그래서 흑암과 고난이 있고 빛이 가려서 어두워진다는 것이다(5:30).

6장은 이사야가 소명 받은 때를 말하고 있다. 이스라엘 백성들이 하나님의 말씀을 조롱하고 멸시하고(5:19), 뇌물로 인하여 악인을 의롭다 하고 의인에게서 그 의를 빼앗는 시대(5:23)이다. 국제적으로는 앗수르 제국이 점점 강성케 되어 직접적인 위협을 해올 때이다. 이사야는 성전에서 예배드리다가 하나님의 거룩하심에 비추어 보아 자신의 더러움을 깨닫는다. 그리고 심판받을 죄인임을 고백한다.

그때 그는 하나님께 메시지를 받는다. 즉 가나안 땅은 황폐하게 되고 백성은 포로로 잡혀갈 것이다(6:11-12). 이스라엘은 자신들과 다른 민족을 위해 감당해야 할 약속(출19:5-6)을 잊었고, 그 제사장의 모습을 잃어버렸다. 그래서 '죄 지은 나라요, 허물진 백성이요, 행악의 종자요, 행위가 부패한 자식(1:4)일 뿐이었다. 하나님은 이제 심판을 통하여 언약회복을 원하신다. '거룩한 씨'를 회복하여 대대로 그 언약을 이루겠다고 하신다(6:13).

그러므로 6장은 1-5장의 결론이요, 임마누엘(7-12장)의 서론이다. 남은 자, 거룩한 씨를 통하여 메시아 왕국의 역사가 일어날 것이다.

7장에서는 그 유명한 임마누엘 약속의 메시지를 주신다.

아람 왕 르신과 베가 왕이 연합하여 유다를 침공해왔다. 이런 이야기를 듣고 사시나무 떨듯이 벌벌 떨었다. 이때 이사야를 통하여 예언한다.

"그 두 왕은 부지깽이 그루터기에 불과하니 두려워 말고 낙심하지 말라. 너는 깊은데서든지 높은데서든지 징조를 구하라. 주께서 징조를 너희에게 주실 것이라. 보라, 처녀가 잉태하여 아들을 낳으리니 그 이름을 임마누엘이라 하리라." 임마누엘로 승리하게 하실 약속을 주셨다. 그리고 스알야숩(7:3)은 남은 자가 돌아올 것이다. 끝까지 견디는 자에게는 구원을 주신다는 약속을 했다. 그런데도 아하스는 하나님을 무시하고 앗수르에게 뇌물을 주고 거기에 도움을 요청했다. 그때 앗수르에게 도움을 요청한 것이 오히려 앗수르에게 목을 내어 주는 큰 실수를 범하게 되었다(대하28:16-25).

오늘 묵상의 말씀

나에게 가장 어려운 때 임마누엘의 경험이 있는가?

이새의 줄기에서 나온 한 싹

8장에서는 이사야가 아기를 낳을 것인데 이름을 '마헬살랄 하스바스'라고 했다. 그 뜻은 '속히 노략질하리라'이다. 아기를 낳으면 아기가 입을 떼서 "엄마! 아빠(3년 정도의 시간)!"라고 말할 줄 알기 전에 앗수르가 이스라엘을 노략질해갈 것이라고 한다. 왜냐하면, 아하스 왕이 디글랏빌레셀에게 도움을 요청했기에 그 것 때문에 이스라엘의 큰 충격적인 사건이 된다. 천천히 흐르는 물(하나님의 보호)을 버리고 유브라데스(앗수르) 강의 위력을(대하32:30) 따르니 그 흉용하고 창일한 하수가 이스라엘을 덮치게 된다는 뜻이다. 이때 하나님은 임마누엘 하면서 앗수르의 침입을 허용한다(8:8). 모든 일을 하나님이 잘 인도하시지만 그럼에도 불구하고 어려움이 있을 수 있다. 하지만 '우리는 아무 소용이 없구나' 생각하지 말고 이 일로 인하여 영적인 더 큰 비밀이 있을 것을 믿어야 한다. 그런데 환난과 어려움을 당할 때 답답한 나머지, 조언을 구하기 위하여 신접한 자와 마술사를 찾는 것을 보면 안타까운 일이다(8:19). 말씀을 좇아가야 한다(8:20). 어떤 유혹에도 믿음을 따라가야 한다. 이런 현장을 아시는 주님은 이사야를 보내실 수밖에 없다.

9장에서 하나님은 진노 중에 긍휼을 잊지 않으신다. 하나님이 앗수르의 침략을 통하여 고난이 있겠지만 고난받는 땅에 큰 빛을 주어서 영화롭게 할 것이고 이 지역에서 오히려 탈취 물을 가지고 즐거워할 때가 온다는 것이다. 미디안의 날같이(삿6:1-5), 농사만 지어 놓으면 빼앗아가던 미디안처럼 앗수르가 모든 것을 빼앗아갈 것이다. 그러나 이런 정황에서도 하나님은 긍휼을 주신다. 먼 훗날 그리스도가 오셔서 맨 처음 복음을 전하는 중심지가 바로 거기 갈릴리이다. 이때 오실 메시아는 한 아이로 태어나는데, 기묘자, 모사, 전능하신 하나님, 영존하시는 아버지, 평강의 왕이시다. 그가 다윗의 약속(삼하7:12-16) 성취로 오신 메시아인데, 만군의 여호와는 열심히 그 약속을 성취하실 것이다.

10장에서는 하나님이 이스라엘과 유다를 경성시키기 위하여 앗수르를 진노의 막대기로 일개의 몽둥이로 사용하는데, 앗수르가 하나님의 계획을 따르지 않고 교만하여 오히려 우상을 섬기도록 이스라엘 백성을 더 괴롭혔다. 그러니 하나님은 내가 나의 일을 시온 산과 예루살렘에 다 행한 후에 앗수르 왕의 열매와 높은 눈의 자랑을 벌하실 것이다(10:12). 도끼가 어찌 찍는 자에게 스스로 자랑하겠나? 톱이 어찌 켜는 자에게 큰소리치겠나? 그럴 수 없다는 것이다.

11장에서는 이렇게 앗수르에게 완전히 멸망할 즈음에 정통성 회복을 약속하신 사무엘하 7장 12-16절의 약속성취를 위하여 메시아가 올 것이다. "이새의 줄기에서 한 싹이 나서 한 가지가 결실할 것이요 여호와의 신 곧 지혜와 총명의 신이요 모략과 재능의 신이요 지식과 여호와를 경외하는 신이 그 위에 강림하시리니… 공의로 그 허리띠를 삼으며 성실로 몸의 띠를 삼으리라(사11:1-3,5)."

사실 그동안 북 이스라엘은 다윗의 혈통이 무너졌다. 남 유다도 약속을 희미하게 알고 있다가 큰 어려움을 당할 위기가 왔다. 그러나 이새의 줄기에서 한 싹이 나서 결실할 때가 온다. 그분에게 여호와의 신, 곧 지혜와 총명의 신이요, 모략과 재능의 신이요, 지식과 여호와를 경외하는 신이 임하실 것이다. 세례요한이 예수님 위에 성령이 임하는 것을 보고 그가 예수님이 메시아인 줄 알았다(요1:23, 눅4:18).

12장에서 그날의 구원역사는 마치 애굽 땅에서 나오던 날의 구원과 비교할 수 있다. 하나님이 노를 쉬시고 이스라엘 백성들과 함께 즐거워할 때가 온 것이다.

"보라, 하나님은 나의 구원이시라 내가 의뢰하고 두려움이 없으리니 주 여호와는 나의 힘이시며 나의 노래시며 나의 구원이심이로라"(사12:2).

오늘 묵상의 말씀

메시아 탄생과 그때의 분위기를 말해 보자.

바벨론, 모압, 다메섹에 대한 경고

13장은 바벨론에 대한 말씀이다(13-23장까지는 주변의 나라에 대한 예언이다).

바벨론은 그 당시 미약한 소국이었고 신 앗시리아의 속국이었으나. 점점 강대하여져서 강대국이 되어 나중에는 유다를 삼켜버리는 나라가 되었다. 이사야 선지자는 먼 미래를 내다보고 이러한 예언을 한다. "하나님은 나의 구별한 자에게 명령하여 나의 위엄을 기뻐하여"라고 말하면서 "바벨론을 쳐부수어 메대와 바사는 하나님의 영광과 그 목적에 충실히 한다"라고 기록한다. 이들은 나무가 없는 민둥산에 깃발을 세워서 하늘에서 왔다는 것을 보여 전 세계 열방이 보는 가운데 다 알도록 한다. 실제로 고레스에 의해 이루어졌다.

14장은 바벨론에 고통당한 이스라엘과 유다의 회복에 대한 예언이다.

"야곱을 긍휼히 여기시며 이스라엘을 다시 택하여 자기 고토에 두시리니 나그네 된 자가 야곱 족속에 가입되어 그들과 연합할 것이며 민족들이 그들을 데리고 그들의 본토에 돌아오리니 이스라엘 족속이 여호와 땅에서 그를 얻어 노비로 삼겠고, 전에 자기를 사로잡고 자기를 압제하던 자를 주관하리라(14:1)."

확실한 구원의 역사를 선포하고 있다. 그리고 바벨론은 분명히 멸망할 것이다. "너 아침의 계명성이여, 어찌 그리 하늘에서 떨어졌으며 네 얼굴을 엎은 자여, 어찌 그리 땅에 찍혔는고? 이제 네가 음부 곧 구덩이의 맨 밑에 떨어지리로다(14:12-15)."

15장은 모압에 관한 경고를 하고 있다.

모압은 아브라함의 조카인 롯의 후손이다. 이들은 요단강 동편의 기복이 많은 고원지대에 살고 있었다. 그런데 이들은 유대인을 증오했고, 출애굽 시대부터 분열왕국 시대까지 이따금 이스라엘의 골치였다. 그런데 이스라엘 백성들은 사는 형편이 어려워지면 몸을 피해 이곳으로 도망갔다. 그래서 예언자 이사야는 위기에 모압으로 도망가는 자는 망할 것이라고 경고한다.

16장은 모압 백성에게 경고하고 있다. 모압은 어린양의 조공을 다윗 이후로 북 이스라엘에 계속 바쳐왔다(왕하3:4-27). 그러나 이제 북 이스라엘은 망하고 없어졌으니, 그들의 의지할 곳은 오직 유다뿐이다. 그러므로 유다에 공물을 바치라는 것이다. 또한, 이스라엘 중에서 억울하게 쫓겨 그들에게 피하는 자들을 잘 숨겨주고 발각되지 않도록 친절히 보살펴 주라는 것이다(16:1-3). "나의 쫓겨 난 자들은 너와 함께 있게 하고 다윗의 장막에 인자함으로 왕위가 굳게 설 것이기에 그 위에 앉을 자는 충실함으로 판결하고 의를 신속히 행하라(16:4-5)."

그런데 모압 사람들이 교만하여 하나님이 베푸신 구원의 기회를 거절했다. 그래서 모압은 포도가 풍성했으나(16:7-9), 포도나무 가지들이 말라 버렸다. 물질적 부요함을 박탈당하고 모든 기쁨과 즐거움 대신 큰 통곡이 있게 되었다.

17장은 다메섹에 대한 예언이다.

다메섹은 수리아(아람)의 수도로 그들이 벌을 받는 이유는 북 이스라엘과 동맹하여 남 유다를 쳤기 때문이다. 특히 이스라엘을 같이 경고하고 있는데, 이는 하나님을 잊어버리고 자기 마음대로 행하기를 즐겼기 때문이다(17:10). 그래서 그 날에 야곱의 영광이 쇠하고 그 살진 몸이 파리하고 마치 추수하는 자가 곡식을 거두어서 그곳으로 이삭을 벤 것 같고 르바임 골짜기에서 이삭을 주음 같으리라. 그러나 그 안에 주울 것이 남으리니 감람나무를 흔들 때 가장 높은 가지 꼭대기에 실과 두세 개가 남음 같겠고 무성한 나무 가장 먼 가지에 네다섯 개가 남음과 같으리라. 즉 끝까지 남은 자는 구원하겠다는 뜻이다.

오늘 묵상의 말씀

바벨론 모압, 다메섹에 어떤 경고를 하고 있는가?

예루살렘 주변 국가와 예루살렘에 대한 경고

18장은 구스에 대한 경고이다.

앗수르는 구스와 동맹을 맺어 연합하여 유다를 공격하러 올라오는데 날개 치는 소리와 민첩한 사자의 빠른 소리로 공격한다(18:1-3). 이때 하나님은 조용히 감찰하시고 있다(18:4). 하나님의 역사하심이 쬐이는 일광 같고 가을 더위에 운무 같았다(18:4). 이는 천천히 느리게 역사하는 것 같지만 적당한 시간에 적절하게 응답하시는 하나님이심을 알 수 있다. 구스 나라(18:7)는 오순절 강림 이후에 돌아오게 된 것이다(행8:26-29).

19장은 애굽에 대한 경고이다.

유다는 매사에 도움을 받기 위하여 애굽을 의지했다. 그래서 하나님께 징계를 받았음에도 불구하고 또 애굽을 의지했다. 그래서 하나님은 그들을 멸망시키기로 하셨다. 애굽은 1) 여러 많은 신이 있어서 그 많은 신을 섬기다 보니 사상적으로 혼돈 속에 들어갔다(19:1, 3). 2) 내부의 불화와 다툼으로 내란이 일어나 망할 것이다. 3) 학정과 압제로 인하여 곤핍하고, 설상가상으로 나일강이 마르므로 심각한 재난을 당하게 되었다(19:4-10). 애굽은 장망성이라는 것이다(19:18).

20장은 애굽과 구스에 대한 예언이다.

앗수르 왕 사르곤이 군대 장관을 보내어 아스돗을 점령했다. 이때 이사야는 아스돗과 가까이 있는 애굽과 구스가 그와 같이 앗수르에게 포로로 잡혀갈 것이라고 행동적 예언을 한다. 유다 왕 히스기야가 앗수르의 공격을 피하고자 애굽동맹을 맺어야 한다는 심각한 압력을 받고 있었다. 이사야 선지자는 맨발과 맨몸으로 거리를 3년 동안 다니면서 애굽을 의지하면 이렇게 망할 것이라고 경고한다.

21장은 바벨론에 대한 경고이다.

아직 바벨론은 작은 나라이지만 여러 번 예언하는 것은 하나님은 전 세계를 바라보는 통찰력이 있으시다. 그러므로 미래에 어떻게 나라가 되는지를 다 알고 전 세계를 움직이시는 하나님의 비밀을 알게 하시는 것이다. 엘람(바사)과 메대가 강하게 바벨론을 급습하여 포획할 것이다. 바벨론 역시 누차 우상을 섬기며 아무 유익도 없고 무가치한 것을 계속 섬기다 큰 화를 당하게 된 것이다.

22장은 예루살렘에 경고하고 있다.

물론 13장에서 이스라엘 주변 국가에 대하여 계속 경고하는 것은 모두 예루살렘과 관계가 있다. 그곳은 이상 골짜기이다. 이상과 묵시를 통하여 하나님의 뜻을 알려주는 곳이다. 이곳이 창세기 12장 1-3절, 출애굽기 1장 5-6절을 거쳐서 사무엘하 7장 12-16절을 확실하게 꿰뚫고 하나님의 마음을 이어갈 수 있는 비전을 백성들에게 제시하지 못하면 하나님의 심판이 크게 임하여 죽고 사로잡혀가는 환난이 온다. 그러기에 지붕으로 피난 가게 된다는 것이다(22:1-10).

그러나 이스라엘 백성은 회개하지 않고 도리어 자포자기했다. 즉 그들은 어려운 일이 오기 전에 먹고 마시자는 것이다. 이왕 망할 것 실컷 먹자고 하면서 막가파처럼 사는 것이다. 그러나 믿는 사람은 끝까지 소망을 품는 일이 제일 중요하다. 그래서 국고를 차지하면서도 사명을 잊어버린 셉나를 좌천하고 엘리야김으로 다윗의 열쇠를 그 어깨에 두어서 열 자가 없도록 하겠다. 못이 단단한 곳에 박힘처럼 말씀을 마음속에 늘 박아두면 그 단단히 박은 말씀 위에 작은 그릇부터 큰 그릇까지 걸리게 하겠다고 말씀하신다. 이것은 말씀을 마음속에 박아두면 거기에 큰 일꾼부터 작은 일꾼까지 붙여 주신다는 복음 전달자의 중요성에 대하여 언급하고 있는 내용이다.

오늘 묵상의 말씀

하나님이 예루살렘 주변 국가에 경고하는 이유는 무엇이며, 예루살렘에 부탁하는 말씀은 무엇인가?

자기 백성을 지키시는 하나님

24장은 13-23장의 이웃 나라에 대한 경고로 예언을 전한 후 본격적으로 이스라엘에 심판을 경고한다.

1) 땅이 공허하며, 황무지로 변한다. 2) 백성이나 제사장이나 종이나 상전이나 모든 사람이 다 하나님의 언약을 떠났기에 공히 다 망할 것이다. 3) 저주가 땅을 삼켰다. 4) 포도주가 없으므로 거리에서 부르짖으며 모든 즐거움이 사라졌으며, 땅의 기쁨이 소멸되었으며, 성문이 파괴되었다(24:2-16). 그러나 그곳에 남은 자들의 찬양이 있을 것이다(24:15).

25장에서는 거룩한 산에 세우실 하나님 나라를 바라보면서 하나님께 찬양하고 있다.

하나님을 대항할 모든 세력을 꺾으심으로 자기 백성에게는 친히 피난처가 되어 주고 그들을 지키고 보호하신다. 원수들이 하나님의 백성을 향하여 폭풍처럼 밀려온다 할지라도, 하나님께서 강한 성이 되어서 그 세력을 꺾어 주심으로 보호하신다. 또한, 이스라엘 백성을 구름으로 보호하여 주셨듯이 뜨거운 햇볕과 같은 악의 세력으로부터 감싸 준다(25:2-5). 이 잔치의 주재자는 하나님이시며, 그 대상은 단지 유다 민족뿐만 아니라 만국에 흩어져 있는 하나님의 모든 백성이다. 그날에 하나님이 자기 백성을 하늘의 잔치에 초청했다. 자기 백성에게 생명과 기쁨과 힘을 얻게 하시고(25:6), 흑암의 권세에서 벗어나게 하시고(25:7), 죽음의 공포에서 해방해 주신다.

26장은 구원받은 성도가 부르는 찬송이라 부른다.

1) 하나님이 지켜 주심을 감사한다. 2) 하나님은 우리의 '견고한 성읍'이다. 그는 마귀의 세력이 침범할 수 없는 요새의 문을 여시고 심지가 견고한 자이다. 이때 의인은 주의 영광의 길을 따라간다. 그리고 이렇게 기도한다.

"여호와여, 주의 심판하시는 길에서 우리가 주를 기다렸사오며 주의 이름을 위하여 또 주를 기억하려고 우리 영혼이 사모하나이다. 밤에 내 영혼이 주를 사모하였사온즉 내 중심이 주를 간절히 구하오리니 이는 주께서 땅에서 심판하시는 때에 세계의 거민이 의를 배움이니이다(26:8-9). 여호와여, 주께서 이 나라를 더 크게 하셨나이다. 스스로 영광을 얻었고, 이 땅의 모든 경계를 확장하셨나이다(26:15)."

그러기에 우리는 그 회복의 날을 바라보면서 준비한다. "네 백성아, 갈지어다. 네 밀실에 들어가서 네 문을 닫고 분노가 지나가기까지 잠깐 숨을 지어다(26:20)."

27장은 24-26장의 결론이다.

그날이 오는데, 그날은 하나님께서 심판하시는 날이다. '그 견고하고 크고 강한 칼'은 세 종류이다. 날랜 뱀 리워야단은 빨리 흐르는 티그리스 위에 위치한 앗수르 제국, 꼬불꼬불한 뱀 리워야단은 유브라데 강에 위치한 바벨론, 바다에 있는 용은 애굽을 상징한다. 이들 3대 적이 이스라엘을 괴롭혔는데, 하나님이 이 원수의 세력을 꺾으시고 그의 백성들을 돌보시고 아름다운 포도원을 세우실 것이다. 하나님 당신이 직접 물을 주고, 관리하고, 밤낮으로 지키시겠다는 말씀이다(27:1-3). "후일에는 야곱의 뿌리가 박히며, 이스라엘의 움이 돋고 꽃이 필 것이라. 그들이 그 결실로 지면에 채우리라(27:4-6)." 그리고 선포하신다. "너희 이스라엘 자손들아, 그 날에 여호와께서 창일하는 하수에서부터 애굽 시내까지 과실을 떠는 것 같이 너희를 모으리라(27:12-13)."

28장은 앗수르의 포로가 된 이스라엘에 대해 기록하고 있다. '불'왕에 이어 살만에셀이 앗수르의 왕이 되어 북 이스라엘을 삼켰다. 마치 처음 익은 과일을 발견하자마자 따 먹듯이 말이다(28:4).

오늘 묵상의 말씀

하나님의 마지막 날, 이스라엘을 향한 계획은 무엇인가?

장차 오실 왕과 회복의 역사

29장은 예루살렘에 대한 약속이다.

"아리엘이여!"라고 말하는데 아리엘은 하나님의 번제단이다. 번제단은 모든 짐승을 불태워서 하나님께 향기를 드리는데, 예루살렘 전체가 피 흘림으로 불살라진다는 뜻이다.

그 이유는 죄악 때문이다. 1) 회피이다(29:9-12). 들을 귀가 있고, 볼 눈이 있었으나 회피하고 보지도 않는다. 2) 위선이다(29:13-14). 겉으로는 하나님을 경외하는 것처럼 하지만 사실상 행동은 아무 관계가 없다. 3) 거역이다(29:15-16). 하나님의 섭리를 거스르며, 하나님의 피조물로 여기지 아니했다. 그래서 히스기야 때 앗수르가 예루살렘을 침략했는데, 산헤립의 군대 185,000명이 패배하여 이스라엘 백성은 구원받았다.

결국, 하나님의 택하신 백성은 1) 하나님이 아브라함을 구속하시고 인도하셨듯이 자기 백성을 구속하고 인도함으로 그들에게 복을 주셨다. 2) 그들은 부끄러움을 당하지 않았다. 3) 하나님을 경외하게 된다(29:22-24).

30장은 유다의 패역과 하나님의 은혜에 대해 언급한다.

하나님께서 도움이 헛되시니 무익한 애굽에 도움을 요청하지 말라는 것이다. "말 타고 도망하지 말고 잠잠하게 하나님을 신뢰하라(30:7, 15). 그를 기다리는 자는 복이 있도다(30:18)." 그러나 안타깝게도 그들은 경고를 듣지 않았다. 북 이스라엘은 이미 앗수르에게 정복되었다. 그 후 히스기야 때 사르곤 2세가 약간 느슨해진 틈을 타서 애굽과 동맹을 맺었다. 그런데 하나님은 히스기야의 역사를 긍휼히 여기셔서 오래 참으신다. "고난의 떡과 고생의 물을 주시나 네 스승은 다시 숨기지 아니하시리니 네 스승을 볼 것이며 좌로나 우로나 치우지 말라. 그리고 우상을 섬기지 말라." 우리 주님은 극진한 축복을 약속하신다. 그리고 "내 백성의 상처를 싸매시며 그들의 맞은 자리를 고치시는 날에는 달빛은 햇빛 같겠고, 햇빛은 칠배가 되어 일곱 날의 빛과 같으리라(30:23-26)"라는 축복을 약속하셨다.

31장은 30장에 이어서 애굽을 의지하지 말라고 강력하게 말씀한다. 이스라엘의 지도자들은 애굽의 도움을 받으면 앗수르에게 조공을 바치지 않을 수 있다고 한다. 그도 그럴 것이 출애굽 당시 애굽은 600승의 전차부대가 있었고, 르호보암 당시 시삭은 1,200승의 전차 부대와 60,000명의 기마병을 보유했다. 그래서 위기 때마다 애굽에 도움을 받으러 가곤 했다. 그러나 하나님은 "새가 날개 치며 그 새끼를 보호함같이 나 만군의 여호와가 예루살렘을 보호할 것이다(31:4-5)"라고 강력하게 주장하신다. 하나님만 절대적으로 믿으라는 것이다.

32장은 "보라 장차 한 왕이 의로 통치할 것이다. 그 사람은 광풍을 피하는 곳, 폭풍을 가리는 곳 같을 것이며, 마른 땅의 냇물 같을 것이며, 곤비한 땅에 큰 바위 그늘 같으리니…"라는 말씀으로 시작한다.

"보는 자의 눈이 감기지 아니할 것이요, 듣는 자의 귀가 기울여질 것이며, 조급한 자의 마음이 지식을 깨닫고, 어눌한 자의 혀가 민첩하여 말을 분명히 할 것이라." 이것을 우리 주님이 장차 왕으로 이끌어 갈 것이라고 공포하고 있다. 물론 그 '한 왕'은 아하스 시대에 불안한 정황에서 하나님께 믿음을 갖도록 강조할 때 히스기야 왕이 나타나서 백성의 정통성을 회복시킬 것이라고 말씀하셨다. 그러나 그것은 장래로 보면 메시아가 오셔서 다스리심을 알려준다.

"그때 내 백성은 평화한 집과 안전한 거처와 조용히 쉬는 곳에 있으려니와 의의 결과는 영원한 평안과 안전이라(32:21-20)." 이를 위하여 성신을 우리에게 부어 주셔서 시행하겠다는 것이다(32:15).

오늘 묵상의 말씀

새 왕이 오시면 어떤 축복을 누리게 될까?

광야에 백합화 피는 시대가 온다

33장은 앗수르로부터의 구원을 위한 기도내용을 기록하고 있다.

"너 학대하며 속임을 입지 아니하고 속이는 자여(33:1)"에서 상대는 앗수르를 말하고 있다. 앗수르는 히스기야로부터 금 30달란트와 은 300달란트를 받고 이스라엘의 종주국이 되어 이스라엘을 잘 보호해주기로 약속했다. 그러나 돈을 받고 오히려 더 크게 속이고 많이 괴롭혔다. 그런 그에게 화가 내릴 것이라고 예언하고, 이들을 보응해 달라고 기도하고 있다.

"여호와여! 우리에게 은혜를 베푸소서. 주는 아침마다 우리의 팔이 되셔서 환난 때에 우리의 구원이 되소서. 대저 여호와는 우리 재판장이시요, 여호와는 우리에게 율법을 세우신 이요. 여호와는 우리의 왕이시니 그가 우리를 구원하실 것임이라." 하나님과 이스라엘은 언약 체결 관계이다. 하나님은 언약을 세우고 한 번도 언약을 어기신 적이 없다. 이스라엘 백성이 언약만 성실하게 붙잡으면 반드시 우리 하나님이 지켜주실 것이다.

34장은 에돔이라는 나라에 대한 심판하는 내용을 기록하고 있다.

에돔은 이스라엘의 조상인 야곱의 쌍둥이 형 에서의 후손으로서 이스라엘과 화친하여 지내야 하는 형제의 나라이다. 그러나 그들은 형제의 우정으로 대접하지 않고 오히려 대적했다. 먼저, 이스라엘이 출애굽 할 때 그들의 땅을 통과하게 해 달라는 모세의 정중한 요청을 거절했다. 다윗 이후로 그들은 유다의 원수로 지냈다(대하21:8-10). 이들은 화마가 휩쓸고 지나간 자리처럼 황폐함을 맛보는 처지에 놓였고, 불의 심판을 맛보게 된다. 그들의 살던 곳은 재와 건물의 뼈대만 앙상하게 남은 언덕이 되어 놀이터로 퇴락하게 된다(34:11-15). 그러니 오직 하나님의 말씀이야말로 우리가 확실히 믿고 의지할 말씀인데 그 책을 자세히 읽고 하나님이 지어주신 책을 자세히 읽어서 인도받아야 할 것이다.

35장은 34장에 말한 파멸된 에돔 황무지 광야가 풍요의 땅이 되었다고 기록한다.

소망이 없는 황무지가 크게 즐거워하는 것은 무성하게 가득 차기 때문이며, 자신의 힘으로 제 기능을 회복할 수 없기 때문이다. 또한, 전혀 소망이 없는 광야 사막, 메마른 땅, 시랑이 눕던 곳이 변하여 물이 솟고, 못이 되고, 풀이 난다. 속량함을 얻은 자들이 대로를 지나 최종 목적지인 시온에 이르게 되며, 거기에서 영원한 축복을 누릴 것이다. 그때는 슬픔과 고통이 물러가고 기쁨과 즐거움을 얻으리니 슬픔과 탄식이 달아날 것이다.

36장은 '앗수르 군대가 예루살렘 침공에 대하여 어떠한 태도를 보였는가?'에 대한 기록이다.

앗수르(살만에셀)가 북 이스라엘을 파멸시켰고, 호시탐탐 남쪽 유다를 노렸다. 그러다가 히스기야 초기에 유다를 공격하여 금 30달란트, 은 300달란트를 조공으로 받아 갔다. 그 후 히스기야는 앗수르가 힘이 약한 때를 노려 친 애굽 정책을 썼다. 이를 빌미로 앗수르가 2차 침공을 한다. 이때 산헤립의 신하 랍사게는 유다를 협박했다.

1) 앗수르의 유다 침공은 하나님의 뜻이다(36:10). 2) 애굽을 의지하자 말라(36:5-6). 3) 하나님이 유다를 도와주지 않을 것이다. 왜냐하면, 산당을 없앴기 때문이다(36:7). 그러나 히스기야는 한 마디도 대꾸하지 않고 침묵한다. 오히려 억울함을 참을 수가 없어서 옷을 찢었다(36:22). 이는 힘이 없어 굴복하는 약자의 태도가 아니다. 여호와를 의지하는 자는 당황하지 않고 하나님의 능력으로 건전한 판단력을 갖는 것이 우선해야 할 일이다.

오늘 묵상의 말씀

이사야 35장의 메시아 오신 후에 어떤 일이 벌어질까? 읽고 느낀 점을 말해보자.

히스기야의 기도에 응답하시는 하나님

37장은 히스기야가 기도하여 앗수르를 멸하신 내용이다.

36장에서 협박의 전갈을 받은 히스기야는 "오늘은 환난과 책벌과 능욕의 날이라. 아이를 낳으려 하나 해산할 힘이 없음과 같도다(37:3)"라고 말하며 힘의 한계를 느꼈다. 무너진 성전을 수축하고 우상을 제거하고 국내적으로 신앙의 정통성을 회복하는 것도 엄청난 힘이 필요하다. 이를 위하여 온 에너지를 다 썼는데, 이제는 외부에서 강한 앗수르가 공격해오다니. 그동안 금 30달란트와 은 300달란트를 조공해 왔는데, 이제 예루살렘을 삼키려 하다니. 히스기야는 굵은 베옷을 입고 여호와의 전으로 가서 기도했다(37:1).

그때 이사야가 하나님의 응답을 전했다. 1) 랍사게가 하나님을 모독하며 유다를 협박하는 일을 두려워 말라. 2) 하나님이 앗수르 동리에 풍문을 퍼지게 하여 앗수르 군대가 겁이 나도록 하실 것이다. 3) 그 풍문은 구스 왕 디르하가가 앗수르와 싸우러 온다는 것이다. 4) 앗수르 왕을 그 본국에서 죽게 할 것이다. 5). 그러니 두려워 말라는 것이다.

그런데 앗수르가 물러갔다가 또 보내온 협박의 편지를 받아 들고 성전에 올라가서 펴놓고 기도했다. 이에 이사야 선지자가 히스기야에게 징조를 보이면서 기도 응답을 알려 주고 있다. 곧 "올해와 내년에는 스스로 난 것을 먹게 된다. 제 삼 년에는 파종하여 (열매를) 먹게 된다. 3년째는 물러간다"라는 말이다. 앗수르의 2차례 침공으로 많은 인명과 재산 피해를 보았지만, 곧 하나님께서 회복시키겠다는 것이다. 그리고 앗수르 군대 185,000명을 죽게 하신 것이다. 그리하여 다윗의 성전 계약(삼하7:12-16)을 완성하게 하셨다. 우리 하나님이 얼마나 감사한지 모른다.

38장은 37장의 연속에서 아직 앗수르의 전쟁이 완전히 끝나지 않았지만, 히스기야 왕은 병들어 회복되지 못하리니 생을 정리하라 하신다. 이때 히스기야는 또한 번 인생의 아찔한 순간을 경험한다.

아직 종교개혁이 완벽하게 끝난 것이 아니다. 아직 앗수르와의 관계가 완벽하게 끝나지도 않았다. 더군다나 다음 축복의 통로로서 다윗의 언약계승자를 만들어놓은 것도 아니다. 이런 정황에 모든 것을 멈춰야 한다는 것은 마치 청소하다가 그만둔 것과 비슷한 상황이다. 그래서 얼굴을 벽으로 향하고, 외부와 단절하고 하나님께만 전적으로 통곡하면서 기도했다. “하나님, 추억하옵소서”라고 말하면서 지금까지 정황을 보고하며 고백한다. “살려 주옵소서. 살려주시면 내가 하는 것처럼 주의 신실을 아비가 그 자녀에게 알게 하리이다(38:16, 19).”

이때 하나님이 그의 기도를 들으시고 15년 목숨을 연장해주셨다. 또 앗수르로부터 예루살렘 성을 보호하겠다는 응답도 받았다. 이때 히스기야는 감사의 찬양과 기도를 드렸다(38:1-20). 그리고 그는 아들을 낳아서 후계자를 만들었다.

39장은 히스기야의 실수를 지적한다. 바벨론의 사신이 병문안을 왔다. 이때 그는 부와 위용을 과시하고 싶었다. 그래서 궁중의 소유와 국가의 중요한 것을 다 보여 주었다. 그러면서 유다에 위기가 왔을 때 함께 의논하자고 말한다. 이는 하나님에 대한 절대적 신심을 보여주지 못하고 오히려 바벨론과 우정 정책을 만들고 싶다는 제스처를 쓴 것이다. 이것은 정말 히스기야답지 않은 모습이다. 하나님께서 생명을 15년 연장한다고 명확하게 이야기하셨다. 그러면 15년 이내에 모든 사역을 마무리해야 한다. 이 민족이 절대 우상에게 고개 들지 못하도록 15년 동안 행정이 뿌리를 내리도록 확고하게 만들어야 한다. 15년 이내에 아들을 낳고 대를 이어서 다윗 언약(삼하7:12-16)을 잘 성취하는데 혼신을 다하여야 한다는 사실을 등한히 한 것이다. 이런 실수가 결국은 이스라엘을 바벨론으로 잡혀가게 된 빌미가 된 것이다.

오늘 묵상의 말씀

히스기야의 가장 큰 장점과 약점은 무엇인가?

우리에게 오실 여호와의 종

40장에서 66장까지는 새로운 역사가 전개된다. 오랫동안 바벨론에서 고생하던 그들에게 희망의 소식이 들렸다. 지금까지는 책망과 심판의 메시지가 끊임없이 계속했던 것과 대조적으로 구원의 종 메시아를 통한 하나님의 구원 계획과 위로와 소망의 메시지를 계속 전하고 있다.

40장에서 먼저 하나님은 "내 백성을 위로하라"라고 말씀하신다. '내 백성'이라는 말은 하나님은 다윗 언약(삼하7:12-16)을 잊어본 적이 없다는 의미다. 그 언약을 기억하게 하신다. 훈련받은 기간이 끝났다. 새로운 시대가 왔다는 것이다.

"외치라, 모든 육체는 풀과 같이 사라지지만 하나님의 영광은 영영히 서리라. 이것을 전하라는 것이다. 높은 곳에 올라가서 외치라. 힘써 외치라. 그분이 강한 자로 오실 것이다. 친히 그 팔로 다스리고, 목자같이 양 무리를 먹이고, 그 팔로 모아 품에 안고, 젖먹이와 암컷들을 온순히 인도하시리로다(40:1-11)." 그러면서 이사야는 결론을 맺는다.

"오직 여호와를 앙망하는 자는 새 힘을 얻으리니 독수리가 날개 치며 올라감 같을 것이요. 달음박질하여도 곤비치 아니하겠고 걸어가도 피곤치 아니하리라(40:31)."

41장에서는 동방에서 사람을 일으켜 바벨론을 그 앞에 굴복하게 하고(41:2), 이스라엘 백성은 지금까지 경험하지 못한 길을 안전하게 지나서 예루살렘으로 돌아오도록 절대주권을 가지신 하나님의 위대한 계획을 펼치신다(41:3)고 기록한다. 이 예언의 말씀은 이사야가 예언한 100년 후에(BC 539년) 성취되어서 우리 하나님이 먼 훗날을 바라보면서 계획하신 것을 선지자를 통하여 보여 주셨다. 한편으로는 이스라엘을 위로하셨다. 1) 이스라엘을 택하여 버리지 않고 돌보아 주시는 분이 바로 하나님이라는 것이다(41:8-9). 2) 하나님은 친히 택한 백성들의 오른손을 붙들고 함께하시며 도와주겠다고 약속하면서, 두려워 말고 놀라지 말라고 위로하신다(41:10-13). 3) 지렁이처럼 연약하지만, 하나님은 그 백성을 들어 타작 기계가 곡식을 털듯이 산들처럼 강한 원수를 파멸하신다. 4) 하나님은 광야와 사막을 옥토로 만드는 이적을 베푸시듯, 가련하고 빈핍한 자가 되어버린 택한 백성의 기도에 응답하겠다고 격려하신다(41:17-20). 하나님은 우상의 가증함을 강조한다. 먼저 '한 사람' 고레스를 일으켜 여러 나라를 치게 하고 큰 승리를 주어, 토기장이가 진흙을 밟듯이 왕들을 짓밟게 하시겠다고 선포한다(41:25-29). 우상 중에서는 어떤 우상도 이런 예언의 메시지를 선포한 자가 없다(41:22-23). 예루살렘에 구원의 메시지를 전한 자는 오직 하나님 한 분뿐이시다. 우상은 아무것도 할 수 없는 '바람' 같은 공허한 조각품에 지나지 않는다.

42장은 장차 오실 메시아를 소개한다.

41장이 고레스를 등장시켰다면 지금부터는 공식적인 메시아를 언급한다. "그 분은 내가 붙드는 나의 종이요, 내 마음에 기뻐하는 나의 택한 사람이다. 내가 나의 신을 그에게 주어서 이방에 공의를 베풀 것이다(42:1)." 이 내용을 예수님은 마태복음 12장 17-21절의 겸손을 인용하신다. 700년 후에 예수님이 이 내용대로 예수님이 오신다는 사실을 예언하셨다는 것 자체가 놀랍다.

그러면 그 종은 어떤 일을 하시는가? 1) 성령의 기름 부음을 받은 여호와의 종은 온 세상에 공의를 베푸신다(42:2). 2) 여호와의 종은 큰소리로 외치거나 거리에서 떠들지 않을 것이며, 세상의 군왕들과 전혀 다른 차원에서 자신의 사역을 수행한다(42:2). 3) '상한 갈대'와 '꺼져가는 등불'과 같은 죄인들을 구원한다(42:3). 4) 쇠하거나 낙담하지 않는다(42:4). 5) 백성의 언약과 이방의 빛이 된다(42:7). 6) 새 일을 행한다(42:8-9). 지금까지 오래 참았지만 해산하는 여인처럼 새로운 생명을 탄생하게 할 것이다.

오늘 묵상의 말씀

우리에게 오실 여호와의 종의 모습을 말해 보자.

유일하신 구원자 여호와

43장은 42장에 이어 다시 하나님만이 유일한 구세주라는 것을 강조하고 있다.

이스라엘을 구원하시겠다는 근거로 1) 하나님은 너를 창조하신 분이시다. 너는 하나님의 것이다(43:1). 2) 그분이 너를 물 가운데로 지날 때나 불 가운데로 지날 때도 구원해주시겠다고 약속하셨다. 3) 너를 보배롭고 존귀하게 여기겠다(43:4). 4) 두려워 말라. 내가 너희와 함께 하리라(43:5). 5) 이는 하나님 당신의 영광을 위하여 창조하셨기에 구속하겠다는 말씀이다. 이런 명분을 가지고 유일하신 창조주 하나님이 이스라엘을 위하여 새 일을 하시겠다고 약속하신다.

"옛적 일이 홍해를 육지같이 건너신 일이라면, 새 일은 갈대아 사람 곧 바벨론 사람들이 자기들이 연락하던 배를 타고 달아나도록 이스라엘을 위하여 한 군대를 바벨론에게 보내겠다"라는 것이다. 이렇게 말하면서 "너희는 이전 일을 기억하지 말며 옛적 일을 생각하지 말라. 보라 내가 새 일을 행하리니 이제 나타날 것이라(43:18-19)"라고 말씀하시는 것은 그만큼 새로운 일이 충격적이고 놀랍기에 미래의 꿈을 꾸게 하신다. 물론 이 사건은 바벨론 해방뿐만 아니라, 예수 그리스도를 통한 구원과 그 완성인 새 하늘과 새 땅까지 포함하는 예표를 보여주고 있다(11:6-9. 48:6-7).

44장은 이스라엘이 포로에서 귀환할 때 베푸실 약속을 기록하고 있다.

그 약속은 1) 갈한 자에게 물을 주며, 마른 땅에 시내가 흐르게 하며, 나의 신을 네 자손에게 주며 나의 복을 네 후손에게 주실 것이다. 2) 그들에게 시냇가의 버드나무처럼 무성하게 할 것이다(44:1-2). 사실 바벨론 포로 생활하는 그들에게는 도저히 믿을 수 없는 불가능한 일들이다. 그렇지만 우리 하나님은 계속 말씀의 약속을 통하여 자기를 나타내신다.

그리고 이스라엘 자손에게 격려와 약속을 들려주신다. 1) 하나님은 이스라엘을 지으신 분이니 결코 그 사실을 잊지 않는다고 약속하셨다. 2) 하나님은 지난날들 속에서 그들의 죄가 빽빽한 구름일지라도 안개가 사라지듯이 지워버릴 것이고 창조주의 약속한 것을 다 이루어 주시겠다고 격려하신다.

그리고 1) 예루살렘에 사람이 살게 하고, 2) 유다 성읍들이 재건되고 3) 깊은 강물들을 마르게 하여(바벨론의 장애물을 제거하겠다는 약속) 4) 고레스를 통하여 예루살렘을 중건하고 성전의 기초를 놓아서 메시아 언약을 다시 회복하겠다고 약속하신다(44:21-28).

45장은 하나님이 구원 계획을 구체적으로 펼치신다.

좁은 시야가 아닌 범우주적인 구원 역사이다. 그래서 사람을 쓰시는 것도 범우주적이다. 이것은 이방인인 고레스를 들어 쓰시는 것을 말한다. 하나님이 쓰시기에 합당한 자를 불러서 하나님의 사역을 맡긴다.

먼저 하나님께서 1) 고레스의 오른손을 잡고, 2) 열국으로 그 앞에 항복하게 하며, 3) 열왕의 허리를 품고, 4) 성문을 그 앞에서 닫지 못하리라(45:1) 말씀하신다.

그리고 그에게 임무를 맡긴다. 1) 앞서가서 험한 곳을 평탄케 하고, 놋 문을 쳐서 부수며, 쇠 빗장을 꺾고 흑암 중의 보화를, 은밀한 곳에 숨어 있는 보화를 이스라엘 백성에게 주리라(45:2). 그 이유는 여호와가 이스라엘의 하나님이라는 사실을 알리기 위해서이다(45:3). 또 이스라엘을 위하여 고레스를 지명하여 칭호를 주어서 일하게 했다. 4) 여호와만이 하나님이심을 온 천하에 알게 하기 위함이다(45:5).

오늘 묵상의 말씀

하나님 외에 구원자가 없다고 고백할 때 어떤 느낌, 행동, 언어에 변화가 오는가?

바벨론의 멸망과 하나님의 비밀

46장에서는 우상숭배는 어리석은 짓이라고 기록하고 있다.

'벨은 엎드려졌고, 느보는 구부러졌도다'라고 했다. 벨은 바벨론의 수호신 벨메로다크(Bel-Merodach)로그와 연관된 이름은 벨사살로 태양신이다. 그런가 하면 느보는 하반신이 짐승의 모양으로 만들어진, 아무 능력도 없는 우상을 말한다. 느부갓네살 왕이 그 대표이다. 이런 우상의 정신을 이어받은 바벨론이 완전히 망한다. "옛적 일을 기억하라. 나 외에 다른 이가 없느니라. 나는 하나님이라(46:9)." 이것은 하나님의 명예를 걸고 하시는 말씀이다. 옛적 일은 홍해를 건넌 일이고, 그런 일을 할 수 있는 분은 오직 하나님뿐이시다. 그분 하나님이 벨과 느보의 우상을 깨뜨리고 택한 백성이 예루살렘에 돌아와서 하나님 나라를 다스릴 수 있다는 것이다.

47장은 바벨론의 멸망에 대하여 기록하고 있다.

"처녀 딸 바벨론이여, 티끌에 앉으라." 바벨론이 처녀처럼 지금까지는 정복당한 적이 없으나 이제 보좌에서 내려와 티끌에 앉게 된다. 화려한 시절을 끝내고 맷돌을 돌려 가루를 만들고 처녀가 다리를 드러내고 강을 건너는 수치스러운 처지로 도망가게 된다는 것이다. 바벨론은 자기 백성을 회개하도록 하는 징계의 막대기에 불과하다. 그런데 그것을 잊고 "나는 조금만 노하였거늘 그들은 힘을 내어 고난을 더하였음이라(슥1:15)"는 말씀처럼 가혹하게 다루었다. 그래서 그들의 교만을 정리하는 것이 우리 주님의 생각이다. "그들은 초개 같아서 불에 타리니, 그 불꽃의 세력에서 스스로 구원치 못할 것이니라(47:14)."

48장은 앞장의 바벨론 죄악과 멸망을 선포한 다음에, 유대인의 죄악을 책망하고 있다. 원래 유대인은 하나님과 언약을 맺은 택한 백성으로 1) 야곱의 집 2) 이스라엘 3) 유다의 근원 4) 거룩한 성 백성이라 말하고 있다. 그만큼 우리 주님이 이야기하신 약속은 분명하다.

"내가 처음부터 그것을 비밀히 아니하였나니 그 말이 있을 때부터 내가 거기 있었노라(48:16)."

"나는 네게 유익하도록 가르치고 너를 마땅히 행할 길로 인도하는 너희 하나님 여호와라."

그렇게 우리 하나님은 자신의 실체를 확실히 보여주면서 계약 백성의 관계를 기억하게 하신다. 그런데 "슬프다. 네가 나의 명령을 듣지 아니하였도다. 만일 들었더라면 네 평강이 강과 같았겠고, 네 공의가 바다 물결 같았을 것이며, 네 자손이 모래 같았겠고, 네 몸의 소생이 모래 알갱이 같아서 그 이름이 내 앞에서 끊어지지 아니하였겠고, 없어지지 아니하였으리라(48:18-19)"라고 말씀하면서 비전을 붙잡도록 격려하고 있다.

49장은 이스라엘을 회복시키는 하나님에 대해 기록하고 있다.

"섬들아, 원방 백성들아!" 이 말은 하나님의 종의 사명이 유대인에 국한된 것이 아니라, 세계구원을 향한 구원이다(49:1). 내가 또 너로 이방의 빛을 삼아 나의 구원을 베풀어서 땅끝까지 이르게 하리라(49:6). 그러면서 이스라엘 백성을 향하여는 "여인이 어찌 그 젖 먹는 자식을 잊겠으며, 자기 태에서 난 아들을 긍휼히 여기지 않겠느냐. 그들은 혹시 잊을지라도 나는 너를 잊지 아니할 것이다"라고 말씀하시면서 이스라엘 백성을 구체적으로 구원한 소식을 전한다(49:14-26).

50장에서는 여호와의 종의 순종을 통하여 불신과정에서 포로된 이스라엘 백성을 구원하는 이야기가 기록되어 있다. 그동안 이혼한 여인처럼, 자녀가 종에게 팔린 것처럼 고생했지만 이제는 '학자의 혀를 주시고 아침마다 깨우쳐서' 하나님이 주신 승리의 비밀을 깨닫고 실천하면서 축복을 누리게 되는 것이다.

오늘 묵상의 말씀

하나님이 이스라엘을 구원하실 때 누구를 통하여 어떤 약속을 이루어 주실까?

이스라엘 백성의 해방과 하나님의 초청

51장은 빛이 없는 암흑 같은 고난의 구렁텅이에서도 오직 여호와를 경외하고 그 계명을 지키는 자들에게 격려하는 내용이다.

먼저 아브라함과 사라를 예로 들고 있다. "아브라함이 혈혈단신으로 있을 때 내가 부르고 그에게 복을 주어 창성케 하였느니라(51:1-2)." 아브라함이 믿음의 조상이기에 그를 강조하고 있다. 그리고 "광야와 사막같이 변해 버린 황폐한 곳, 시온을 위로하셔서 에덴동산처럼 기쁨과 즐거움과 감사가 넘치게 할 것(51:3)"이라고 말씀하신다.

"율법이 있는 백성들아, 너희는 나를 듣고 사람의 훼방을 두려워 말라. 사람의 비방에 놀라지 말라(51:1-7)."

52장은 이스라엘 백성의 해방과 귀환을 촉구하는 내용이다.

"시온(예루살렘)이여, 깰지어다. 네 힘을 낼지어다(52:1)"라고 선포하고 있다. 귀국의 소망을 가지고 다시 새로운 힘으로 무장하고 용기를 내라는 것이다. "너희가 값없이 팔렸으니, 돈 없이 속량 되리라(52:3)." 역사상으로 보면 이스라엘은 애굽과 앗수르에 고난을 겪었고, 지금은 바벨론의 포로가 되었으나 값없이 해방된다는 것이다.

"그 좋은 소식을 전하는 자의 발소리가 들린다. 파수꾼들의 소리, 찬양의 소리가 들린다. 예루살렘의 황폐한 곳들아, 기쁜 소리를 내어 노래하자(52:7-9)."

53장에서 소개하는 예루살렘을 구원할 종은 다름 아닌 메시아이다. 이사야 9장에서는 능력 있는 분으로 오신다고 표현했는데, 그분이 모든 능력과 권세를 다 소진할 정도로 고난의 길을 걸으며 인류를 죄와 저주의 삶에서 구원하신다는 것이다. 그의 모습은 연한 순처럼 마른 땅에서 나온 줄기 같아서 고운 모양이나 풍채가 없고, 매력이 있을 만한 아름다운 것이 아무것도 없다. 비천한 신분의 그 모습이다. 그래서 아무도 그를 귀하게 여기지 않았다. 여호와의 종은 멸시와 천대를 받고, 슬픔과 고통을 당하게 되었다. 여호와의 종이 고난을 겪은 이유는 우리의 질고와 슬픔을 당하신 대속적 사역이었다. 이런 원인은 길 잃은 양처럼 제각기 잘못된 죄악의 길로 갔지만, 여호와께서 우리 모든 사람의 죄를 그에게 담당시키셨다. 이를 위하여 그리스도께서 도살장으로 끌려가는 어린 양이 털 깎는 자 앞에서 잠잠한 양처럼 곤욕을 당하면서 침묵하였다. 이것이 우리를 위하여 제물이 되어 주신 길이다.

54장은 이스라엘의 회복을 알려주고 있다.

"잉태치 못하며 생산치 못한 너, 구로치 못한 너, 홀로된 여인 같은 이스라엘 백성에게 새로운 시대가 열린다. 네 장막 터를 넓히고 네 처소의 휘장을 아끼지 말고 널리 펴라. 좌우로 널리 펴지며 너의 열방을 황폐한 곳을 얻으며 사람 살 곳이 되게 하리라(54:1-4)."

비록 너는 곤고하며 광풍에 요동하여 안위를 받지 못한 자(54:11)이지만 우리 하나님께서 모든 환경과 삶의 조건들을 바꾸어 주실 것이다. 즉 "예루살렘을 아름다운 보석으로 꾸며서 새롭게 단장하며(54:11-12), 이스라엘과 그 자손들에게는 여호와의 교훈과 평강과 의가 넘칠 것(54:13-14)"이라고 보장한다.

55장에서 이사야는 54장에서 새 예루살렘의 영광과 주민들의 행복을 보여준데 이어 세계만방에 있는 하나님의 사람들에게 구원으로 인도하는 하나님의 초청을 전한다. 목마른 자를 향하여 선포하고 있다.

누구든지 목마른 자에게 열려 있다. 귀를 기울이고 주님께 나오면 영혼의 살길이 생긴다(히10:20). 이때 다윗의 언약이 성취된다(삼하7:12-16).

그 모든 해답을 마련해 놓고 초청하신다. 순종하면 목마름을 해결할 수 있다.

오늘 묵상의 말씀

주님이 나를 초청해주는 순간순간을 기다리고 있는가?

유대인의 회복시대가 온다

56장은 포로 생활을 하는 유대인들에게 신분 회복의 시대가 온다는 것과 함께, 그동안 태만했던 원칙을 다시 지키면서 신앙 회복하여 축복을 누릴 준비하자고 기록한다.

먼저 "나는 고자라 하지 말라. 나는 마른 막대기일 뿐이라고 말하지 말라"고 한다. 낮은 자존감을 버리고 내가 내 집에서 자녀보다 더 나은 기념물과 이름을 주어 영영한 이름을 주어 끊어지지 않게 할 것이다. 그러니까 소망을 가지라. 그리고 이제는 정신을 차리고 그동안 소원했던 원칙을 다시 지키자.

1) 안식일을 지키자. 2) 하나님이 기뻐하시는 일을 선택하자. 3) 하나님의 언약을 굳게 잡자(56:4-5). 3) 하나님의 집을 기도하는 집으로 만들자(56:7). 지금까지 모은 백성 외에 또 모아 그에게 속하게 하리라(56:8). 하나님의 소망을 들려주고 있다.

특히 지도자에게 부탁하고 싶은 말은 1) 소경이요, 다 무지하며 벙어리 개라. 능히 짖지 못하며 다 꿈꾸는 자요, 누운 자요, 잠자기를 좋아하는 자이다. 2) 이 개들은 탐욕이 심하고, 3) 자기 이익만 도모하는 자들이다. 지도자들에게는 들의 짐승들이 나와서 삼키라고 명령하고 있다.

57장은 영적 무지에 대한 경고를 하고 있다.

"의인이 죽을지라도 마음에 두는 자가 없고 진실한 이들이 거두어 감을 당할지라도 깨닫는 자가 없도다. 의인들이 악인들 앞에 불리어가도 그들은 침상에서 편히 쉬리라." 참으로 안타깝다(57:1-2). 그러니 격려한다. "돋우고 돋우어 길을 수축하여 내 백성의 길에서 거치는 것을 제하여 버리라. 내가 마음이 겸손한 자와 함께 있나니 이는 겸손한 자의 영을 소생시키려 함이라. 내가 그를 고쳐 줄 것이라. 입술의 열매를 창조하는 여호와가 말하노라. 먼데 있는 자에게든지 가까운데 있는 자에게든지 평강이 있을지어다. 내가 그를 고치리라(57:14-21)."

58장은 신자의 행위 중 중요한 것, 기뻐하는 금식과 안식일을 기록하고 있다. 첫 번째 금식을 하면서 "주께서 보지 아니하시고 우리가 마음을 괴롭게 하여도 어찌하여 알아주지 아니하시나이까?"라고 말한다.

그러나 우리 주님이 기뻐하는 금식은 1) 금식 중에 압박의 사슬을 풀어주고, 모든 멍에를 꺾어버리며, 억압당하는 자를 자유롭게 하고, 2) 굶주린 자에게 음식을 주고, 집 없이 떠돌아다니는 가난한 자를 자기 집에 맞아들이고, 헐벗은 자를 입히고, 도움이 필요한 골육 곧 친척에게는 외면치 않고 도와주는 것이다. 이때 우리 주님은 그 응답으로 "네 치유가 급속할 것이고, 여호와의 영광이 네 뒤에 호위하리니 네가 부를 때에는 내가 여기 있다 하리라. 그리고 네게서 날 자들이 황폐한 곳을 세우며 너를 일컬어 무너진 데를 보수하는 자라 일컬으리라(58:1-12)"라고 축복하고 있다.

그리고 두 번째는 안식일이다. 1) 안식일은 즐거운 날이라 존귀한 날이라 하여 거룩하고 소중하게 여길 것 2) 네 발을 금하여 네 길로 행치 아니하고 여행하지 아니할 것 3) 오락을 행치 아니하고 세상 유혹을 물리칠 것 4) 사사로운 잡담을 금하고 하나님의 말씀을 가르치며 배우고 지키라고 한다. 이때 "우리 하나님은 너를 이 땅 위에 높이 올리고, 야곱의 기업으로 삼겠다"라고 말씀하신다(58:13-14).

59장은 "우리 하나님은 손이 짧아 구원하지 못함도 아니요, 귀가 둔하여 듣지 못함도 아니라. 죄악이 그렇게 갈라놓은 것이다(59:1-2)"라고 기록한다. "죄악을 떠나는 자에게는 내가 그들과 세운 나의 언약이 네 위에 있는 나의 영과 네 입에 둔 나의 말이 이제부터 영원토록 네 입에서와 네 후손의 입에서와 네 후손의, 후손의 입에서 떠나지 아니하리라(59:21)"라고 약속하셨다.

오늘 묵상의 말씀

예루살렘에 돌아온 시대를 바라보면서 무엇을 준비해야 할까?

시온의 영광이 빛나는 아침

60장은 60-66장의 결론이며 이사야 결론이다.

1) 일어나서 빛을 발하라. 이것은 하나님의 언약을 가진 자에게 주시는 축복이다. 왜냐하면, 말씀이 내 길의 빛이기 때문이다. 일어서면 빛을 비출 수 있다. 말씀 운동으로 일어서라는 것이다(60:1-3). 2) 열방이 시온으로 모여들 것이다. 지금은 하나님의 백성이 실패한 것처럼 보이지만 장차 모든 무리가 항복하여 시온으로 주를 찬송하며 올 것이다(60:4-9). 3) 죄악의 도성으로 파멸위기에 처했던 '시온'이 재건되는 원동력이다. "내가 노하여 너를 쳤으나 이제는 나의 은혜로 너를 긍휼히 여겼은즉 이방인들이 성벽을 쌓고, 열방의 재물을 가져오고 그 왕들이 포로로 잡혀 오기에 시온의 성문은 주야로 닫히지 아니할 것이요. 시온을 괴롭게 하고 멸시하던 자들이 그 자손들이 다 그 발아래 엎드려 '여호와의 성읍이라, 이스라엘의 거룩한 자라' 외칠 것이다. 그래서 영영한 아름다움과 대대의 기쁨이 될 것이다." 이러한 사실을 우리 주님이 직접 "때가 되면 나 여호와가 속히 이루리라"라고 확실하게 선포하셨다.

61장은 이를 위하여 주의 성령을 부어 주신다. 요엘을 통하여 다윗 언약이 폐할 위기에 놓였을 때 부어주신 성령인데, 예수그리스도에게 부어주셔서 하나님의 나라가 실현된다는 말씀이다. 이 말씀은 예수님이 세례받자마자 첫 번째 선포하신 설교 말씀이다(눅4:17-19).

메시아의 사역은 1) 가난한 자에게 아름다운 소식을 전하고 2) 마음이 상한 자를 고치시고 3) 포로가 된 자에게 자유를 4) 갇힌 자에게 놓임을 선언하며 5) 주의 은혜의 해를 선포한다. 그래서 시온에서 슬퍼하는 자에게 화관을 주고, 슬픔 대신에 기쁨을 주고, 근심 대신 찬송을 부르며, 의의 나무 역할을 감당할 것이라고 예수그리스도의 사역을 미리 정하셨다(61:1-4). 그 결과 오래 황폐되었던 곳을 다시 쌓을 것이며, 예로부터 무너진 곳을 다시 일으킬 것이며, 황폐한 성읍, 곧 대대로 무너져 있던 것들을 중수할 것이다(61:4). 이를 위해 땅이 싹을 내며 동산이 거기 뿌린 것을 움돋게 함같이 주 여호와께서 의와 찬송을 열방 앞에 들리게 할 것이다.

62장은 시온의 영광 회복을 위한 독려이다.

나는 시온에서 공의가 빛같이, 구원이 횃불같이 불타오르도록 쉬지 말고, 잠잠하지 않을 것이라고 선포한다(62:1). "너는 하나님의 손의 영광이 될 것이요, 황무지가 아니라 헵시바, 기뻐하는 자로 버려진 자가 아닌 쁄라, 결혼한 자가 될 것이다. 그래서 하나님의 영광이 회복될 것이다."

이를 위하여 파수꾼을 세워, 성벽 위에서 이 말씀을 기억나게 종일 종야 잠잠치 말고 전달하라는 것이다. 그리고 예루살렘이 회복되어 찬송을 받으시기까지 쉬지 못하시게 하라는 것이다. 그러면서 말씀을 선포하신다.

"성문으로 나아가라. 백성의 올 길을 닦으라. 큰길을 수축하고 수축하라. 돌을 제하라. 만민을 위하여 기치를 들라. 보라, 네 구원이 이르렀고, 상급이 그에게 있고, 보응이 그 앞에 있느니라."

63장은 원수에 대한 심판과 이스라엘의 구원을 기록하고 있다.

에돔은 에서의 후손이여 보스라는 에돔의 대표적 도성이다. 이들은 이스라엘이 광야를 지나갈 때 허락하지 아니했고, 위기 때 도움이 되지 않고 오히려 방해자가 되었다. 그런 자는 반드시 멸망 받을 것이다. 또 '비록 이스라엘은 하나님을 배반하고 주의 성신을 근심하게 했으나, 이제 주님이 긍휼로 자비를 베푸셨사오니 주의 기업을 위하여 돌아오시옵소서'라고 기도하고 있다.

오늘 묵상의 말씀

암울한 시대가 끝나고 참된 행복이 오는 날을 위하여 주는 메시지를 찾아보자.

새 하늘과 새 땅의 초청

64장은 예루살렘 회복에 대한 간절한 기도이다.

먼저 과거에 나타났던 하나님의 권능이 다시 나타나길 간구하며 바벨론 포로의 모든 것이 자신들의 죄 때문임을 고백하며 구원을 호소한다.

"우리가 범죄하였으므로 주께서 진노하셨사오며 이 현상이 이미 오랬사오니… 우리는 다 부정한 자 같아서 우리의 의는 다 더러운 옷 같으며 우리는 다 쇠패함이 잎사귀 같으므로 우리의 죄악이 바람같이 우리를 몰아가나이다. 그러나 구하오니 보시옵소서. 우리는 다 주의 백성이니이다. 주의 거룩한 성읍들이 광야가 되었으며 시온이 광야가 되었으며 예루살렘이 황폐하였나이다. 여호와여 일이 이러하거늘 주께서 오히려 스스로 억제하시리이까? 주께서 오히려 잠잠하시고 우리로 심한 괴로움을 받게 하시리이까?"간절히 기도하고 있다.

65장에서 이제 하나님은 새 역사를 펼칠 계획을 발표하신다.

새 하늘과 새 땅의 창조 역사를 선포하신다. 우리 하나님은 '나를 구하지 아니하던 자'와 '나를 찾지 아니하던 자'와 '내 이름을 부르지 아니하던 나라'에 자신을 드러내시겠다고 말씀하신 것처럼 우주적으로 세상 모든 사람의 주인 되신 하나님이시다(65:1). 그 하나님께서 새 하늘과 새 땅의 역사를 펼치시겠다는 비전을 선포하셨다. 이 비전은 점점 발전된 계시로 나타나 나중에는 요한 계시록 21-22장에 최종계시로 나타난다. 이러한 새 하늘과 새 땅의 창조 역사는 하나님이 다윗을 통하여 언약하신 그 언약(삼하7:12-16) 성취가 재현된다. 거기에서 즐거움으로 삼고 그 백성으로 기쁨을 삼을 것이다.

그때 새 하늘과 새 땅의 역사가 펼쳐지면 1) 우는 소리와 부르짖는 소리가 다시 들리지 않을 것이다(65:19). 2) 자신의 수명을 채우지 못하고 죽는 유아나 노인이 없을 것이다(65:20). 즉 100세가 못 되어 죽는 자는 없을 것이다. 3) 자기들이 가옥을 건축하고 그 안에 살겠고, 포도나무를 심어 열매를 먹을 것이며, 그들이 건축한 곳에서 타인이 살지 아니할 것이며, 그들이 심은 나무를 타인이 먹지 않을 것이며, 그들의 수고가 헛되지 아니할 것이요. 그들이 재난을 당하지 아니하리니 그들은 여호와의 복된 자손이요, 그들의 후손도 그들과 같을 것이라. 나의 거룩한 산 성산에는 해함도 없겠고, 상함도 없으리라. 우리 주님이 이런 새 하늘과 새 땅을 창조하시고 우리에게 청사진을 보여 주셨다.

66장은 65장에 진전하여 유대인의 바벨론 포로에서 귀환하는 것을 보면서 구원이 완성될 새 하늘과 새 땅의 영광의 축복을 내다보게 하는 것이다. 이는 바벨론 포로 귀환에서 싹이 났지만, 점점 더 계시가 뚜렷하여져서 예수 그리스도를 통하여 복음이 땅끝까지 전파되어 구원의 완성될 새 하늘과 새 땅에서 영생을 누릴 것을 선포하고 있는 내용이다.

물론 우리 하나님은 예루살렘이라는 땅에 국한되실 분은 아니다. 하늘은 하나님의 보좌요, 땅은 주님의 발등상이다. 그러기에 특별한 거처가 필요하지 않다. 그러나 육체를 가진 인간과의 만남을 다윗 성전을 통하여 약속하셨기에 예루살렘으로 주의 축복을 주의 백성들이 누리도록 배려하시는 것이다(66:1). 거기에는 회복에 대한 메시지가 있다. "보라 내가 그에게 평강을 강같이, 그에게 열방의 영광을 넘치는 시대같이 주리니 너희가 그 젖을 빨 것이며, 너희가 옆에 안기며, 그 무릎에서 놀 것이라(66:12)."

"나의 지을 새 하늘과 새 땅이 내 앞에 항상 있는 것같이 너희 자손과 너희 이름이 항상 있으리라!" 아멘! 그렇게 꼭 되게 하소서.

오늘 묵상의 말씀

우리에게 이루어질 놀라운 축복이 미래에 준비되었다. 그곳에 초청받은 기분이 어떠한가?

멸망 받을 장소와 회복될 곳

미가서는 히스기야 시대에 북 이스라엘의 수도인 사마리아와 남 유다의 수도인 예루살렘을 심판하시겠다는 하나님의 경고이다. 이사야와 같은 시대에(왕하 15-20장) 북쪽 사마리아는 앗수르의 위협 속에 있었다. 또한 남쪽 예루살렘 역시 앗수르의 위협을 받는 중 우상 숭배하면 도덕적 타락과 영적 타락으로 심판하시겠다고 한다. 그리고 그 대안의 장소(베들레헴)에서 메시아가 탄생하신다는 것을 예고하는 책이 바로 미가서이다.

1장에서는 이것은 다 야곱의 허물을 인함이요, 이스라엘 족속의 죄를 인함이라고 기록한다. 이스라엘의 허물은 그곳에 사는 사마리아 사람의 죄이다. 그 근본은 우상이다. 그래서 우상을 타파하고 있다(1:1-2). 유다 역시 그 상처는 고칠 수 없는데 벗은 몸에 수치를 당할 것이고, 재앙이 예루살렘 성문에 임할 것이요. 네 기뻐하는 자식으로 머리를 깎아 대머리가 되게 할 것이라고 선포한다.

2장에 그 이유는 부유한 자의 지도층에서까지 악을 도모하고 경영하다가 날이 밝으면 그것을 시행하기 때문이다. 한편 그들은 이미 부유하면서도 가난한 자들의 밭과 집을 탐하여 취하였으며 심히 학대하여 죄를 저질렀다. 이렇게 외치는 미가에게 백성들은 예언하지 말라고 이야기 한다(2:6). 그러면서 너무 성급하게 굴지 말라는 것이다. 미가는 더 폭로한다.

이스라엘 백성이 전쟁을 피하여 지나가는 자들의 겉옷을 빼앗고, 부녀들 집에서 쫓아내고, 어린 자녀들을 쫓아내고, 동족들을 탈취하고, 학대하는 행위와 동족들을 노예로 삼거나, 외국에 종으로 파는 행위 등으로 이스라엘 백성은 가나안에서 편히 쉬지 못할 것이라고 예고한다. 그리고 거짓 선지자들의 유혹에 빠져 술과 뇌물을 받아먹고 있다(2:7-11). 그런데도 우리 하나님은 재난으로 인하여 흩어진 백성들을 한곳으로 모아 평안을 허락할 것이다. 장소를 통한 구원역사를 이야기하고 있다(2:12-13).

3장은 이스라엘 지도자 중에 정치적 지도자들의 죄악을 고발하고 있다.

1 통치자들이 정의를 아는 것이 본분인데 선을 미워하고 악을 좋아하고 있다. 그래서 백성의 가죽을 벗기고 그 뼈에서 살을 뜯어 먹는 삶을 살아왔다(3:1-3). 선지자들의 범죄 상을 보면 그들은 백성을 유혹했다. 뇌물을 받으면 좋은 소식을 전파하고, 그렇지 않으면 전쟁을 선포했다.

거짓 선지자들은 더는 영적 사역을 감당할 수 없었다. 영적 암흑기를 맞게 되었다(3:6-7). 참된 선지자는 성령으로 말미암아 능력과 정의와 용기로 충만하여야 하나. 그러하지 못했다. 시온이 황폐하고 멸망한 이유는 야곱 족속의 우두머리들과 통치자들의 죄 때문이다.

4장은 그럼에도 불구하고 하나님은 다윗의 성전 계약(삼하7:12-16)을 포기할 수 없으시다. 그래서 이스라엘이 장차 회복될 것을 알리고 있다. 말일에 여호와의 전의 산이 모든 산의 꼭대기에 설 것이라고 한다. 이는 하나님의 나라가 온 열방의 통치자가 될 것이라는 예고다(4:1). 거기에서 말씀 회복의 때가 올 것이다. 이 예루살렘은 법궤가 안치되어있고, 모세 오경을 가르치는 곳이다. 이를 계속할 때 성전 계약(삼하7:12-16)이 이루어진다. 하나님의 말씀이 희미할 때 하나님의 통치가 멀어지니 가시, 덫, 올무, 채찍(수23:13)으로 인하여 가난, 질병, 전쟁으로 시달린 자에게 모든 전쟁이 끝나고 그로 인한 전쟁 피해자들이 와서 자기 포도나무 아래에 앉는다. 그날은 예루살렘에서 영광이 회복된다는 것이다.

오늘 묵상의 말씀

예루살렘과 사마리아는 왜 심판을 받아야 하고, 구원의 씨앗은 어디에서 시작되어야 할까?

메시아 예언과 그의 왕국

5장에서 이스라엘의 멸망이 오지만 실망하지 말아야 할 것은 메시아가 다윗의 후손에서 탄생하기 때문이라고 기록한다. 1절에서 원수들이 막대기로 이스라엘의 뺨을 칠 것이다. 이 말씀으로 훗날 유다 마지막 왕 시드기야는 두 눈이 뽑힌 채 바벨론으로 끌려갔다. 이스라엘 백성들은 비참하게 끌려가는 그 모습으로 이방인에게 모욕을 받게 된다. 그러나 하나님은 그 정황에서 새로운 시대를 준비하신다. 다윗의 뿌리가 있는 '베들레헴'에서 한 메시아가 탄생하신다. 이 메시아는 상고에 '태초부터 계신 분(5:2)'이다.

이 메시아 보낼 약속은 창세기 3장 15절의 여자의 후손에 기원을 둔다. 한편 이 메시아는 임신한 여인이 해산하기까지 즉 이스라엘 백성들의 수난이 다 마칠 때까지 임하실 것이다. 다시 말하면 메시아가 오시는 때는 이스라엘의 수난이 끝나고, 그 후에 남은 형제들이 이스라엘로 돌아오게 된 때이다(5:3). 그가 백성들을 양떼 돌보듯 평안케 할 것이다. 메시아는 비록 작은 고을에서 탄생하시고 그의 백성들에게 환영을 받지 못하고 배척당했으나(눅3:7), 창대하여 땅끝까지 권세를 나타내게 되신다. 특히 평강의 왕으로 나타나셔서 백성들을 구출하여 주실 것이다(5:4-6). 그 축복을 남은 자들이 누리게 된다. 이들은 하늘에서 내리는 이슬과 단비같아서 하나님께로부터 구원의 축복을 받은 사람이며(5:7), 또 수풀 속의 사자와 양떼 가운데 사자와 같아서, 항상 힘 있게 승리하는 삶을 살아간다(5:8-9).

6장에서는 하나님께서 백성들과 쟁변하시는 말씀을 기록하고 있다. 이스라엘 백성이 괴롭힘을 당하는 것은 하나님 때문이라고 말할지 모르지만, 하나님은 그들을 괴롭힌 것이 무엇인지를 말해 보라 하신다(6:3). 논쟁해보자시는 것이다. 하나님은 이스라엘 백성들을 애굽 땅에서 인도하여 종노릇함에서 건져 내셨고, 언약 백성으로 약속했다(출19:5-6). 그리고 "어떻게 하나님이 너희를 지켰는지 기억하라"라고 하신다. "모압 왕 발락의 꾀한 것과 브올의 아들 발람이 대답한 것을 기억하라. 그리하면 나 여호와의 의롭게 행한 것을 알리라." 마귀는 계속 저주하게 하지만 하나님은 당신의 백성에게 절대로 저주하지 못하게 하시고 오히려 축복하며 약속을 지켰다.

그렇다면 이스라엘 백성들이 해야 할 것은 무엇인가? 그것은 천천의 수양과 만만의 강수 같은 기름보다 성실하게 약속을 지키는 것이다. 그 내용이 오직 공의를 행하며, 인자를 사랑하며, 겸손히 하나님과 함께 약속을 지켜가는 것 아니겠는가(6:4-8)? 두 번째 쟁변으로 하나님이 원하시는 것은 매를 순순히 맞고 그것을 정하신 자에 대하여 순종하라. 그리고 부정한 저울, 거짓 저울추 쓴 것에 대한 대가를 지불해야 한다는 것이다.

7장에서 미가가 통탄하면서 근심하는 이유는 선인과 정직한 자가 세상에 없어서 마치 실과를 다 따내어 버린 후 황무지 같은 과수원의 모습이다(7:1-2).

그들은 형제를 해치고 피를 흘리는 일에 혈안이 되어 있고, 서로 결탁하여 악한 사욕을 꾀하고 있고, 가시와도 찔레 울타리와도 같이 남에게 고통을 주는 자들이다. 그러니 이웃도 믿지 말고, 친구도 믿지 말고, 품에 누운 아내에게도 입문을 지킬지어다(7:2-5). 이런 정황임에도 미가는 "오직 나는 여호와를 우러러보며 나를 구원하시는 하나님을 보나니 나의 하나님이 나를 들으시리로다. 이런 주와 같은 신이 어디 있으랴(7:18)"라고 고백한다. 하나님은 사무엘하 7장 12-16절을 성취하기 위하여 베들레헴에서 메시아를 탄생케 하여 시온 산에서 구원의 역사를 완성하실 것이다. 그러므로 구원의 장소가 중요한 것이다.

오늘 묵상의 말씀

하나님이 성실하게 약속을 지키며 오늘까지 나를 이끌어 가시는 원동력은 무엇인가?

예레미야의 소명

1장에서 예레미야는 이스라엘 가장 암흑기인 요아스에서 이스라엘의 함락 후까지 약 40년간의 예언을 기록하고 있다.

먼저 예레미야가 소명 받은 것을 기록한다. "그는 너를 복중에서 짓기 전에 너를 알았고, 네가 태에서 나오기 전에 너를 구별하였고, 너를 열방의 선지자로 세웠노라(1:1-5). 사실 다윗의 언약이 무너지는 위기(삼하7:12-16)에 예언자를 세운다는 것은 영적으로 위대한 종이어야 한다. 제사장의 자녀이며 날 때부터 훈련받은 종이 필요했다. 이때 하나님은 예레미야를 선택하여 불렀다. 그리고 그에게 "보라 내 말을 네 입에 두었노라. 보라 내가 오늘날 너를 열방 만국 위에 세우고 너를 뽑으며, 파괴하며, 파멸하며, 넘어뜨리며, 건설하며 심게 하리라(1:9-10)"라고 위탁하셨다.

그런데도 예레미야가 믿지 못하기에 살구나무가지를 보여 주셨다. 맨 처음 봄이 오는 소식을 보여주는 나무로 영적인 겨울의 잠에서 깨워야 한다는 것을 보여 주신 것이다. 두 번째 보여주는 환상은 북방에서 끓는 가마가 기울어진 모습이다. 북방에서 기울어진 끓는 가마인데, 밑에서 불이 끓어오르는 것은 바벨론의 군대이요, 끓는 가마가 기울어진 것은 유다 국가가 기울어진 것을 보여 주었다. "그들의 모든 죄악을 징계할 것"이라고 말씀하셨다.

"내가 오늘날 너로 그 온 땅에 유다 왕들과 그 족장들과 그 제사장들과 그 땅 백성 앞에 견고한 성읍, 쇠기둥, 놋 성벽이 되게 하였은즉, 그들이 너를 치나 이기지 못하리니 이는 내가 너와 함께하여 너를 구원할 것임이니라."

2장은 예레미야의 12편 설교 중 첫 번째 설교이다.

하나님이 기억하는 것은 출애굽 이후의 광야시대이다. 특히 시내 산에서의 언약은 '결혼의 때'로 표현한다. 그리고 광야 40년의 생활은 허니문(honey moon)기간이다. 거기서 하나님과 이스라엘 백성이 친밀감을 키워서 마침내 가나안 땅에서 신혼생활을 하는 것이다(2:1-3).

이스라엘 백성들이 두 가지 악을 행했다. 1) 생수의 근원 되시는 하나님을 버린 것이다. 생수의 근원 되신 하나님을 버린 후에 목이 마르니 갈증을 느껴서 2) 스스로 웅덩이를 팠다. 그러나 그 스스로 웅덩이를 판 곳은 물이 고일 수 없어서 허탄하고 무익할 뿐이었다. "생수의 근원 되신 하나님을 버리고 시홀의 물을 마시려고 애굽 길에 있음은 어찜이뇨. 또 그 하수를 마시려고 앗수르 길에 있음은 어찜이뇨?" 이 말씀에서 '시홀의 물'은 애굽의 나일강이요, '그 하수'는 유브라데 강 즉 앗수르의 권세를 말한다. 그 더러운 물을 마신다는 것은 생수의 하나님을 버리고 스스로 웅덩이를 팠기에 큰 죄악으로 고통 가운데 빠지게 된 것이다. 특별히 더 강퍅해진 유대인의 죄악상은 신부가 신랑이 준 고운 옷을 다 버리고 오히려 타인의 사랑을 얻으려고 헐떡이며 강퍅해지고 심한 악에 빠진 것이다.

3장에서 5절까지는 첫 메시지의 마지막 부분을 기록하고 있다.

유다의 죄가 무엇인가? 아무리 책망과 징계를 받아도 부끄러운 줄 모른다는 것이다(3:3). 용서를 핑계로 더 죄를 짓는다. 그다음 메시지는(3:6-6:10) 우상숭배와 행악을 자행하다가 하나님의 공의로운 심판을 받는다는 것이다. 앗수르에 의해 하나님의 은혜를 망각하고 그들의 죄악을 답습하고 있는 남 왕국 유다의 어리석음을 통렬하게 책망하게 했다. 이때 적은 숫자나마 시온으로 돌아오게 하시고 그들을 잘 다스릴 좋은 지도자를 보내시겠다는 것이다. 그분이 바로 예수님이시다.

오늘 묵상의 말씀

예레미야는 소명을 어떻게 받았는가?

심판의 원인과 회개의 필요성

4장은 회개의 모습을 표현해 주고 있다.

먼저 우상을 버리고 다시는 마음이 흔들리지 말라고 한다. 이러한 회개는 살아 계신 하나님께 맹세하며 진실, 공평, 정의의 삶을 사는 것이다. 그런데 회개의 열매를 맺기 위해서는 묵은 땅에 복음의 씨를 심지 않고 가시덤불을 제거하고 기경해야 한다. 즉 마음의 가죽을 베고 마음에 할례가 있어야 한다.

유다에 환난이 있을 것인데, 그 환난은 쭉정이를 골라내기 위한 키질이나 더러운 것을 씻으려는 것이 아니라, 백성들에게 재앙을 내려 심판하기 위함이다. 그 방법은 막강한 군대의 힘으로 예루살렘을 포위하는 것이다. 그 원인은 하나님을 거역했기 때문이다. 우상을 섬겨서 지각이 없기에 하나님에 대한 감각이 무디어지고 선한 것에 대해 무지했다. "신부에 대한 연애하는 마음이 없을 때 붉은 옷을 입고 금장식으로 단장하고 눈을 그려 꾸밀지라도 너희 화장한 것이 헛된 일이라. 내가 소리를 들은즉 여인의 해산하는 소리 같고 초산하는 자의 고통하는 소리 같으리라." 그러나 진정한 회개가 될 때 하나님의 풍성한 사랑을 깨닫게 될 것이다.

5장은 유다의 죄 책망과 심판의 경고를 반복적으로 기록하고 있다.

하나님은 예루살렘에 의인 1명이라도 있으면 그 의로움 때문에 망하지 않도록 지키겠다고 하셨다. 하지만 그들의 맹세는 마음이 없는 신앙고백이었다. 그리고 그럴듯한 변명을 늘어놓는다. '아마도 가난하고 배우지도 못해서 하나님의 법을 모르고 그럴 것'이라고. 그래서 더 유식한 귀인들에게 갔는데, 그들 역시 언약을 버리고 율법을 거절하였다. 그러니 죄가 더 커지게 되었다. 그들은 '하나님을 인정하지 않은 죄'를 지은 것이다.

그것은 1) 재앙과 전쟁, 기근이 예언되지만, 결코 그런 일은 없을 것이라고 말하는 교만이다. 2) 하나님 대신 우상을 섬겨서 우준하고 무지한 자들이 되었다. 그래서 서로 속이고 잡아먹어서 부자가 되며, 더 큰 이익을 얻으려고 불공평한 판단을 내린다. 우상숭배는 결국 자기 이익을 채우려는 탐심 때문이다.

6장은 유다의 멸망을 예언하고 있다.

"베냐민 자손아! 예루살렘 중에서 피난하라. 드고아에서 나팔을 불라. 벧학게렘에서 기호를 들라. 재앙과 큰 파멸이 북방에서 엿보아 옴이니라(6:1)."

죄악과 하나님의 말씀에 대한 거부로 결국 심판을 확정지었기 때문에 침략자들은 목자가 몰고 오는 양떼처럼 우르르 몰려와서, 아예 자리를 잡아놓고 유다를 탈취할 것이라는 예언이다. 그들은 일어나서 밤에 올라가 왕의 전각들을 부수려는 무서운 공격을 준비한다. 그리고 높은 담을 쌓으려고 한다. 샘이 물을 솟쳐냄같이 그가 그 악을 발하며 질병과 창상이 내 앞에 계속하느니라. 그러니 거꾸로 이방인으로부터 공격받을 준비가 된 것이다. 그러니 "예루살렘아, 너는 훈계를 받으라. 그러하지 아니하면 내 마음이 너를 싫어하고 너로 황무케 하여 거민이 없는 땅을 만들리라(6:1-6)"라고 경고하고 있다.

그래도 그들은 선지자들을 통한 하나님의 말씀을 1) 귀가 할례받지 못했기에 복음을 오히려 욕으로 여기고 있다. 2) 오히려 거짓 선지자의 '평강하다'는 말이 귀에 즐거우므로 그의 말을 듣고 따르고 있다(6:13-14). 3) 이에 하나님께서 참 평강을 얻으려면 옛적에 선한 길로 행하라 하셨으나 '그렇게 안 하겠다'고 거절하고 있다. "너희 위에 세운 파수꾼들의 나팔 소리만이라도 들어라"라고 명하셨으나 그들은 그마저도 듣지 않았다. 결국, 선지자들은 아무리 외쳤어도 그들을 돌이킬 수는 없었다.

오늘 묵상의 말씀

내가 진정으로 회개하고 싶을 때가 있는가? 혹시 있다면 그때가 언제인가?

이스라엘의 삶의 모습과 예레미야의 눈물

7장은 세 번째의 설교(7:1-10:25)로서 유다의 위선적인 성전 예배를 책망하는 내용이다.

"예배하러 성전으로 들어온 너희는 이것이 성전이라. 여호와의 성전이라 하면서(7:1-4), 내 이름으로 일컬음을 받는 이 집이 너희 눈에는 도둑의 소굴로 보이느냐. 너희 길과 행위를 바르게 하라. 내 이름을 처음 둔 실로에 가서 내 백성 이스라엘의 악에 대하여 어떻게 행했는지 보라(7:12). 내가 새벽부터 부지런히 말하여도 듣지 아니하였고, 너희를 불러도 대답하지 아니하였느니라. 그래서 내가 실로에 있는 에브라임 자손을 쫓아내었느니라. 내가 너희 조상들을 애굽 땅에서 인도하여 낸 날에 이것을 그들에게 오직 이것을 명령하여 너희는 목소리를 들으라(7:13)."

그리하면 나는 너희 하나님이 되겠고, 너희는 내 백성이 되리라. 그리하면 복을 받으리라 하였으나. 그들이 듣지 아니하며 귀를 기울이지도 아니하고 자신들이 악한 마음의 꾀와 완악한 대로 행하여 그 등을 내게로 돌리고 그 얼굴을 향하지 아니하였으며 내가 내 종 선지자들을 너희에게 보내되 끊임없이 보내었으나 너희가 나에게 순종하지 아니하며 귀를 기울이지 아니하고 목을 굳게 하여 너희 조상들보다 악을 더 행하였느니라. 너의 머리털을 베어 버리고 벗은 산 위에서 통곡할지어다. 여호와께서 그 노하신 바 이 세대를 끊어버리셨음이라(7:16-29). 우상을 섬기는 도벳 혹은 힌놈의 아들의 골짜기를 죽음의 골짜기라고 부를 것이라. 이는 이 백성의 시체가 없을 만큼 매장했기 때문이라(7:32). 그래서 백성의 시체가 공중의 새와 짐승의 밥이 될 것이다(7:33)

8장에서는 7장에 이어서 더 무서운 징계가 임한다. 왕부터 거민에 이르기까지 무덤을 파헤쳐서 뼈를 끌어내며, 그들이 섬기던 해와 달과 뭇별 아래에 펼쳐서 우상의 헛됨을 보여주겠다는 것이다. 이때 사람들이 차라리 사는 것보다 죽는 것을 원한다는 것이다. 사람이 넘어지면 일어서고 싶고, 떠나가면 돌아오려고 하는 것이 당연하다. 그런데도 이스라엘은 전장을 향하여 달리는 말같이 죄악 길로 치닫기만 하고 하나님께 돌아오기를 거절하니 안타까울 뿐이다.

철새들도 자기 집을 찾아오며, 계절에 따라서 옮겨 다니는데, 이스라엘은 규례를 모른다는 것이다. 왜 그런가 하면 이스라엘은 여호와의 율법을 맡았기 때문에 율법이 있는 자체로 지혜를 가졌다 착각하고 있다. 그리고 말씀을 해석하는 서기관들이 거짓을 말함으로 하나님의 말씀을 저버렸다. 그러므로 말씀을 버려서 지혜가 없으면서도 스스로 지혜롭다고 생각하는 자들은 온갖 두려움과 수욕에 사로잡혔다는 것이다. 이런 이야기를 전했으나 백성이 들을 줄을 모른다. 그래서 슬프다.

'나의 근심이여, 어떻게 위로를 받을 수 있을까? 길르앗에는 유향이 있지 아니한가? 그곳에는 의사가 있지 아니한가? 딸 내 백성이 치료를 받지 못함은 어찌 됨인고?'

9장에서 선지자는 하나님을 알기 싫어하기에 당하는 이스라엘 백성의 아픔에 탄식한다. "어찌하면 내 머리는 물이 되고 내 눈은 눈물 근원이 될꼬? 그렇게 되면 살육당한 땅 내 백성을 위하여 주야로 곡읍하리로다(9:1)." 백성들이 활을 당김같이 그 혀를 놀려 거짓을 말하며 그들이 이 땅에서 강성하나 진실하지 못하고 악을 진행하는 이유는 하나님을 알지 못하기 때문이다.

"그들이 주의 법을 버리고 내 목소리를 청종치 아니하고 그대로 행치 아니하고 그 마음의 강퍅함을 따라 열조가 자기에게 가르친 바알을 좇았음이라(9:14)."

오늘 묵상의 말씀

예레미야가 애곡할 수밖에 없는 내용은 무엇인가?

깨어진 언약과 포도주가 가득한 병

10장은 열방을 배우지 말고 참 하나님께 경배하라는 내용이다.

"열방의 길을 배우지 말라. 열방의 규례는 헛된 것이요, 그 섬기는 것은 사람이 벤 나무요, 도끼로 만든 것이다."

하나님은 열방의 왕이시다. 하나님 같으신 분이 없다. 하나님은 그 속에 생기 없는 우상과 다른 생명의 근원이요, 원동력이 있는 분이다. 그 권능과 지혜로 세계를 세우셨고 그 명철로 하늘을 펴셨다. '에워싸인 가운데 있는 자여!'라는 말은 여러 강대국으로 에워싸인 이스라엘을 말한다. 이방인의 길을 배웠으므로(10:1-5) 이방 나라에 내던져질 것이라고 말한다. 그래서 예레미야는 애곡하며 기도한다. "슬프다! 내 상처여 내가 중상을 당하였도다. 내 장막이 훼파되고, 나의 모든 줄이 끊어졌으며, 내 자녀가 나를 떠나가고 있으니 내 장막을 세울 자도, 칠 자도 다시 없도다. 목자들은 우준하여 여호와를 찾지 아니하므로 형통치 못하며, 그 모든 양 떼는 흩어졌도다. 여호와여 나를 징계하시되 너그러이 하시고 진노로 하지 마옵소서. 주께서 나로 없어지게 하실까 두려워하나이다(10:6-24)."

11장은 깨어진 언약의 설명을 기록하고 있다.

하나님은 너희 열조를 애굽 땅에서 인도하여 낸 날부터 오늘까지 간절히 경계하며 부지런히 경계하기를 너희는 내 목소리를 청종하라 하였으나, 그들이 청종치 아니하고 각각 그 마음의 강퍅한 대로 행하는 대로 내버린 것이다. 이런 이스라엘은 하나님께서 심으셔서 '좋은 행실 맺는 아름다운 푸른 감람나무'였으나 바알에게 불 피워 분향하여, 하나님을 진노하시게 했으므로 그 나무에 불로 재앙을 내리셨다. 그것은 하나님은 모독한 것이라. 그 청년들을 칼에 죽고, 자녀들은 기근에 죽고 남은 자가 없을 것(11:18-23)이라고 말씀하셨다.

12장은 네 번째 질문의 마지막 메시지(11:-12:17) 내용 중 일부이다.

"왜 악한 자의 길은 형통하며 패역한 자가 다 안락함은 무슨 연고입니까? 주께서 그들을 심으시므로 그들이 뿌리가 박히고 장성하여 열매를 맺었거늘 그들의 입은 주께 가까우나 그 마음은 주를 멀리하고 있습니다." 이때 하나님이 선지자에게 훈계하신다. 현재의 고난이 '천천히 걷는 보행자'와 같다면 앞으로 다가올 고난은 '달리는 말'과 같다. "지금은 악한 자들이 평안한 땅 같으나, 요단의 창일함과 같다"라고 말씀하신다. 결국은 창일함으로 쓸어버리신다는 뜻이다.

13장에서 이스라엘의 모습을 '베띠' 혹은 '포도주병'이라 상징적으로 기록하고 있다.

베띠를 허리에 매는 것은 하나님께서 유다 백성을 그 어느 민족보다 친근히 하시고 사랑해 주심을 상징한다. 그런데 '그 소유를 풀어서 유브라데 강으로 가서 바위틈에 감추라'라고 말했다. 그리고 며칠 후 꺼내어 보니 썩어서 못쓰게 되었다. 이방을 너무 좋아하다가 썩어서 못쓰게 되었다는 것을 상징으로 보여주고 있다. 그리고 "포도주병은 포도주로 병이 가득 찰 것이다"라고 말씀하신다. 그것은 죄악으로 가득 찬 것을 말하는데 유다 백성은 '물질적 축복'으로 가득 찬 것으로 오해하고 계속 포도주에 취했었다. 이는 이 땅에 있는 모든 거민과 다윗의 위에 앉은 왕들과 제사장들과 선지자들과 모든 거민으로 잔뜩 취하게 하고 피차 충돌하고 있다는 것이다. 교만한 삶을 떠나서 겸손히 말씀을 사모하기를 바라는 것이다(13:1-13). 회개하기를 바란다. 특히 구스인의 피부를, 표범이 그 반점을 변할 수 없듯이 습관화된 죄악의 습성이 변화될 수 없다고 생각될지라도 회개의 기도를 통하여 결국은 정결할 수 있다.

오늘 묵상의 말씀

"유브라데 바위틈에 묻힌 허리띠, 포도주가 가득한 병"은 나의 모습과 어떻게 다른가?

네 가지 재앙과 중보기도

14장은 가뭄에서 유다를 건져달라고 기도하는 내용이다.

유다에 가뭄이 심하여 귀인들이 사환들을 보내 물을 길러 갔다가 물을 얻지 못하고 빈손으로 왔다. 땅에 비가 없어져서 땅이 갈라지고, 밭 가는 자가 부끄러움을 당하고, 들의 암사슴은 새끼를 낳아도 풀이 없으므로 내어버리며, 들 나귀들도 민둥산에 풀이 없으므로 헐떡일 수밖에 없는 정황이다. 그래서 젖과 꿀이 흐르는 가나안 땅이 왜 이렇게 황무하게 되었느냐는 것이다(14:1-8). 그래서 선지자는 "주의 이름을 위하여 우리를 버리지 마옵소서"라고 기도했다. 이때 하나님은 "이 백성을 위하여 복을 구하지 말라. 내가 칼과 기근과 염병으로 그들을 멸하리라(14:12)"라고 명령하시고 있다. 이스라엘 백성이 싫어하는 메시지를 예레미야가 전할 때 마음이 아플 것이다.

15장은 유다를 향한 쉬지 않는 진노를 말한다.

여호와는 "모세와 사무엘이 내 앞에 서서 중보기도 하더라도 칼, 사망, 기근, 포로의 4가지를 보내겠다"라고 하신다. 이것은 므낫세가 예루살렘에 행한 바를 인하여 내가 그들을 세계 열방 중에 흩을 것인데(15:1-5), 하나님께서 유다를 설득하는데 진력이 났기 때문이다. "내가 뜻을 돌이키기에 염증이 났음이로다." 주님의 마음을 이해하는 지혜가 필요하다. 그래서 예레미야는 하나님께 탄식하며 기도한다.

그 이유는 1) 유다의 멸망을 막기 위해 탄식하는 마음으로 그토록 애타게 기도했는데 아무 소용이 없었다는 것이다. 2)눈물의 선지자답게 자기 동족들에게는 '회개'를 부르짖고 하나님 앞에서는 '중보기도'(14:19-22)를 드렸는데 전혀 소용이 없다. 3) 선지자 자신이 오직 하나님의 말씀을 백성에게 전달했는데 오히려 반역자로 알고 거짓선지자로 몰려 핍박을 당했기 때문이다. 심지어는 그를 죽이려고 한다. 그래서 하나님께 기도하는데 "나의 고통이 계속하며 상처가 중하여 낫지 아니함은 어찌함이니이까"라면서도 계속 기도했다. 그때 우리 하나님은 응답하신다.

"내가 너로 이 백성 앞에 견고한 놋 성벽이 되게 하리니 그들이 너를 칠지라도 이기지 못할 것은 내가 너와 함께 하여 너를 구하여 건짐이니라. 내가 너를 악한 자의 손에서 건지며 무서운 자의 손에서 구속하리라(15:19-20)."

16장은 메시아의 7번째 메시지(16:1-17:27)로 포로 생활이 임박함을 깨닫고 3가지를 금지시킨다. 첫째는 아내를 취하지 말고 자녀를 두지 말라는 말이다. 왜냐하면, 유다는 곧 징벌을 받아서 부모나 자식 모두가 무서운 병으로 죽을 것인데, 지금 안위하게 있을 때가 아니라는 것이다. 지금의 유다 형편은 결코 시집가고 장가갈 때가 아니라 임박한 멸망으로 인해 오히려 근심할 때다.

둘째는 유다 백성이 당할 엄청난 파멸은 자신들의 심각한 죄악으로 말미암은 것이므로 결코 죄악을 용서받을 수 없다. 아울러 하나님께서 유다를 심판하는 날에는 아무도 서로를 위로하지 못할 정도로 엄청난 재앙이 임하리라는 것을 알게 한다. 셋째는, 잔칫집(축하연)에 가서 함께 먹거나 마시지 말라는 것이다. 이는 유다 자손의 번성이 없다는 것이다. 그런데 놀라운 것은 이런 사실을 그들은 1) 백성들이 자신의 죄를 깨닫거나 인정하지 않는다. 2) 왜 자신이 징벌을 받아야 하는지 모르겠다고 뻔뻔스럽게 항의하는 것이다. 3) 하나님이 제일 싫어하는 것은 곧 우상 숭배이다.

그래서 세 번째 중보기도를 한다. "주께서 유다를 온전히 버리시나이까? 우리의 악과 우리 조상의 죄악을 인정하나이다. 주의 언약을 기억하시고 주의 이름을 위하여 주의영광을 위하여 욕됨이 없게 하소서."

오늘 묵상의 말씀

4가지 재앙과 예루살렘의 중보기도의 긴장 관계를 아는 대로 말해 보세요.

토기장이 비유와 오지병 비유

17장은 악인과 의인의 모습을 대조 기록하고 있다.

	악인(5, 6)	의인(7, 8)
특징	사람을 믿으며 혈육을 그 권력으로 삼고 마음이 여호와에게서 떠난 자	여호와를 의지하며 여호와를 의뢰하는 그 사람
결과	저주를 받음	복을 받음
비유	사막의 떨기나무	물가에 심긴 나무
과정	좋은 일이 오는 것을 보지 못하고, 광야 건조한 곳, 건건한(염분이 많은) 땅, 사람이 살지 않은 땅	뿌리가 강변에 뻗쳐 더위가 와도 두려워하지 않으며 그 잎이 청청하고 가뭄이 심해도 걱정이 없고 항상 열매를 맺음

하나님! 주님은 심장을 살피며 폐부를 시험하고 각각 그 행위와 행실대로 보응하시는 주, 이스라엘의 소망이 되신 여호와여. 주는 나의 찬송이시오니 나를 고치소서. 그리하시면 내가 낫겠나이다. 나를 구원하소서! 그리하시면 내가 구원을 얻으리이다. 나는 목자의 직분에서 물러가지 아니하고 주를 좇았사오며 재앙의 날도 내가 원치 아니하였으므로 주께서 아시는 바니이다. 내 입술에서 나온 것이 주의 목전에 있나이다(17:9-18).

18장은 8번째 메시지(18:1-20:18)로써 토기장이의 비유를 말해 주고 있다.

주님이 토기장이 집으로 내려가 보니 토기장이 손에는 진흙으로 만든 토기를 다시 주물러 다른 모양의 그릇으로 만들고 있었다. 토기를 만드는 것은 하나님의 절대 주권을 나타내는 것이다.

왜 이런 비유를 주실까? 1) 더욱 마음 깊이 깨닫게 하기 위함이다. 2) 환상이나 단순한 비유도 있으나 이렇게 행동을 포함한 '비유적 예언'은 더욱 강한 그 의미를 말해주고 있다. 3) 이는 선지자 자신은 분명한 내용을 제시하게 되고 백성들에게 확고히 메시지를 듣게 하신다. 그럼에도 여전히 돌이키지 아니하는 유다에게 더는 변명의 여지가 없다는 것이다.

19장은 또 하나의 비유로 예레미야에게 토기장이의 오지병을 사고 백성의 어른들과 제사장들을 데리고 힌놈의 골짜기로 가게 하셨다. 이들은 유대 지도자들이다. 여기에서 오지병이 갖는 상징은 1) 오지병은 흙으로 초벌 굽고 그 위에 윤을 내기 위해 잿물을 입혀 구운 병 모양의 목이 좁은 도기이다. 2) 잘못 만들어지면 고쳐 만들 수가 없어 깨뜨려 버려야만 한다. 또 한 번 깨지면 다시 완전하게 할 수 없다. 4) 이처럼 유다의 죄악을 고칠 수 없으며, 힘없이 부서지는 오지병과 같이 하나님은 부수실 수 있다는 것이다. 도벳으로 간 이유는 그 죽음처럼 유다가 다 죽음의 골짜기가 된다.

20장은 바스훌이 선지자 예레미야를 때리고 체포한 내용이다.

바스훌은 여호와의 집 베냐민의 윗 문에서 예레미야를 나무 고랑에 채웠다. 그리고 그다음 날 풀어 주었다. 이때 예레미야는 바스훌의 이름을 마골밋사빕이라 바꾸어 부르며 그가 친구들에게 두려움의 대상이 될 것이라고 말한다. 선지자 예레미야는 예언의 말씀을 듣는 사람들이 불편해하니, 예언의 말씀을 전하는 것이 무척 힘들었다. 그러나 "내가 다시는 여호와를 선포하지 아니하리라. 그 이름을 말하지 아니하리라고 하면 나의 중심이 불붙는 것 같아서 골수에 사무치니 답답하여 견딜 수 없나이다!"라고 고백한다. 그래서 예언해야 했다.

오늘 묵상의 말씀

예레미야의 '토기장이와 오지병을 깨뜨리는 비유'는 무엇인가?

거짓 선지자의 역할과 마지막 3대 왕

21장에서 시드기야는 그의 조카 여호야긴이 바벨론으로 끌려간 후 유다의 왕으로 임명되었다. 그는 거짓 선지자들의 말에 따라 당시 새로 결성된 반 바벨론 동맹에 가담하여 바벨론을 배반했다가 오히려 바벨론의 공격을 받는다.

이때 시드기야는 시급하게 예레미야를 불러서 기도를 요청한다(21:1-4). 하지만 예레미야는 시드기야 왕이 기대했던 것과는 반대의 대답을 한다. "갈대아인들을 도우셔서 유대인의 병기를 돌이켜 자기네로 향하게 하시며, 갈대아인들이 유다의 병기를 돌이켜 자기네로 향하게 하시며, 갈대아인들이 유다의 성을 함락하도록 하셨다. 그뿐 아니라 하나님께서 직접 유다를 치셔서 예루살렘 성의 모든 사람과 짐승이 염병으로 죽을 것이라. 남은 자가 있으면 대적들의 칼이 다시 그 남은 자들을 다 칠 것이다(21:3-7)." 예레미야는 생명의 길과 사망의 길을 보여주면서 생명의 길은 갈대아인에게로 나가서 항복하는 것이다. 그래야 산다는 것이다.

22장은 다윗 왕가의 마지막 멸망기 세 왕에 대해 기록하고 있다.

하나님은 다윗 왕가가 언약대로(삼하7:12-16) 이어지기를 간절히 원하셨다. 그러나 유다 왕이 언약을 버리면 포로 생활을 통하여 다시 한번 계약관계를 회복하기 원한다. 그래서 우리 주님은 확고하게 예언한다.

10절에 보면 "죽은 자를 위하여 울지 말고 그를 위하여 애통하지 말고 잡혀간 자를 위하여 슬피 울라"라고 말씀하셨다. 여기에서 죽은 자는 요시야(왕하23:29-30)이며, 잡혀간 자는 그의 아들 여호아하스로 그가 왕위를 계승하였다. 당시에 백성들은 선정을 베푼 요시야 왕의 죽음을 슬퍼했지만 이런 환난에 의인을 데려가신 것은 하나님의 주관이므로 요시야 왕을 위하여 울지 말라고 말씀하신다. 그리고 악정을 폈던 살룸 왕이 포로로 잡혀가서 돌아오지 못하고 거기서 죽을 것이므로 차라리 그를 위해 울라는 것이다(22:10-12). 여호아하스의 왕위를 계승한 여호야김은 북방 바벨론의 침략에 대비, 친 애굽 정책을 펴서 애굽 왕 느고에게 조공까지 바쳤다. 이를 백성에게 부과했다. 폭정을 서슴지 않았다. 여호야긴은 여호야김을 계승하여 왕위에 올랐다가 3개월 만에 바벨론의 볼모로 잡혀갔다. 여호야긴은 '하나님의 오른손의 인장 반지'로 비유하고 있다. 그러나 회개하지 않으면 손가락에서 빼어 버리는 것이다.

23장은 하나님의 백성을 인도하는 지도자들에 대해 기록하고 있다. 악행을 저지른 지도자들은 양무리를 흩어지게 한 자들이며, 몰아내면서 돌아보지 아니하는 자들을 '거짓 목자'라고 한다. 그리고 우리를 위하여 '참된 목자'를 세운다고 말씀하신다(23:1-4). 그는 다윗의 후손으로 오시는 '의로운 가지'로 묘사하고 있다. 그분은 지혜롭게 행하시며 세상에서 공평과 정의로 행하실 것이다. 그래서 하나님의 백성은 구원을 얻으며 평안을 누리게 된다고 예언하셨는데, 그 해답은 결국은 메시아를 통하여 더 좋은 언약이 성취된다는 것이다.

그런가 하면 거짓 선지자들을 조심해야 한다. 거짓 선지자는 바알의 이름으로 예언하는 자이며 하나님으로부터 오지 않고 자기의 사악함을 드러내는 자인데, 하나님의 회의에 참여하지 않으면서 하나님의 말을 도적질하는 자라고 한다.

하나님은 이들에게 1) 흑암 중에 미끄러져 넘어지도록 하겠다. 2) 심한 고통을 의미하는 '쑥과 독한 물'로 치실 것이다. 3) 이러한 징계는 폭풍과 회오리바람처럼 강할 것이며 도중에 그치지 않고 끝까지 노를 발하실 것이라고 말한다.

오늘 묵상의 말씀

하나님의 의로운 가지, 선한 목자와 거짓 선지자는 각각 어떻게 사역하는가?

좋은 무화과 광주리와 70년

24장은 무화과 광주리를 통한 예언을 기록하고 있다.

하나님께서 예레미야에게 환상을 제시하고(24:1-3), 다시 재확인시키시며(24:3), 그 의미를 설명하는 순서로 기록되어 있다(24:4). 이 예언의 역사적 배경은 BC 597년 여호야긴 통치 시 있었던 바벨론 이주 사건으로 실의와 절망 속에 주신 소망스러운 내용이다. 예레미야가 품질이 대조되는 무화과를 담은 두 바구니를 보고 있을 때, 좋은 무화과들은 바벨론에 있는 포로 민들을 상징하고, 썩은 무화과들은 '시드기야 와 그의 고관들과 예루살렘에 남은 백성, 그리고 애굽 땅에 정착한 자들'을 상징한다(24:1-5).

이렇게 하는 이유는 "하나님께서 그들을 좋게 하고 다시 이 땅으로 인도하고 세우고 헐지 아니하며 심고 뽑지 아니하겠고 내가 그들에게 여호와를 아는 마음을 주어서 그들로 전심으로 내게 돌아오게 하리니 그들은 나의 백성이 되겠고, 나는 그들의 하나님이 되리라(24:6-7)"라는 말씀대로다. 순종과 아는 것은 필수 불가결이다. 바벨론에서 신앙의 정통성을 묵상하고 공부하여 정립된 신앙을 가지기를 원하신다. 그런가 하면 나쁜 광주리는 시드기야 왕과 유다 땅에 남아 있는 자들, 유다 땅보다 애굽이 더 안전하다고 생각하여 애굽으로 피하여 도망간 사람들이다. 이는 '악하고 먹을 수 없는 악한 무화과'라고 표현하고 있다. 이 악한 자들은 세상 열국에 흩으시고, 가는 곳마다 수치와 조롱거리가 되게 하고, 그들이 가는 곳마다 칼과 기근과 염병으로 멸절할 것이다.

25장은 예레미야의 12편 설교(25:1-38)로 70년간의 포로 생활을 예언한 내용이다.

하나님의 종, 바벨론 왕 느부갓네살 왕을 통하여 예루살렘을 진멸하고 황무케 했다. 그리하여 백성들은 바벨론에 끌려가게 될 것이고, 거기에서 70년간 포로 생활할 것이다. 그 이유는 유다가 그들의 악한 길과 악행에서 결코 돌이키지 않았기 때문이다. 사실 예레미야는 백성들의 회개를 위하여 요시야 왕 제13년에서 23년까지 쉬지 않고 회개를 촉구했다.

"여호와께서 그 모든 종 선지자를 너희에게 보내시되 부지런히 보내었으나 너희가 듣지 아니하였으며, 귀를 기울여 들으려고도 아니하였도다." 그래서 하나님의 징계 채찍을 맞을 수밖에 없게 된 것이다. 이때 70년간 포로 생활을 하는데, 그 이유는 70년간 지금까지 안식하지 않은 모든 시간을 다 모아서 쉬게 하신다. 물론 유다의 70년 포로의 징계 기간이 끝났으니, 징계의 막대기는 용도 폐기되어 망하게 된다. 마치 바벨론이 돌에 매어 유브라데 하수에 빠뜨린 책처럼, 세계 역사에서 영영히 떠오르지 못하고 멸망할 것이다. 그리고 이웃 나라 블레셋, 에돔, 모압, 암몬, 두로, 시돈, 드단, 데마, 부스, 아라비아의 왕들, 광야의 잡족, 시므리 왕, 엘람, 메대 등이 포함되어 있다. 이런 결과는 어느 민족이든 하나님께서 징계하시기로 계획된 민족들은 결코 진노의 잔을 피할 수 없다는 것이다(25:28).

하나님의 심판은 먼 데서부터 시작되는 것이 아니라, '하나님의 이름으로 일컬음을 받는 예루살렘'에서부터 시작되는 것이다(25:29). 재앙을 당하는 유다 백성들은 대풍처럼 땅끝에서 일어나는 바벨론의 칼날에 의해 살육당하게 되고, 그들은 애도함으로 받거나 염습(시체를 씻기고 수의를 입히는 것)함을 입지 못한 채 지면에 분토처럼 버려질 것이다. 한편 지도자들은 그들의 사명을 다하지 못한 연고로 더 큰 징계와 재앙을 받게 될 것이다.

오늘 묵상의 말씀

좋은 무화과 광주리와 70년은 영적으로 어떤 의미가 있는가?

바벨론의 왕을 섬기라

26장은 예레미야가 성전에서 유대 백성들의 회개를 촉구하는 성전 설교 내용이다.

여호아하스가 애굽에 볼모로 잡혀가자마자 뒤를 이어 여호야김이 즉위하게 되었고, 혼란기에 참 선지자인 예레미야, 미가, 우리야와 거짓 선지자 하나냐가 대면하여 바벨론 침략이 임박한 상황에 당면할 때다. 이때 예레미야는 하나님이 지시한 말씀을 '단 한마디도 빼지 않고' 그대로 다 전했다. 하나님은 부지런히 선지자들을 보내셔서 경고한 말씀을 끝까지 듣지 아니한 백성들에게 다시 한번 기회를 주신 것이다. 그러나 계속 죄를 짓는다면 그들을 세계 열방의 저줏거리로 만드실 것이라고 했다(26:6). 그러나 유다 종교 지도자들인 제사장과 선지자들은 예레미야를 체포하여 죽이려 했다. 예레미야가 하나님의 종이라는 이름을 빙자하여 허무맹랑하고 참담한 예언을 했다는 것이 그 이유다. 이로 인하여 선지자 우리야도 유다가 범죄로 인하여 패망할 것이라고 선포했다가 생명의 위협을 느껴 애굽으로 피했다. 그런 그를 여호야김이 잡아다가 죽였다. 그런데 죽임을 당할 뻔한 예레미야는 '아히감' 덕분에 죽음을 모면했다.

27장은 시드기야 왕 때, 예레미야가 줄과 멍에를 메고 바벨론에 가야 한다고 외치는 내용이다.

하나님은 바벨론 왕 느부갓네살에게 권세를 주셔서 유다 주변 열국들을 정복하고 지배하도록 하셨다. 이것을 시드기야 왕에게 전달하라고 하신다.

"왕과 백성은 왕의 멍에를 메고 그와 그 백성을 섬기소서. 그리하면 살리이다. 어찌하여 왕과 왕의 백성이 여호와께서 바벨론 왕을 섬기지 아니하는 나라에 대하여 하신 말씀인 칼과 기근과 염병에 죽으려 하나이까? 왕과 백성에게 바벨론 왕을 섬기지 아니하리라 하는 선지자의 말을 듣지 마소서. 그들은 거짓을 예언하나이다."

그리고 제사장들과 그 모든 백성에게 고하여 "여호와의 집 기구를 이제 바벨론에서 속히 돌려 오리라고 너희에게 예언하는 선지자들의 말을 듣지 말라. 이는 그들이 거짓 예언을 함이니라(27:16)."라고 권면했다.

28장은 거짓 선지자 하나냐에 대하여 반박하는 내용이다.

하나냐는 "유다에 화가 임하겠다는 일은 없을 것"이라면서 예레미야가 목에 걸고 있던 나무 멍에를 빼앗아 부러뜨려 버렸다(28:10). 이것은 하나님께서 2년 이내에 바벨론 왕의 멍에를 꺾으셔서 빼앗겼던 전 기구들을 다시 찾을 수 있도록 하시며, 유다에 평화를 회복시켜 주실 것이라는 자신의 거짓 내용을 보이기 위한 행동이다. 참으로 하나냐는 백성들에게 죄에 대해 촉구는 하지 않은 채 평화만 외쳐댄 거짓 선지자요 아첨꾼이다(28:1-4). 예레미야 자신도 하나냐처럼 유다에 평화가 임하기를 원한다. 참 선지자 예레미야가 거짓 선지자 하나냐에게 이 같은 말을 했지만, 백성들과 제사장들은 누가 옳은지 판단을 내리지 못하고 그 중간에서 머뭇거릴 수밖에 없었다.

예레미야의 멍에를 꺾어버리고 거짓 예언을 하는 하나냐에 대하여 하나님은 예레미야에게 계시의 말씀을 주셨다(28:12-17).

1) 그가 나무 멍에를 꺾었으나 오히려 쇠 멍에를 만들었다. 2) 즉 하나냐는 바벨론의 멍에가 꺾일 것이라고 거짓 예언했으나 하나님은 결코 그렇게 할 수 없다 하신다. 하나냐는 결코 하나님의 보내심을 받지 아니했다. 마침내 하나냐는 백성을 미혹하여 거짓을 믿도록 한 범죄로 인하여 하나님으로부터 징벌을 받게 되었다. 그는 2년 이내에 유다에 평화가 오리라고 예언했으나, 2달이 못 되어 죽음을 맞이했다.

오늘 묵상의 말씀

왜 바벨론 왕을 섬기라고 했는가?

새 언약의 편지 내용

29장은 예레미야가 바벨론에 거하는 포로들에게 쓴 편지내용이다.

BC 597년에 여호야긴과 그의 권속, 그리고 제사장들, 선지자들을 포함하여 3,023인과 유다 백성들이 포로로 잡혀갔다. 그런 와중에 백성들은 하나냐 선지자처럼, 바벨론의 조속한 몰락과 성급한 고국으로의 귀환을 맹신하고 있었다. 이러한 거짓 예언과 풍조에 대해 예레미야는 BC 594년, 바벨론에 잡혀간 포로들에게 "더 이상 거짓 예언에 속지 말라. 내가 칼과 기근과 염병으로 그들을 세계 열방 중에 흩어 학대를 당하게 할 것이다. 그러나 당황하지 말고 바벨론에 정착하여 정상적인 삶을 유지하라"라고 권면하는 편지를 쓴 것이다. 당시 선지자들의 공상적인 낙관론을 경계하며 유다 민족의 죄악으로 인해서 여호와께서 정하신 70년이 지내야 비로소 돌아오게 될 것이므로 영구한 대책을 세우고 구원을 바라보라고 한다.

"내가 말하는 것은 재앙이 아니라 곧 평안이요, 너희 장래에 소망을 주려는 것이라(29:1-23)." 이 편지를 바벨론에 있는 스바냐를 비롯한 모든 제사장에게 보냈다. 그중 대표적인 한 제사장이 스마야였는데 그는 제사장 스바냐에게 책망했다. 예레미야를 왜 차꼬에 채우며 칼로 메우지 아니하고 그대로 방치하느냐는 것이다. 예레미야를 그대로 두면 그가 거짓 예언한 것이 드러나기 때문이다. 그러나 하나님은 스마야의 패역으로 그와 그 자손들에게 임하여 영원히 멸절하는 징벌을 내릴 것이라고 선언했다(29:32).

30장은 위로와 회복의 메시지이다.

하나님이 정하신 때가 되면 고국으로 귀환하게 하시겠다는 것이다. 비록 백성들은 바벨론 포로 생활 중이지만 곧 '여인이 해산할 때 고통스럽지만, 자녀가 태어난 것을 볼 때 산고를 잊고 기쁨을 누리듯' 기쁨을 맛보게 될 것이라고 말씀하신다. "너희의 목에 있는 멍에를 끊어버리고 너희 왕 다윗을 섬기리라"라는 말씀은 물론 사무엘하 7장 12-16절을 성취하여 메시아를 섬긴다는 것이다. 하나님은 자기 백성을 괴롭히는 자는 결코 그냥 두지 않을 것이다. 모든 재앙은 때가 다 지나가고 하나님의 은혜를 만끽할 때가 온다. 잃었던 성전과 성읍을 다시 회복할 것이요 감사와 기쁨이 넘칠 것이다. 자손이 번성할 것이요, 위대한 통치자 메시아의 다스림을 받게 될 것이다. 너희는 내 백성이 되겠고 나는 너의 하나님이 되리라.

31장에서는 하나님은 포로가 됐던 백성들을 건져 주시며 다시 강한 왕국을 이룩하겠다는 '새 언약'을 주신다. "내가 네게 이른 말을 책에 기록하라"라고 하신다. 과거 출애굽 당시에 하나님의 긍휼하신 사랑으로 포로를 돌이키신 것처럼 다시 세움을 입고 기쁨으로 회복하여 바벨론 포로의 어려운 시기가 닥쳐와도 '무궁한 사랑'으로 우리를 사랑하시는 하나님을 바라본다면 기쁨 속에서 살 수 있을 것이다.

"목자가 그 양무리에게 행함같이 그를 지키시리라. 그때 심령은 물댄 동산 같겠고 다시는 근심이 없으리라. 그때 내가 그들의 슬픔을 돌이켜 즐겁게 하며, 그들을 위로하여 다시는 근심이 없으리로다. 내가 기름으로 제사장들을 만족케 하면 내 은혜로 내 백성에게 만족케 하리라." 이렇게 말씀하시면서 호소한다.

"처녀 이스라엘아! 너를 위하여 길표를 세우고, 너를 위하여 표목을 만들고, 대로 곧 네가 전에 가던 길에 착념하라. 패역한 딸아! 네가 어느 때까지 방황하겠느냐. 여호와가 새 일을 세상에 창조하리라 곧 여자가 남자를 안으리라(31:21-22)."

"그 날 후에 나의 법을 그 속에 두며 그 마음에 기록하여 나는 그들의 하나님이 되고 그들은 내 백성이 될 것이다(31:33)."

오늘 묵상의 말씀

하나님이 나에게 주신 편지, 내 마음속에 기록된 편지 내용은 무엇인가?

감옥에서 받은 기도 응답

32장은 시위대 뜰에 갇혀 있는 예레미야에게 주신 위로의 말씀을 기록하고 있다(32:1).

그가 시위대 뜰에 갇히게 된 까닭은 하나님이 그에게 주신 말씀을 숨기거나 왜곡함이 없이 그대로 전하였기 때문이다. 즉 예루살렘 성이 바벨론에 훼파 당하며, 시드기야 왕은 바벨론으로 끌려가게 되었다. 그런데 이 언약을 들은 왕이 그를 반역자로 인정하여 감옥에 가두었다. 그때 그는 숙부 살룸의 아들 하나멜에게 은 17세겔을 주어 "아나돗에 가서 밭을 사라" 했고 증서를 써서 봉인하고 증인을 세워 매매증서를 써서 바룩에게 주어 보관하게 했다(32:1-15). 그러고 나서 그는 기도했다.

"하나님, 슬프도소이다. 주님은 능치 못한 일이 없으시니이다. 주님은 애굽 땅에서 징조와 기사로 행하셨고, 큰 두려움으로 주의 백성을 애굽 땅에서 인도하여 내시고 그 열조에게 맹세하신바 젖과 꿀이 흐르는 이 땅을 그들에게 주셨으므로 이 백성이 들어가서 이를 차지하였거늘 주의 목소리를 청종치 아니하고 주의 도에 행치 아니하여 주께서 이 재앙이 그들에게 내리게 하셨나이다. 보옵소서, 이 성을 취하려 하는 자가 와서 흉벽을 쌓았고 칼과 기근과 염병으로 인하여 이 성을 치는 갈대아인의 손에 붙인 바 되었나이다(32:1-15)."

그의 기도에 주님이 응답하셨다. "나는 여호와 모든 육체의 하나님이라. 내게 능치 못한 일이 있겠느냐(32:26). 그들이 내게로 향하지 아니하며 내가 그들을 가르치되 부지런히 가르칠지라도 그들이 교훈을 듣지 아니하며 받지 아니하고 내 이름으로 일컬음을 받는 집에 자기들의 가증한 물건을 세워 그 집을 더럽게 하여 내가 칼과 기근과 염병으로 인하여 바벨론 왕의 손에 붙인 바 되었다(32:36). 보라, 내가 노와 분노로 그들을 쫓아 보내었던 모든 그들을 모아내어 이곳으로 다시 인도하여 안전히 거하게 할 것이라. 내가 그들에게 한마음과 한 도를 주어 자기들과 자기 후손의 복을 위하여 항상 나를 경외하게 하노라. 너희가 이 땅에서 사람들의 밭을 사되 증서를 기록하여 인봉하고 증인을 세우리니 이는 내가 그들의 포로를 돌아오게 함이니라(32:39-44)."

33장은 위로의 책으로 30-33장의 결론적인 내용이다.

예레미야가 시위대 뜰에 갇혀서 기도하는데 하나님이 확실한 응답을 주셨다.

그 내용은, 첫 번째는 하나님에 대한 확신이다. 하나님은 일을 계획하시고 성취하시는 분이다. 즉 천지를 창조하신 것처럼 예루살렘의 회복과 구원에 대해서 친히 계획하시면 성취하실 분이신데 그분이 바로 여호와이시다.

두 번째는 부르짖음에 대한 확신이다. "부르짖으라." 이것은 하나님이 자녀에게 주어진 특권인데 이로 인하여 1) 알지 못했던 크고 비밀한 일을 알려 주시기 위함이다. 2) 위로와 소망의 응답을 주시기 위함이다. 3) 다시 회복의 때가 올 것이기 때문이다.

세 번째는 회복을 알게 되기 때문이다. 1) 이 성을 치료하며 고쳐 낫게 하고(33:6) 2), 유다의 포로와 이스라엘의 포로가 돌아와 처음과 같이 세울 것이다(33:7). 3) 기뻐하는 소리, 신랑의 소리, 신부의 소리가 있을 것이다. 4) 다윗의 언약이 회복될 것이다. 내가 다윗의 한 의로운 가지(삼하7:12-16)를 메시아를 통하여 이룰 것이다. 그리고 다윗에게 영영히 끊어지지 않고 이스라엘의 정통성이 회복될 것이다(33:14-18). 5) 메시아 파송 약속을 확고히 지키셨다. 낮의 해와 밤의 달이 항상 존재하는 것처럼 내 언약은 절대 파하지 아니하고, 하늘의 만상은 셀 수 없으며 바다의 모래를 측량할 수 없나니 내가 그와 같이 내 종 다윗의 자손과 나를 섬기는 레위인을 번성케 하리라(33:20-22).

이렇게 확실한 약속을 통하여 예레미야에게 확신을 주셨다.

오늘 묵상의 말씀

내게 감옥 같은 어려움 있을 때 나에게 주신 말씀과 예레미야 32-33장을 같이 적어 보자.

레갑 자손과 두루마리 성경 읽기

34장은 시드기야에 대한 경고이다.

바벨론 왕 느부갓네살 왕은 예루살렘을 무력으로 강점하여 여호야긴 왕을 포로로 잡아간 후 시드기야를 대신 왕으로 세워서 9년간 섭정 관리했다. 그러나 시드기야가 애굽의 세력에 편승하여 바벨론의 영향력에서 벗어나려 하자 이에 발끈한 바벨론은 예루살렘을 포위했다(34:1, 왕하15:11-4). 예루살렘이 포위되어 있던 상황이었지만 시드기야를 비롯한 통치자들은 애굽이 일어날 것을 믿었던 것 같다. 그래서 예레미야가 거듭거듭 경고하나, 받아들이지 않았다. 예루살렘이 포위되고 1년 되던 해에 시드기야는 국가적인 재난이 하나님의 진노였음을 깨닫고 가난한 노예를 해방해 주었다. 그러나 애굽 왕의 출전 소식을 듣고 예루살렘을 포위한 군대가 후퇴하자(37:5, 11) 갑자기 뜻을 바꾸어 풀어 주었던 노예들을 다시 붙들어서 종으로 삼았다. 자유를 선언한 언약을 이행하지 아니했기 때문에 하나님도 물러갔던 바벨론 군대들을 '다시' 불러 예루살렘을 황폐하게 하실 것이라고 말씀했다.

35장은 34장보다 앞에 기록된 사항이다. 아무리 말씀을 전해도 시행하지 않으니 예레미야는 레갑 자손을 불러 상징적으로 깨닫게 하신다. 그들은 몇백 년 전 조상이 명한 것을 무조건 잘 지키고 있었다. 그들은 포도주를 먹지 않고 광야에 살고 있었다. 레갑이 지시한 내용을 후손 대대로 잘 지키고 있는 레갑 자손을 모델 삼아 교육받고 그들의 순종을 본받으라고 한다.

	레갑 자손의 조상 요나답	유다 백성의 하나님
순종의 대상	유한한 인간(피조물)	무한하신 하나님(창조주)
존재	죽은 지 오래됨	언제나 살아계심
순종의 촉구	촉구하는 자 없음	계속해서 선지자를 보내심

	레갑 자손의 조상 요나답	유다 백성의 하나님
행적	위대한 존경의 대상은 아님	영원토록 찬양받기에 합당
요구사항	금욕적 고행의 생활	행복을 위한 권면

순종한 레갑 자손은 영영히 끊어지지 않는 축복을 받을 것이다. 그리고 이와 같이 경건하게 살려고 하는 자는 영육 간에 넘치는 축복을 누리게 된다.

36장은 여호야김이 두루마리 말씀을 불태운 것을 기록하고 있다.

바룩은 예레미야에게 주어진 말씀을 받아서 기록하였다. 그 기록된 말씀을 성전 동문 곁에 있는 서기관 '그마랴'의 방에서 공개적으로 백성들에게 낭독하였다. 그 말씀에 감동한 그마랴의 아들 미가야가 방백들을 모아놓고 바룩을 통해 다시 그 말씀을 듣게 했다. 방백 역시 그 말씀에 심히 놀랐다. 그마랴는 그 내용을 왕에게 전하기에 앞서 예레미야를 피신하도록 조처했다(36:17-19). 메시지를 들은 방백들은 왕에게 보고했는데 왕은 '여후디'를 보내어 두루마리를 가져오도록 해서 낭독하게 했다. 이에 여후디가 성경을 읽었는데 여호야김은 낭독될 때마다 두려워하여 칼로 성경을 조금씩 베어 화로에 태워 버렸다. 비록 세 방백(엘라단, 들라야, 그마랴)이 만류했지만, 왕은 그치지 않고 오히려 "바룩과 예레미야를 잡아 죽이라"고 명령했다(36:20-26). 그 후에 하나님은 예레미야에게 첫 두루마리의 '모든 말을 기록하라'하여 그 말씀을 다 기록했다. 여호야김은 이 일로 인하여 "다윗 왕위에 앉을 후손이 없게 되고 그의 시체는 던져져서 낮에는 더위, 밤에는 추위를 당"하는 재앙을 받게 된다. 그들이 듣지 아니하였기 때문이다(36:27-32).

오늘 묵상의 말씀

레갑 자손을 통하여 깨닫게 하신 것은 무엇인가?

8월 29일 성경일독 (**241**) **예레미야 37-38**

시드기야에게 항복을 고함

37장은 시드기야 때 나타난 사건을 기록하고 있다.

1절은 왕의 대수를 말하고 있다.

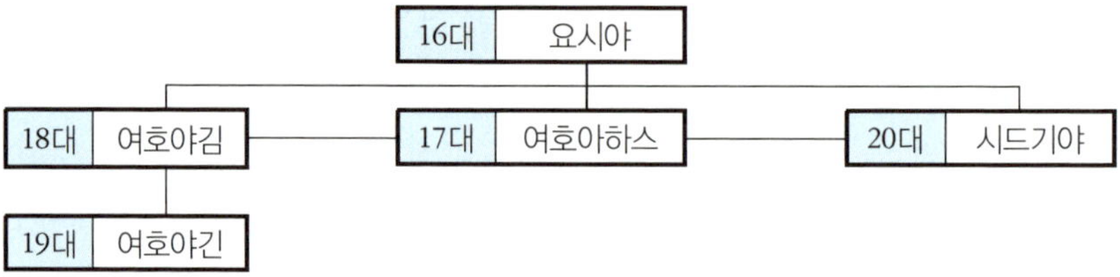

2절 이하에서는 예레미야는 바벨론에 포로로 돌아갔다가 70년 후에 돌아오게 된다는 사실과 회개의 내용을 전달했으나 왕도, 신하들도, 모든 백성도 다 하나님의 말씀에 대하여 귀를 막았다. 그 어느 한 편도 각성하지 않았다. 그렇지만 시드기야는 예레미야에게 기도를 부탁했다. 이것이 혹시 예루살렘의 멸망을 모면할지 모른다는 생각에서다. 그러던 차에 애굽 군대가 올라왔고, 바벨론의 주력 부대는 예루살렘을 포위했다가 풀고 물러감으로 예루살렘은 이제 재앙이 물러갔다고 생각했다. 그래서 왕, 거짓 선지자들, 그리고 방백들이 애굽을 의지하게 되었다(37:1-5). 이때 예레미야는 '바로의 군대는 조만간 자기 땅 애굽으로 돌아가겠고 바벨론 사람이 다시 예루살렘 성을 쳐서 불사르리라'라고 예언했다.

그 후 예레미야는 분깃을 받으려고 베냐민 문을 통하여 성 밖으로 가다가 문지기의 대장 '이리야'에게 발견되어 붙잡혔다. 이리야는 예레미야가 바벨론과 내통하거나 항복하러 가는 줄 알고 체포하였다. 예레미야는 방백들 앞으로 끌려가 심히 구타당하고 감옥으로 사용되는 요나단의 집의 토굴에 감금되었다. 그러던 어느 날 예레미야는 왕궁으로 비밀리에 불려갔다. 예레미야는 "시드기야 왕은 바벨론 왕의 손에 붙임을 당하고 바벨론에게 유린당할 것"이라고 말한다.

38장에서 방백들은 "예레미야가 백성의 평안을 도모하지 아니하고 오히려 사기를 치며 해를 끼친다"라는 구실로 그를 죽여야 한다고 왕에게 주장했다. 이때 왕은 그 말을 물리치지 못하고 마음대로 하라고 허락한다. 그래서 그를 물은 없고 진흙만 있는 물구덩이에 던져 넣었다. 다행히도 환관인 구스 사람 에벳멜렉이 그가 구덩이에 던져졌음을 듣고 왕에게 가서 살려 주자고 간청했다. 그러자 왕은 30명의 사람을 보내며 예레미야를 구출해 내도록 한다. 에벳멜렉은 왕궁 곳간 밑 방에 들어가서 헝겊과 낡은 옷을 취하여 구덩이에 갔다. "너는 이 헝겊과 낡은 옷을 네 겨드랑이에 대라." 에벳멜렉의 말에 예레미야가 그대로 하니 그들이 줄로 구덩이에서 끌어냄으로 시위대 뜰에 머물게 되었다. 그때 시드기야 왕이 예레미야에게 "네게 내가 한 가지를 물으리니 일호도 숨기지 말라. 내가 너를 죽이지도 아니하겠고 네 생명을 찾는 그 사람들의 손에 붙이지도 아니하리라(38:14-16)"라고 말했다.

"만일 바벨론에게 항복하기를 거절하시면 여호와께서 내게 보이신 말씀대로 되리이다. 곧 유다 왕궁에 남아 있는 모든 여자가 바벨론 왕의 방백들에게 끌려갈 것이요. 왕께서도 그들의 손에서 벗어나지 못하고 바벨론 왕의 손에 붙잡히실 것입니다. 이 도성도 불에 타버릴 것입니다(21-23)."

왕은 약속대로 예레미야가 말한 것이 탄로 나지 않게 하고 비밀을 지켜 주었다.

오늘 묵상의 말씀

예레미야가 시드기야에게 전달한 메시지 내용은 무엇인가?

그다랴, 이스마엘, 요하난의 처세

39장은 예루살렘의 함락과정을 다룬다.

유다의 18대 왕 여호야김 때(BC 605년)와 19대 여호야긴 때(BC 597년)에 예루살렘을 침공한 느부갓네살은 드디어 20대 왕 시드기야 제9년(BC 588년)에 3차로 침공해 왔다. 그리하여 예루살렘을 포위한 지 18개월 만에 완전히 함락시켰다(BC 586년, 시드기야 왕 제11년). 이로써 BC 931년에 르호보암으로부터 계승되어 오던 축복의 통로들이 345년 만에 20대 시드기야를 끝으로 역사의 뒤안길로 사라지게 되었다. 비록 혈통적인 왕조는 끝이 났다 하더라도 다윗의 후손으로 오실 메시아는 만왕이 되셔서 지혜롭게 행사하시며 공평과 정의로 세계적인(Global) 왕으로 오신다는 메시지를 열어놓으셨다. 이것을 암시하고 계시다. 당시 예루살렘이 함락당하는 상황은 느부갓네살과 그의 군대들이 예루살렘 사면에 토성을 쌓고 18개월 동안 포위했다. 결국, 성내에 기근이 심하게 될 때 예루살렘을 침입하겠다는 의도다. 이때 시드기야와 왕자들과 군사들은 도망하여 아라비아(요단 계곡)로 피신하려 했으나 결국은 여리고 평원에서 사로잡히게 되었다. 그리하여 립나에 있는 느부갓네살 왕 앞으로 끌려가서 시드기야는 비참하게 두 눈이 뽑히어 사슬에 끌려다니는 신세가 되었다. 하나님의 말씀을 믿지 않고, 바벨론의 침입이 없으리라고 자신만만하던 유다 방백들과 백성들은 급기야는 예레미야의 예언이 사실이었다는 것을 알게 되었으며, 그때야 깨닫고 피신하려고 했으나 이미 하나님의 진노의 채찍을 피할 수 없는 정황이 되었다(39:3-10) 한편, 시위대장 느부사라단이 예레미야를 석방하고 그다랴에게 보내어 백성 중에 거하게 했다. 예레미야는 석방된 후 에벳멜렉을 보호해 주었다(39:11-18).

40장에서 예레미야는 다른 유다 백성들과 함께 포로되어 바벨론으로 끌려가던 중에 라마(Ramah)에서 석방되었다. 그래서 예레미야는 미스바로 가서 그다랴를 찾아가 그 땅에 남아 있는 백성들과 함께 거하게 되었다(40:1-6). 바벨론 왕은 그다랴를 유다의 총독으로 세우고 그 권한을 위임했다. 이 이야기를 듣고 유다의 지도급 인사들이 그에게 찾아왔고, 그들에게 쫓겨났던 유대인들도 많이 모여들었다. 그때 요하난이 총독 그다랴에게 "이스마엘이 당신을 암살하려고 하니 그를 제거해 달라"라고 요청했다. 그러나 그다랴는 그의 말을 믿지 않았고 결코 그런 일을 하지 말라고 거절했다.

41장은 그다랴가 이스마엘에게 피살되는 내용을 기록하고 있다.

이스마엘은 암몬 자손의 왕 바알리스의 사주를 받았다(40:14). 그다랴를 죽일 기회를 찾던 중, 10명의 호위대원들과 미스바로 가서 그댜랴와 함께 식사하게 되었다. 식사 도중에 그들은 갑자기 그다랴를 살해하였으며 그곳에 함께 있던 유대인들과 바벨론 군사들도 죽였다(41:3). 그리고 성전을 찾는 순례객(80명)까지 살해하였다. 그중에 10명은 이스마엘에게 뇌물을 주고 살아났다. 이 소식을 듣고 요하난이 달려왔을 때 이스마엘은 이미 백성들을 강제로 끌고 암몬 쪽으로 떠난 다음이었다. 요하난은 즉시 연합 추적대를 편성하여 이스마엘을 뒤쫓았다. 추적대는 기브온 물가에서 이스마엘이 암몬으로 끌고 가려던 백성들을 구출했다. 그러나 이스마엘은 그 측근 8인과 함께 암몬으로 도주했다. 요하난은 이스마엘의 만행에 대한 바벨론의 보복에 두려워했다. 그래서 잡아 온 남은 유대인들을 끌고 애굽으로 갈 계획을 세웠다.

오늘 묵상의 말씀

하나님의 관점에서 보면 그다랴, 이스마엘, 요하난은 위기에 어떻게 사용되었는가? 또한 내가 그 자리에 있었다면 나는 어떻게 사용되었을까?

요하난과 애굽에 도피한 사람들

42장은 요하난이 애굽에 도피하는 이야기를 기록하고 있다.

먼저 요하난은 예레미야에게 '우리가 갈 길을 위해 기도해 주소서'라고 부탁했다. 그리하여 예레미야는 10일 동안 간절히 기도했다. 그동안 요하난은 조마조마했을 것이다. 그러나 응답은 기다림이 필요하기도 하다.

10일 후에 기도 응답을 알려 주었다. 1) 애굽에 내려가지 말고 유다에 머물러 있으라. 2) 비록 바벨론 왕이 그들을 다스릴 것이지만 바벨론 왕도 하나님의 긍휼로 인하여 긍휼을 베풀 것이다. 3) 반면에 애굽으로 가면 칼과 기근과 염병을 만나서 멸절을 당하게 될 것이다. 비록 애굽에 있는 것이 든든해 보이지만 외적인 것에 속지 말고 계속 유다에 머물라(42:8-18)는 것이다.

43장은 요하난과 백성들이 예레미야의 메시지를 무시하고 애굽으로 간 내용이다.

그들은 예레미야를 거짓말하는 자로 몰아붙이고 그의 권위를 인정하지 않았다. 그리고 그의 메시지를 정면으로 도전하여 백성을 이끌고 애굽 '다바네스'로 갔다. 그곳에 예레미야와 바룩도 끌고 갔다(43:4-7). 바벨론 왕 느부갓네살 왕은 애굽을 쳐부술 것이라고 했다. 그 전에 먼저 예레미야에게 한 가지 일을 시켰는데 큰 돌을 취하여 모든 사람이 보는 앞에서 진흙으로 감추라는 것이다. 이는 바벨론 왕이 그 돌 위에 보좌를 정하며 장막을 치게 되리라는 뜻이다(43:8-13).

하나님이 애굽을 치려는 까닭은 우상숭배가 가득한 곳이기 때문이다. 이에 대하여 잔인해 보이는 느부갓네살 왕을 '내 종'이라 말씀하시면서 우상숭배를 멸하는 도구로 사용하신다. 결국, 이 예언대로 BC 567년에 바벨론은 애굽 전역을 휩쓸었으며 이 타격으로 인하여 애굽은 영원한 약소국으로 전락했다.

44장은 애굽에서의 계속되는 우상 숭배에 대하여 경고하고 있다. 애굽 땅에 거하는 유대인들에게 예레미야는 경고한다.

1) 백성들이 '알지 못하는 다른 신'에게 나아가 분향하고 섬겼다. 2) 부지런히 선지자들을 보내서 회개를 촉구하시는 권고의 말을 듣지 않고 그 길에서 돌이키지 않았다. 3) 만약 애굽의 우상숭배를 계속하면 칼, 기근, 염병이 임하여 엄청난 재앙으로 벌을 받을 것이다.

그런데 유대인들은 오히려 적반하장으로 반항했다. 그들은 하늘 여신에게 분향하며 제사를 드릴 때 식물이 풍부하고 많은 복을 받았는데 종교 개혁 후부터 핍절과 기근과 칼의 재앙이 뒤따랐다고 주장한다. 그래서 끝내 제사 드리겠다고 고집한다. 하나님은 그럼 고집한 대로 한번 해보라고 하신다. 과연 애굽에 거하는 유대인들을 멸하시겠다고 하신 하나님의 말씀이 성취되는지 아닌지 두고 보라는 것이다. 특별히 하나님은 기어코 그들을 멸망시키시겠다는 표징으로서 애굽 왕 바로 호브라가 죽게 될 것이라고 말씀하셨다.

45장은 바룩에게 위로의 말씀을 주신 내용이다. 여호야김왕 4년(BC 608-597년) 때, 예레미야의 서기관이요 동역자인 바룩은 심한 고통과 탄식으로 인해 결코 평안치 못했다. 그것은 다른 데서 오는 고통이 아니라 그가 기록하는 말씀 중에 나타나는 하나님의 저주와 진노하심 때문이다. 그는 동족 유다 백성이 당하게 될 재앙을 명약관화하게 내다보면서 슬픔과 탄식 속에 빠지지 않을 수 없었다. 이때 바룩에게 주신 위로의 말씀은 "하나님께서는 세상의 모든 일을 다스리시는 주권자"라는 것이다. 즉 하나님은 세우는 일, 허는 일, 심는 일, 뽑는 일 등 모든 일을 이루신다.

오늘 묵상의 말씀

애굽에 간 유대인들의 변명은 무엇인가?

애굽, 블레셋, 모압의 장래

46장은 애굽의 멸망에 대한 기록이다.

갈그미스 전투는 BC 605년에 일어난 애굽과 바벨론 간의 싸움이었다. 이 싸움 이전에 있었던(BC 609년) 므깃도 전쟁에서 요시야 왕을 죽인 애굽의 세력이 커질 것을 두려워하여 바벨론의 느부갓네살 왕이 유브라데 강변에서 갈그미스의 '바로느고'와 벌인 싸움이었다. 그래서 그날을 가리켜 '유대인의 대적에게 원수를 갚는 보수일'이라고 했다(46:10). 그 전투에서 애굽의 군대는 참패를 당했다(왕하 24:7). 이 일로 애굽은 쇠퇴일로를 걷게 되었다. 반면 바벨론은 세계 제패의 첫발을 내딛게 되었고, 애굽의 동맹군이었던 앗수르는 세계사에서 발자취를 감추게 되었다. 갈그미스 전투에서 애굽의 세력을 약화시킨 바벨론은 애굽의 바로 '호브라' 때에 애굽의 영토를 직접 침공하게 되었다. 이로써 바벨론은 대제국을 형성하여 바사에 의해 멸망하는 BC 539년까지 근동지역을 지배하게 되었다.

"열방은 다 멸할지라도 너는 아주 멸하지 아니하리라(46:13-28)."

47장은 블레셋의 멸망을 예언하는 내용이다.

블레셋을 제거하는 것은 이스라엘이 사사 시대에서 왕정 시대로 바뀌어야 할 이유였다. 블레셋 때문에 백성들의 원망이 심했다. 이스라엘 백성들은 전쟁을 원하는 백성이 아니라 칼과 철제 무기가 없었으나 블레셋은 철제 무기로 무장되었다. 그래서 심지어는 농사기구도 블레셋 동리에 가서 준비해 왔었다. 이런 정황에서 블레셋 군대를 물리칠 궁리를 하다 보니 왕이 필요했고, 그런 이유로 사울이 첫 왕이 된 것이다.

"내일 이맘때 내가 베냐민 땅에서 한 사람을 네게 보내리니 너는 그에게 기름을 부어 내 백성 이스라엘의 지도자로 삼으라. 그가 내 백성을 블레셋 사람의 손에서 구원하리라. 내 백성의 부르짖음이 내게 상달하였으므로 내가 그들을 돌아보았노라(9:16)." 사울을 왕으로 세운 이유를 말씀하고 있다. 그러나 사울이 이런 목적을 달성하지 못하여 블레셋 군대에 죽었고, 그 블레셋 군대를 박살 낸 왕이 바로 다윗이다. 그런데 왕국분열 이후 이들은 세력을 모으기 시작했고, 계속적으로 유다와 이스라엘을 괴롭히다가 유다 후기에는 심각할 정도로 유다를 강력하게 괴롭혔다. 특히 블레셋의 우상숭배는 하나님의 심판을 받기에 충분했다.

그 멸망하는 모습은 첫째, 블레셋 땅과 그곳 거민들이 밀물처럼 들이닥치는 바벨론 군의 칼날에 멸절되리라고 했다(45:2). 둘째, 블레셋 사람들은 자기 자신의 안전을 도모하지 못할 뿐 아니라, 자녀가 생명을 잃게 될 위경에 처해도 도움을 줄 수가 없을 정도이다. 셋째, 블레셋을 도우려는 동맹국인 '시돈'과 '두로 '도 징벌을 받게 한다는 것이다

48장은 요단 동편에 위치한 동네는 모압이다. 모압은 아브라함의 조카 롯의 자손으로서 소돔과 고모라의 멸망 때 롯이 큰딸에게서 얻은 불륜의 자손들이었다(창19:30-37). 이들은 블레셋과 같이 이스라엘의 초기, 특히 이스라엘 백성들이 출애굽 하여 가나안 땅에 들어가려 할 때 이스라엘을 대적하던 족속이기도 하다(민21:1-25). 하나님이 모압을 멸시하시는 이유는 모압 백성은 하나님 앞에서 범한 가증한 죄악 때문이다. 그 죄는 자고함과 교만함과 마음의 거만함으로 나타났는데, 하나님을 섬기지 않고 거스르는 거만을 하나님은 원하지 않으셨다(48:42). 그래서 그들이 우상 숭배와 교만의 죄로 인한 모압은 멸망을 맛볼 것이고, 그들이 거하던 성읍들은 점령당하고, 파괴되어서 열방 가운데서 수치 거리가 될 것이다(48:26). 그들은 재미없는 그릇(48:38)이 될 것이요, 깨어진 그릇이 된다는 것이다.

오늘 묵상의 말씀

유다의 주변 국가들은 유다가 망할 때 어떻게 되는가?

바벨론의 멸망과 더 큰 하나님의 계획

49장은 암몬, 에돔, 다메섹, 게달, 엘람의 장래를 예언하고 있다.

첫째, 암몬 자손은 아브라함의 조카 롯 자신이 작은딸에게서 낳은 아들의 후손으로 사해 동편 모압 국가의 북쪽에 위치하여 있다.

이들을 멸하시려는 이유는 1) 그들이 자기 지경을 넓히기 위해 이스라엘 중 '갓'을 점령하며 살육을 자행했기 때문이다(49:1). 비록 갓 자손이 앗수르에게 사로 잡혀가서 무방비 상태에 있다 해도 암몬 자손이 갓의 상속자인 양 하나님의 백성을 침략해서는 안 된다(습2:8). 2) 암몬자손이 이스라엘 자손에게 빼앗은 땅에서 얻은 온갖 좋은 것들로 인하여 풍부함이나 안일함을 누리게 되자, "누가 내게 오리요(나를 공격하겠는가? 49:4)'라고 교만한 말을 한다.

둘째, 에돔의 멸망의 가장 큰 원인은 교만이다. 그들은 험준한 산악에 거하는 자들로 자신들을 무척 힘이 센 자로 여기고 바벨론과 합세하여 형제 이스라엘을 공격했다. 그러므로 진노의 잔을 결코 피하지 못할 것이다(49:7-22).

셋째, 다메섹은 아람 국가의 수도로 이는 통일 왕국 이후부터 이스라엘을 괴롭혀 왔다. 그들을 하나님은 심판하실 것이다. 그들의 파멸은 해산하는 여인에게 임하는 고통처럼 피할 길이 없다. 기쁨이 넘쳐 있던 성읍들은 불에 타 없어져 버릴 것이다(49:23-27).

넷째, 게달과 하솔의 멸망을 기록하고 있다. 게달은 이스마엘 자손으로 암몬의 동쪽에 거하며, 하솔은 아라비아 사막에 거하는 유목민으로 그 근원을 잘 알 수 없는 민족이다. 그들은 사막 가운데 살고 있기 때문에 침략을 받지 않으리라 생각하지만 아무리 멀리 거한다 해도 바벨론에게 멸망할 것이라고 예언한다(49:28-33).

다섯째는 엘람이다. 활 잘 쏘기로 이름난 '엘람'의 힘을 꺾고 그들을 사방으로 흩어버리시겠다는 것이다.

50장은 마침내 바벨론을 멸망시키는 내용이다.

바벨론 왕 나보폴라살이 앗수르 제국을 멸망시킴(BC 612년)으로 세계열강 중 강대국으로 등장했다. 그리고 하나님께서는 이글을 도구로 사용하셔서 유다를 심판하시며 당신의 공의를 드러내셨다. 이것은 바벨론 자체의 선함을 이용하는 것이 아니라 단지 하나님의 절대 주권을 우주적 경륜으로 사용하신 것이다. '그러나 바벨론은 교만하여 우상 숭배하며 타락의 길로 가다가', 이 예언대로 메대, 바사 연합군에 의하여 멸망(BC 539년)했다. 또한 하나님은 바벨론의 멸망을 통하여 이스라엘 백성과의 영원한 새 언약을 주셔서 메시아를 기다리는 축복을 누리게 하셨다.

첫째, 하나님은 "바벨론이 망한다는 것을 전파하라(광고하라)"라고 하신다. 바벨론의 북방에서 나오는 한 나라에 함락되어 황폐될 것이다. 또한, 바벨론의 패망으로 전쟁 포로로 잡혀갔던 이스라엘과 유다의 자손들이 고국으로 귀환할 것이다.

둘째, 포로가 된 백성을 긍휼히 여긴다는 것이다. 그들을 '잃은 양떼'와 '흩어진 양들'이라고 생각했다. 그들은 그릇된 지도자들에 의해 잘못된 우상 숭배의 길을 걸었으며 그로 인해 환난을 겪었다. 처음에는 앗수르에게 고통을 당했으며 그 뒤에 바벨론에 의해 뼈를 꺾는 고통을 당했다(50:6, 17). 그러나 하나님은 그들을 기억하시고 바벨론을 철저히 함락시키신다. 북방에서 일어난 큰 연합군(페르시아)을 멸절하셨다. 하나님은 이스라엘 백성의 부르짖는 소리를 들으시고 본토에서 평안을 찾도록 하여 만족한 삶을 누리게 했다.

오늘 묵상의 말씀

바벨론이 망하면서 이스라엘 백성은 어떻게 되는가?

바벨론의 멸망 예언과 예루살렘의 멸망

51장은 바벨론의 멸망과 재앙에 대하여 기록하고 있다.

하나님은 타국인으로부터 '키질'하듯 살육하여 멸절시킬 계획을 세우셨다. 그로 인해 온 세계의 '방망이' 요(50:23), 온 세계를 멸한 '멸망의 산'(51:25)이라고 불리던 바벨론은 졸지에 넘어져 파멸될 것이라 한다. 그동안 하나님은 바벨론을 도구로 사용하셨다.

1) 온 세계를 술 취하게 하는 금잔(Gold Cup)의 도구로 사용했다. 그리하여 열방의 민족들이 그 잔 속에 있는 포도주를 마시고서 취해 미쳐 버렸다. 2) 그 포도주는 '음행'의 포도주로, 영적 음행인 '우상숭배'와 실질적인 음행이 동반된 범죄 행위를 상징한다(계14:8). 3) 바벨론은 하나님의 철퇴로서 열방을 파하고, 국가들은 부수는 구실을 했다(51:20-23). 또한, 하나님의 자녀에게는 그들이 죄를 범할 때 회개시키는 역할도 하게 하셨다.

한편 이스라엘 백성은 하나님을 떠나서 생기도 없고 망령된 우상을 섬기며 그 죄과가 땅에 가득하였으나 하나님은 결코 그들의 '자녀' 됨의 특권을 버리지 않으셨다. 잘못을 회개하고 용서를 구하는 백성들을 '의롭다'라고 칭해주셨다(51:5-10). 그러면서 바벨론이 망한다는 사실을 재확인했다. 네리야의 아들 '스라야'로 하여금 바벨론의 멸망 예언의 책을 바벨론에 가서 읽어 준 후에 돌을 매어 유브라데 강물 속에 던지라고 했다. 이 같은 상징적 행동은 돌에 매달려 하수에 빠진 책이 다시 떠오르지 않은 것처럼 세계 역사에서 영원히 사라지게 된다는 사실을 말해준다.

52장은 예루살렘 멸망의 상황을 자세히 설명하고 있다.

유다의 마지막 왕 시드기야의 상태는 하나님께서 더는 놔두지 못할 정도로 범죄가 극심했다. 이에 많은 종을 부지런히 보내어서(35:14) 그들이 돌아오기를 촉구하며 인내해 오신 하나님께서 급기야 그들을 아름다운 본토(가나안)에서 추방하신다. 특히 시드기야는 그의 형 여호야김(18대 왕)의 악한 행위를 모방해(36:22-26) 하나님의 보시기에 악을 많이 행했다. 더욱이 바벨론을 배반하지 말라는 하나님의 말씀을 들었음에도 배반한 것이다(27:12).

예루살렘이 함락되는 과정을 살펴보면 예루살렘은 시드기야 9년부터 11년까지 18개월간 느부갓네살 군대에 의해 포위되어 있었다. 그동안 성내에는 기근이 심하여 양식을 구하기 힘든 상황이었다. 그때 바벨론의 침공의 시작되면서 예루살렘 성벽이 깨지게 되었고 시드기야 왕은 탈출하여 요단계곡으로 피신하다가 여리고 평지에서 붙잡힌다. 그는 하나님 백성의 지도자로서 이방 왕 앞에서 두 눈이 뽑힌 비참한 상태가 되었다. 성전, 왕궁, 모든 집은 불태워졌다. 성전 내의 기구들은 모두 약탈당하여 바벨론으로 옮겨졌다. 그리고 대제사장 스라야와 지도급 72명이 처형되고, 7년에 3,023명, 18년에는 832명, 23년에는 745명, 그리하여 도합 4,600명이다(52:1-30).

19대 왕 여호야긴(여고냐)은 아버지 여호야김의 뒤를 이어 왕이 되었으나 100일 만에 바벨론에 포로로 잡혀 갔다. 당시 나이 18세이었는데, 37년간 옥살이를 하다가 55세 되던 해에 풀려났다. 그때는 느부갓네살 왕의 뒤를 이어 '에윌므로닥'이 바벨론 제국의 왕으로 즉위한 때였다. 그 이후 여호야긴은 죽는 날까지 바벨론 왕의 선대와 후의를 입게 되어 평안하게 지냈는데 놀라운 것은 예루살렘에 돌아올 때 그의 손자 스룹바벨이 성전을 지으면서 다윗의 정통성을 승계했다.

오늘 묵상의 말씀

바벨론 포로와 예루살렘 멸망을 통하여 들려주는 교훈은 무엇인가?

교만한 앗수르를 망하게 하신다

1장은 앗수르의 멸망을 예고하는 내용이다.

이전에 요나가 하나님의 경고로 말씀을 전했을 때는 회개했던 앗수르가 이제 전보다 더 패역하고 교만하여 멸망을 예고한다. 먼저 나훔은 하나님을 소개한다. 하나님은 질투하시는 분이며, 오래 참으시며, 전지전능한 하나님이시라고 말한다. 이렇게 노하시기를 더디 하는 하나님은 회개하고 돌아오기를 원하고 계신다. 그러나 오래 참으시다가 돌아오지 않으면 심판은 피할 길이 없다. 이런 정황에서 기억해야 할 일은 하나님은 친히 난공불락의 요새가 되셔서 자기 백성을 그곳에서 품으심으로 보호해 주신다. 반면에 원수들을 멸절시키신다.

하나님께서는 이전에 주셨던 멍에(앗수르를 통한 징계)를 없애 주시기로 약속하셨다. 앗수르는 북 왕국 이스라엘을 함락한 후 계속해서 남 왕국 유다를 침공해 왔다. 하나님께서 유다를 회개시키기 위해 앗수르를 이용하신 것이다. 그러나 이제는 유다가 하나님의 뜻대로 살기 원하신다. 그래서 절기를 지키고 세월을 갚으라고 하신다. 이제까지는 앗수르의 침공으로 인하여 불안정한 생활을 했으나 이제부터는 안정된 생활을 영위할 때가 온 것이다. 아름다운 소식을 전하는 자의 발들이 아름다울 때가 왔으니 보라고 하신다.

2장은 군대를 보내어 앗수르를 멸하시면서 유다를 구원하는 내용을 기록하고 있다.

'파괴하는 자'는 바벨론의 군대를 이끄는 나보폴라살 왕이다. 그를 통하여 앗수르가 멸망하는 것을 보여준다. 과거 앗수르는 그 막강한 힘을 자랑하고 하나님의 백성인 북 왕국 이스라엘을 멸망시켰고, 또 남 왕국도 넘보고 있었다. 그러나 이제는 망하게 되었다. 앗수르 군대는 바벨론이 달려오자 공격 한번 못해보고 '엎드러질 듯이 달려서 방어에만 급급하다가 결국은 짓밟히고 말았다(2:1-5). 니느웨 성은 과거에는 사자와 같은 위용을 자랑하는 도성이었다. 커다란 연못에 많은 물이 고여서 고기가 가득하듯 많은 사람으로 가득 찼다(좌우 분별 못 하는 자만 12만 명). 그러나 지금은 황폐되어 목소리조차 들을 수 없을 만큼 사람이 없다. 모든 금은보화는 약탈당했고, 사람들은 다 겁에 질렸고, 앗수르의 최고 권위자 왕의 부인도 끌려가게 되었다. 원래 이강은 티그리스 강 주변에 있어서 외부 부대가 공격하지 못하도록 방비 되었다. 그러나 바벨론이 공격해올 때 수문들이 터져 오히려 왕궁과 신전이 물에 잠기고 파괴되었다. 모두 급하게 도망갔다. 하나님의 예언이 다 이루어졌다.

3장은 니느웨의 멸망 원인을 말해 주고 있다.

첫째, 니느웨가 이웃 국가들의 피를 흘리는 악행을 자행했기 때문이다. 앗수르는 그 약탈한 것으로 국가 재정에 사용했다.

둘째, 마술과 음행이다. 이것은 우상숭배와 직결하는 행위이다. 그래서 우리 하나님은 모든 범죄를 보면서 그들의 교만한 행위를 징벌하신다.

그 징계내용은 1) 많은 사람이 적국으로 끌려갈 것 2) 그들은 모든 것을 포기하고 절망의 상태에 빠지게 될 것 3) 모든 사람은 나약하여지고 그 손에 힘이 빠져 적에게 대항하지 못하게 된다. 4) 비록 과거에 아무리 강력한 국가였다 할지라도 악을 행하면 교만을 꺾으시겠다는 것이 하나님의 결심이다.

결국, 앗수르는 재건될 수 없는 지경에 이른다. 앗수르 백성들은 모두 흩어져서 이제는 모을 수 없게 되었다. 그들의 당시 상처는 다시 회복되지 못할 정도이다.

오늘 묵상의 말씀

하나님이 앗수르를 멸망시킨 최종적인 메시지는 무엇인가?

기죽지 말고 손을 들고 있으라

1장은 요시야의 시대에 스바냐에게 임한 메시지 내용이다.

북 이스라엘이 멸망하고, 남 유다 히스기야 왕의 정치가 끝나자 므낫세와 아몬이 악행을 하면서 우상과 죄악으로 완전히 타락한 상태였다. 외적으로는 북 왕국을 삼킨 앗수르가 호시탐탐 남 유다를 노리고 있고, 남쪽 유다는 완전히 우상숭배로 강퍅해졌다. 이제 하나님과 멀어진 상태에서 스바냐는 '여호와의 날이 오는 것'을 예고하고 있다. 비록 안팎으로 힘들 수 있지만, 여호와의 날이 올 것이다. 그러니 이럴 때일수록 기죽지 말고 계속 손을 들고 여호와의 오심을 바라보면서 기도하기를 멈추지 말자'고 말한다.

2절에서 '내가 지면에서 모든 것을 진멸하리라'라고 강조하는 말속에 주님의 마음이 들어있다. 하나님의 언약 백성으로(삼하7:12-16) 살아야 하는데 약속과는 너무 멀어졌다. 그래서 멸절하겠다는 것이다.

그 이유는 1) 우상들의 제사장이다. 2) 일월성신이나 밀감 등의 우상을 숭배하고 있다. 3) 우상을 섬기면서 하나님을 섬기는 혼합주의를 용서할 수 없다. 4) 우상을 섬기는 자나, 우상을 섬기지 않는 자 모두 하나님을 찾지 않는다. 그들에게 "여호와의 날이 가까웠다"라고 하나님의 심판을 선포하고 있다.

2장은 주변의 나라가 망하는 것을 예언한다.

첫째는 수치를 모르는 백성에게 회개를 권고하고 있다. 우상을 섬기면 감각이 없어져서 부끄러움이 없고, 무감각하여 죄의 느낌이 없다. 둘째는 하나님의 규례를 지키며 겸손한 자에게 회개의 권고가 주어졌다. 힘써 믿음대로 살아가고 있는 사람, 겸손한 사람은 심판의 날 하나님이 반드시 보호하신다.

그러면서 주변 국가에 대하여 회개를 요청하고 있다. 1) 블레셋 백성들의 지경은 망하여 유다의 양떼를 먹이는 땅이 될 것이다. 2) 모압과 암몬의 땅은 소돔과 고

모라 같을 것이요, 이스라엘의 기업이 될 것이다. 3) 구스 백성은 칼에 살육을 당할 것이다. 4) 앗수르는 교만하여 사막같이 메마르게 할 것이다.

3장에서는 예루살렘의 멸망과 미래에 대해 예언을 하고 있다.

예루살렘은 포악하여 멸망하게 되었다. 이는 하나님의 말씀과 교훈을 받지 아니함이다. 말씀과 교훈을 멀리하므로 하나님을 가까이하는 마음이 없어졌다. 그러자 방백들과 재판장들은 자기의 욕심을 채우는 일에 몰두하였다.

이런 그들을 향하여 하나님은 1) 먼저 그들 가운데 계시면서 아침마다 자기 공의를 나타내었다. 2) 불의한 자들이 수치를 알지 못하자 이번에는 열국과 모든 성읍을 멸망시키고 황무하여 공의를 나타내었다. 3) 그리고 "형벌이 결정되었으나 이제라고 돌이키면 거처가 끊어지지 않을 것"이라고 했다. 그러나 그들은 부지런히 악을 행하였기에 하나님의 징벌이 그들에게 올 것이라고 보았다.

이때 하나님은 회복될 이스라엘의 남은 자를 위하여 약속하셨다. 1) 회복된 그날에는 그들의 죄 때문에 수치를 당하는 날이 없을 것이다. 2) 이제는 악행과 거짓과 궤휼한 모습이 없이 평안한 가운데 놀랄 일도 없을 것이다. 이때 하나님은 특별한 말씀을 주셨다. 손을 늘어뜨리지 말라고 당부했다.

"두려워 말라, 네 손을 늘어뜨리지 말라. 즉 기죽지 말고 계속 손들고 있으라. 그러면 너의 하나님 여호와가 너의 가운데 계시니 그는 구원을 베푸실 전능자시다. 수욕을 받을 때 근심하는 자들을 기쁘게 하시고 저는 자, 쫓겨난 자가 다 기쁨으로 칭찬과 명성을 얻을 것이다."

오늘 묵상의 말씀

스바냐서는 나에게 어떤 말씀을 주셨는가?

구경꾼이 되지 말고 미래를 준비하자

오바댜는 BC 586년경 바벨론의 침공(왕하 24-25장) 당시를 배경으로 한다. 때에 유다는 바벨론에게 위협을 받고 있었는데도 에돔은 남의 일처럼 구경만 하고 있다. '바위틈에 거하며 높은 곳에 살고 있으니 누가 끌어 내릴 수 있으랴'라고 생각하면서 난공불락의 요새에 있는 것에 자부심을 느끼지만 정작 이웃 형제 국가가 당하는 위기에는 강 건너 불구경이다. 이런 형제는 망하니까 방관하지 말라고 한다. 12절에 "네가 형제의 날 곧 그 재앙의 날에 방관할 것이 아니며, 유다 자손의 패망하는 날에 기뻐할 것이 아니며, 그 고난의 날에 네가 입을 크게 벌릴 것이 아니니라"라고 말씀하신다. "만국을 벌할 날이 가까웠는데 너희 행한 대로 너도 받을 것인즉 너의 행한 것이 네 머리로 돌아갈 것이니라(1:15)."

하박국서는 약속을 믿고 미래를 준비하자는 내용이다.

1장에서 하박국은 현실 상황에 대하여 불평한다.

"왜 하나님은 악인은 번창하고, 의인은 고난을 받고 있는데 침묵하시나이까(1:2-4)?"라는 하박국의 질문에 "열국 가운데 하나인 갈대를 보내어서 악을 일삼는 유다를 심판하겠다"라고 응답하신다. 이에 대한 하박국의 두 번째 불평은 "바벨론은 유다 보다 훨씬 더 큰 악의 세력인데 어떻게 바벨론에 고통당하게 보고만 계시느냐"하는 것이다.

"악인이 자기보다 의로운 사람을 삼키되 어찌 잠잠하시나이까(1:13)?"

2장에서는 마음에 궁금한 것이 많은데 성실한 자세로 답변을 기다리겠다고 한다.

마치 '적군의 동태에 잠시도 눈을 떼지 않고 파수하는 것과 적군으로부터 국가를 지키는 파수꾼처럼' 공동체를 지키면서 주님을 바라보겠다고 한다.

그랬더니 하나님이 응답을 주셨다. "이 묵시를 판에 명백히 새겨서 달려가면서도 읽을 수 있게 하라. 이 묵시는 정한 때가 있나니 그 종말이 속히 이르겠고 결코 거짓되지 아니하리니 비록 더딜지라도 기다리라. 지체되지 않고 정녕 응하리라(2:2-3)." 그러면서 "의인은 믿음으로 살리라"라고 말씀하셨다. 여기에서 중요한 것은 '때가 온다'는 것이다. 하나님의 시간표, 카이로스가 온다. 지금은 이해할 수 없는 일이 세상에서 벌어지고 있다. 그러나 모든 것은 하나님의 시간표를 향해 달려가고 있다. 여기에는 믿음이 필요하다. 우리는 현실에 너무 마음을 빼앗기지 말고 우리를 위한 놀라운 계획을 붙잡고 하나님이 허락하신 하나님의 시간표를 향하여 미래를 준비하여야 한다. 그것은 약속의 말씀을 배우고 익히고 깨닫기 위하여 마음 판에 선명하게 새기는 것이다. 위기에 성령님이 항상 사용하기 쉽도록 선명하게 생각나도록 암기해두어야 한다는 것이다. 이런 교회가 준비되어야 하고, 이런 제자들이 준비되어야 할 것이다. 하나님의 시간표는 반드시 온다.

3장에서는 확신이 온다.

그렇다면 찬양을 받으시고 "여호와여, 주는 주의 일을 수년 내에 나타내시옵소서(3:2)"라고 간구한다.

"내가 들었기 때문에 비록 내 창자가 흔들렸고, 그 목소리로 인하여 입술이 떨리고 내 뼛속을 썩이는 것이 있어도, 약속 믿고 미래를 준비하는 자에게는 모든 것을 이길 수 있다. 그래서 비록 무화과나무가 무성치 못하며, 포도나무가 무성치 못하며, 포도나무에 열매가 없으며, 감람나무에 소출이 없으며, 밭에 식물이 없으며, 우리에 양이 없으며, 외양간에 소가 없을지라도, 나는 여호와를 인하여 즐거워하며 나의 구원의 하나님을 인하여 기뻐하리로다(3:16-18)."

미래를 준비하는 자는 어떤 현실의 부조리도 다 이길 수 있다. 왜냐하면, 하나님의 시간표는 나에게 오기 때문이다.

오늘 묵상의 말씀

나는 현실의 부조리에도 불구하고 어떻게 미래를 준비하고 있는가?

에스겔에게 보여준 환상

에스겔은 2차 예루살렘 침공 때(BC 597년) 바벨론에 포로로 잡혀 와서 5년이 되었던 해에 하나님의 부르심을 받았다. 그 당시 유다는 패망(BC 586년)을 6여 년 남겨 놓은 상황이었다. 이때 그는 여전히 패역함과 강퍅함으로 절망과 패역 속에서 전혀 미래가 보이지 않는 상황에서 환상을 보았다.

1장에서는 보여주는 환상은 1) 4가지 생물(1:4-14) 2) 그 생물에 달린 네 바퀴(2:15-21) 3) 수정 같은 궁창과 궁창 위 보좌에 있는 한 형상(1:22-28)이다.

먼저 4생물은 사람, 사자, 황소, 독수리로 힘, 충성, 지능, 영적 통찰력을 말하며 그리스도의 형상을 나타내기도 한다. 둘째로 네 생물에 달린 바퀴는 막강한 여호와의 군대가 완벽한 기동력으로 만사를 그의 뜻대로 인도하시는 모습을 보여 준다. 이는 바벨론 군대의 침략으로 인하여 좌절, 무기력에 빠진 이스라엘에 하나님의 위대성과 능력을 드러내신다. 바퀴에 눈이 가득한 것은 하나님은 인간이 하는 일을 일일이 다 지켜보고 계심을 암시한다. 셋째로 수정 같은 궁창의 보좌 위에 있는 한 형상의 이상이 가르쳐 주는 메시지는 '사람의 모양'을 하고 있는데, 폭풍과 큰 구름은 바벨론 군대의 큰 폭압의 전투 상황 속에서 모든 것을 지켜보시는 하나님의 능력과 위대함으로 이스라엘 백성을 지켜보신다는 뜻이다.

2장에서 에스겔의 사명은 패역한 유다에 심판을 선포하는 것이다. 이스라엘 백성들은 패역하고 하나님을 배반하여 '뻔뻔하고 마음이 강퍅한 자들'이었다. 거짓 선지자들의 현혹과 우상 숭배로 인한 그들은 하나님을 항상 거역했다. 하나님의 백성인 그들은 포도나무와 무화과나무와 같은 좋은 열매 맺는 나무가 아니라 가시와 찔레처럼 찔리고 상처 주는 가시가 되었다. 또한, 젖을 제공하는 양 같은 부드러운 존재가 아닌, 전갈이 되어 흉측한 존재가 되었다. 그런 그들에게 복음을 전하는 것이다. "그들을 두려워하지 말고 무서워하지 말고, 듣든지 아니 듣든지 전하라. 그 얼굴을 무서워하지 말라. 그리고 너는 내가 주는 것을 먹으라"라고 말씀하시면서 두루마리 책을 주었다.

3장에서는 먼저 "두루마리를 먹으라"라고 말씀하신다. 이 말은 '말씀에 익숙한 자가 되라'는 의미다. "이 말씀을 네 배에 넣으며 네 창자에 채우라(3:3)"라는 말씀은 '네 속에 하나님의 말씀을 충만하게 새겨 그 말씀에 사로잡힌 자가 되라'는 뜻이다.

두 번째로 동족에게 파견하신다.

1) 방언이 다르거나 말이 어려운 백성에게 보내는 것이 아니라 이스라엘 족속에게 가라(3:5). 2) 그들은 이마가 굳고 마음이 강퍅하여 네 말을 듣고자 아니하리니 이는 내 말을 듣고자 아니함이라. 3) 그들의 얼굴을 대하도록 네 얼굴을 굳게 하였고, 그들의 이마를 대하도록 너의 이마를 굳게 하였다. 4) 사로잡힌 네 민족에게로 가서 듣든지 아니 듣든지 그들에게 고하여 주 여호와의 말씀이 이러하시다 하라.

세 번째로, 주의 신이 에스겔을 들어 올리셨다. 그때 에스겔이 근심되고 분한 마음을 가졌는데, 성령이 에스겔에게 큰 권능을 주셔서 이길 힘을 주시기에 새 힘이 솟아났다. 큰 감동을 받은 에스겔은 델아빕 그발 강가에서 7일 동안 머물며 지낸 뒤에야 하나님의 말씀이 임했다.

"악인에게 가서 깨우치라. 악인이 듣고 깨우치면 영혼이 살리라. 전했으나 악인이 듣고 깨우치지 아니하면 그가 죽을 것이고, 전하지 아니하면 내가 피 값을 네 손에서 찾으리라." 그에게 진지한 사명을 주셨다.

오늘 묵상의 말씀

에스겔에게 주어진 환상 중에 기억나는 내용은 무엇인가?

예루살렘성의 훼파와 징계의 의미

4장에서는 먼저, 예루살렘이 철갑을 가진 바벨론 군대에 포위당한 것을 보여주는 예언 행동이 나온다.

바벨론에 1, 2차 포로로 사로잡혀 온 대부분 포로는 거짓 선지자들의 잘못된 판단으로 곧 예루살렘에 돌아갈 수 있다고 믿는다. 그 착각을 시정해주고, 죄에 대한 형벌이 반드시 있다는 것을 깨우쳐 주기 위한 내용이다(4:1-3).

두 번째로, 방안에서 왼쪽으로 390일, 오른쪽으로 40일을 눕게 되는데 그것은 하루를 일 년으로 환산하여 죄를 담당하는 것이다. 이는 북 왕국이 생긴 후(930년)부터 고레스에 의해 해방된 때(BC 538년)까지 390년간 북 이스라엘이 범죄한 기간이요, 40일은 예레미야 시대 이후 40년간 남 유다 왕국 후기의 범죄 기간이다. 이 기간의 죗값을 담당해야 한다.

세 번째로, 밀과 보리, 콩, 팥, 조와 귀리를 하루에 20세겔만 먹고 물도 1/6힌씩만 먹는다. 이는 예루살렘성이 1년 6개월 동안 포위되어 음식이 없어서 평소 1/3 정도만 먹었다.

네 번째는 인분을 불에 구워 먹으라고 했다. 이것은 율법을 위반하는 도저히 있을 수 없는 일이다. 그러나 1년 6개월 동안 예루살렘이 포위되고 보급로가 차단되어 보급이 어려워서 청결한 음식을 가려 먹을 처지가 안 되었다. 결국은 거룩한 백성이 자존심 때문에 인분 대신 쇠똥으로 구워 먹는 것을 허락받았다.

5장은 예루살렘 성이 함락되어질 상황을 미리 보여주고 있다. 백성 중 성읍에서 불살라지는 터럭 1/3은 성안에서 기근으로 죽고, 성읍 사방에서 칼로 맞은 터럭 1/3은 바벨론 군사들의 손에서 죽은 자, 바람에 흩어지는 터럭은 바벨론 포로로 잡혀간 사람 1/3을 의미한다(5:12). 그 이유를 다음과 같이 말씀하신다. "그가 내 규례를 지키지 않고 이방인보다 악을 더 행하며 내 율례도 그리함이 그 둘러 있는 열방보다 더하니 내가 너를 치며 벌을 내리되 내가 전무후무하게 네게 내릴지니라(5:6-9)."

6장은 이스라엘 산들이 멸망할 것을 예언하고 있다.

이유는 산과 작은 산과 시내와 골짜기에서 우상 숭배했기 때문이다(6:1-3). 우상을 섬기는 그들에게 내리는 심판은 1) 죽임을 당하게 하겠다. 2) 그들이 사는 땅을 처량하고 황무하게 하겠다. 3) 심판의 도구로 칼과 온역과 기근과 흩어짐을 사용(6:12)하시겠다는 것이다.

하나님이 이렇게 심판하시는 이유는 1) 참된 하나님의 백성임을 깨닫도록 2) 하나님을 기억하고 죄악을 깨달아 회개하기 위하여 3) 그가 여호와 하나님인 줄 알기 위함이다. 4) 이것은 결국 택한 백성에게 축복을 주기 위함이다.

7장은 예루살렘 멸망의 때가 왔다고 기록한다. 이렇게 "끝났도다, 끝났도다" 강조하는 것은 유대 백성들에게 만연했던 안일한 낙관주의에 대해 경종을 울려주고 싶은 것이다. 성전이 이방인에 의해 훼파된다는 것은 상상조차 하지 못했다. 그들의 신념은 선지자의 메시지에도 불구하고 예루살렘은 하나님이 버리지 않는다는 낙관주의에 빠져 있었다. 그런데 정반대의 일이 벌어진 것이다(7:1-9).

이어서 "몽둥이가 꽃피며 교만이 싹 났도다"라고 말하고 있다. 여기에서 몽둥이는 이스라엘을 벌하기 위한 하나님의 징계 수단이다. 교만이 싹이 낫다는 것은 하나님 없는 세상 권세 그 자체가 교만이지만 이것도 하나님은 사용하심을 보여준다. 내 '은밀한 처소'가 더럽힘을 당한다고 말씀하신다. 이것은 유대의 형식적인 신앙과 불순종의 모든 행위를 징벌하여 하나님의 성소가 짓밟힘을 당하게 될 것을 말하고 있다. 이 모든 것은 이스라엘 백성에게는 큰 충격이다. 이를 통하여 하나님이 하나님 되심을 알게 하려 하신다.

오늘 묵상의 말씀

이스라엘 백성은 예루살렘 성의 멸망을 어떻게 받아들이고 있는가?

예루살렘의 멸망과 회복의 예언

8장에서는 에스겔이 환상을 본 지 1년 후 불같은 형상을 가진 주님이 손을 펴서 에스겔의 머리털 한 줌을 잡고 천지 사이로 끌어올려 예루살렘 성전 안뜰로 인도하셔서 예루살렘에 4가지 우상이 있는 것을 보여 주신다.

1) 투기(질투)의 우상인 바알과 아세라 우상을 성소 안에서 발견했다. 2) 장로 70인과 함께 담(벽)이 있었다. 그것을 헐라고 하여 헐었더니 한 문이 있어서 거기에 들어가 보니 각양 곤충과 가증한 짐승이 벽에 가득하게 그려져 있었다. 여기의 곤충과 짐승은 다름 아닌 애굽의 신들이다. 70인의 장로들은 이스라엘의 지도자들이다. 이 지도자들은 "우리가 바벨론 포로로 온 것은 하나님이 우리를 버려서다. 우리가 살길은 애굽의 도움을 받는 것"이라고 말해왔었다. 그래서 애굽 신을 섬기게 되었다. 3) 성전 북문에 보니 '담무스' 우상이 있는데 여인들이 섬기고 있었다. 담무스는 농사의 신으로 이스라엘 백성들이 포로 생활 중에 먹을 것이 없어서 바벨론 농사의 신 담무스를 섬기게 됐다. 4) '태양신'을 섬기고 있었다. 25인이 태양을 향하여 경배하는 것을 보여 주었다. 25명은 24 제사장 반열과 그 대표자를 합한 수이다. 태양은 바사의 신이었다. 제3의 방법으로 바벨론에서 해방되기를 간절히 비는 모습을 보았다. 이렇게 우상 숭배가 온 성전에 만연하여서 심판을 피할 수 없었다.

9장은 그래서 심판을 한다는 내용이다.

먼저 심판하는 자를 나오라고 한다. 그는 살육하는 기계를 한 손에 잡은 여섯 사람과 허리에 서기관의 먹 그릇을 찬 사람으로 천사였다. 두 번째는 심판 원칙을 세우는데 1) 지나친 온정주의를 피하고 아껴보지도 말고 긍휼을 베풀지도 말라. 2) 성전 안에서부터 시작하라. 3) 이마에 표 있는 자는 해하지 말라. 4) 그리하여 그 천사들은 성전 앞에 있는 늙은 자들로부터 시작하여 성읍 중에 나가서 차기까지 말씀을 준행했다.

10장은 예루살렘의 멸망이 임박한 것을 말했다.

그것은 그룹 사이에서 가져온 숯불이 예루살렘 위에 쏟아지는 환상과 하나님의 영광이 성전을 떠나가는 내용이다. 하나님이 성전에 충만하게 임재하셔서 성전을 성전 되게 했던 하나님의 영광은 구름을 타고 '여호와의 전으로 들어가서 동문'으로 이동했다. 그리고 그 영광은 다 성읍 중에서부터 올라가서 성읍 동편 산 곧 감람산으로 이동했다.

11장은 8-10장의 심판 결론장이다.

하나님의 영광이 예루살렘 성전을 떠나는 순간(10:9-22), 두 가지 내용의 음성을 듣게 된다.

첫 번째로 유다 지도자들에 대한 하나님의 분노 음성이다. 그들은 마음에 불의를 품고 있고 악한 꾀로 백성을 다스렸다. "너희가 바벨론에 잡혀갈 것이요, 잡혀가거든 거기서 집을 짓고 결혼해서 살라"라는 예레미야의 말에 "집 건축할 때가 가깝지 않다"라고 비웃었다.

두 번째는 이스라엘에 대한 회복의 음성이다. 1) 이방인 가운데로 쫓고 열방에 흩은 자들을 다시 불러 "그들은 내 백성이 되고, 나는 그들의 하나님이 되도록 하겠다." 2) 그것을 위하여 하나님께서 친히 그들에게 성소가 되어 주겠다고 하셨으며 3) 일치된 마음과 새 신을 주어 그 몸에서 굳은 마음을 제하고 부드러운 마음을 주어서 하나님의 법도를 순종하도록 하겠다(11:16-20)고 말씀하신다.

오늘 묵상의 말씀

예루살렘을 심판하신 이유는 무엇 때문인가? 구체적으로 말해보자.

이스라엘 멸망 예언과 거짓 선지자

12장에서는 이스라엘 나라가 망할 것이라는 예언을 했지만, 백성들은 듣기 싫어하므로 귀도 막고, 눈도 막고, 패역한 상태여서 더 이상 듣고 싶지 않아 했다. 그래서 하나님은 에스겔에게 유다 왕 시드기야와 백성들이 어떻게 비참하게 잡혀가서 비참하게 최후를 맞게 될 것을 보여 주기 위해 이삿짐을 챙기라고 한다. 그것도 온종일 챙겨도 저물 때 성벽을 뚫고 지나가는 행동을 하면서 조롱받아도 그렇게 하라는 것이다. 날이 저물 때 그런 행동을 보여 주었다. 그리고 유다가 받은 재앙은 성읍이 황폐해지고 땅이 황무해서 심한 기근으로 고통당하게 될 것이라고 말했다. 떨면서 음식을 먹고, 근심하면서 물을 마시는 모습을 보여 주면서 급하게 왕이 잡혀갈 것이라고 이야기했다. 그러나 이스라엘 사람들은 "날이 더디고 모든 묵시가 사라지리라. 묵시가 이루어지지 않을 것"이라면서 불순종했고. 또 "아첨하는 묵시나 아첨하는 복술이 다시 없을 것"이라고 말한다. 그러니까 에스겔이 전하는 메시지가 바벨론에게 아첨하는 내용이라는 것이다. 그러나 우리 주님은 이런 말이 하나도 더디지 않고 다 응할 것이라고 말해 주셨다(12:21-25). 이 예언을 한 지 4년 후인 BC 588년에 왕의 아들들과 70명의 지도자가 처형당하고 그는 눈을 잃고 바벨론으로 끌려갔다. "주 여호와의 말씀에 나의 말이 하나도 다시 더디지 않을지니 나의 한 말이 이루리라(28)"라는 말씀이 성취된 것이다.

13장은 거짓 선지자들에 대한 저주를 예언한 내용이다.

이들의 특징은 1) 그들은 본 것도 없으면서 자기 심령을 따라 예언하는 우매한 예언자다. 그러면서 하나님의 이름을 걸고 나타난다. '황무지에 있는 여우'와 같이 자기의 이익을 추구하기에만 재빠르고 교활한 자이다. 이런 자들을 '내 백성의 공회와 이스라엘 족속의 호적과 이스라엘 땅'에서 추방하겠다는 것이다(13:8-9). 2) 이들은 평강이 없으나 평강이 있다고 말하는 자들이다. 3) 영혼을 조금도 귀히 여기지 않는다. 곧 새를 사냥하듯이 영혼을 죄악과 파멸에 몰아넣는 일을 대수롭지 않게 한다. 4) 두어 움큼 보리와 두어 조각 떡을 위하여 하나님을 욕되게 한다. 5) 자신들이 편안히 살 줄 생각하는 어리석은 자들이다.

14장에서 유다 장로 두어 사람이 예루살렘 장래에 대하여 설명해 달라고 했다. 이에 에스겔은 "이스라엘 온 족속, 그들과 함께 살던 모든 사람을 우상 숭배에 따라 응보하겠다"고 말한다(14:3-7). 또한, 하나님께서 그들을 대적하고(14:8), 각각 자기의 죄악을 담당할 것이다

이러한 책망을 듣게 된 이유는 1) 자기 마음에 우상을 섬겼기 때문이다. 2) 하나님을 떠났기 때문이다. 3) 죄악의 거치는 것을 그들 앞에 두었기 때문이다. 4) 하나님 없이 자기 마음대로 산 모든 결과가 죄요, 그것이 그들 자신을 빠뜨리는 함정이 된 것이다(14:1-10).

그 결과로 1) 칼과 기근과 사나운 짐승과 온역으로 이스라엘은 심판을 받게 될 것이다. 2) 하나님의 심판은 의롭지 못한 자, 그 누구도 결코 피할 수 없다. 3) 누구든지 자기의 의로 자기 생명만 건질 수 있다. 비록 노아, 다니엘, 욥이 거기 있을지라도 그들은 그들의 자녀도 건지지 못하리니 자기 의로 자기의 생명만 건질 수 있다(14:21).

범죄한 자에게는 4가지 중한 벌, 곧 칼과 기근과 사나운 짐승과 온역을 예루살렘에 함께 내려 사람과 짐승을 그중에서 끊을 것(14:22)이라고 전한다.

오늘 묵상의 말씀

거짓 선지자의 특성으로 어떤 성격을 가지고 있을까?

유다가 망할 수밖에 없는 이유 3가지 비유

15장에서 17장까지 '이스라엘이 구원받는다'라는 낙관론을 펼치는 거짓 선지자에 대해 구원받을 수 없는 상태를 3가지 비유로 설명하고 있다.

우선 15장은 포도나무의 비유를 말하고 있다.

포도나무는 무엇보다도 열매를 맺을 때야 그 존재가치가 있다. 포도나무는 잎을 사용하거나 뿌리를 사용하거나 줄기를 사용하지 않는다. 오직 열매만 사용한다. 그러니 열매를 맺어야 그 목적을 충족한다. 열매 없는 포도나무는 불에 던져 화목이 될 뿐이다. 그래서 "내가 여호와인 줄 알리라(15:1-7)"라고 말씀하고 계시다. 이 말씀은 BC 722년 앗수르의 이스라엘 침공과 BC 605년과 598년의 바벨론 침공으로 인해 황폐해진 뒤에 '이스라엘'은 이미 시커멓게 탄 나무 조각과 같은 신세가 됐다.

16장은 신실하지 못한 유다에 대해 기록하고 있다.

예루살렘의 '가증한 일(16:2)'에 대하여 설명하고 있다. 예루살렘의 아버지와 어머니는 '아모리 사람'으로 묘사된다. 그러던 곳이 다윗에 의해 마침내 정복되었다. 예루살렘은 탯줄을 매달고 기본적인 돌봄, 즉 소금 뿌림(원시적 형태의 소독), 강보로 싸거나 씻는 것조차 거부당한 버림받은 여자아이에 비유된다. 그러나 하나님은 예루살렘을 자신의 거처로 택하셨다. 그는 도성을 매우 아름답고 웅장한 도시로 만들었다. 예루살렘은 인생의 황금기를 맞은 매력적인 젊은 여인과 같게 되었다. 그때가 한창 때이다(16:1-14). 한창 예쁠 때 행음하기 시작했다. 솔로몬의 우상숭배는 시간이 지나면서 마침내 의식적인 어린아이 제사에 참여하는 지경까지 이르렀다(16:20-21). 갈수록 예루살렘은 완전히 하나님을 잊어버리고 이방 민족과도 행음하기 시작했다(16:22-29). 예루살렘의 이러한 불신실한 부부관계에 질투하시는 주님의 성품을 보여주고 있다. 하나님은 "예루살렘을 사마리아와 소돔처럼 망하게 할 것이다. 그러나 회개하면 내가 너의 어렸을 때 너와 세운 언약을 기억하고 너와 영원한 언약을 세우리라(16:60)"라고 말씀하시면서 희망(언약의 회복)을 보여주고 있다.

17장은 두 독수리와 한 나무의 비유를 말하고 있다.

털이 숱한 한 큰 독수리가 레바논에 이르러 백향목의 높은 가지를 취하여 끝을 꺾어 장사하는 땅에 이르러 상고의 성읍에 두는 이 비유는 '바벨론 왕이 예루살렘에 이르러 왕과 방백을 사로잡아 바벨론 국가로 끌어가는 사건'을 가리킨다. 여기에서 '큰 독수리'는 바벨론 왕이며, '백향목'은 다윗의 왕조를 상징하고, '그 연한 가지' 혹은 '높은 가지'는 모두 여호야긴 왕을 말한다. '상고하는 땅'은 바벨론(17:3)이다. 또 그 땅의 종자를 취하여 옥토에 심되 큰 물가에 심었더니 그것이 자라며 높지 아니한 포도나무 곧 굵은 가지가 난 포도나무가 되어 그 가지는 독수리를 향하였고 그 뿌리는 독수리 아래 있었더라(17:5-6, 8, 13). 여기에서 '그 종자의 가지'는 시드기야를 말한다.

7절에 그 포도나무가 다른 독수리에게 물을 받으려고 했다(17:7). 여기에서 '다른 독수리'는 애굽의 왕이다. 시드기야 왕이 바벨론을 섬기겠다는 맹세를 반역하고, 애굽의 말과 군대의 원조를 요청했었다. 이에 바벨론 왕 느부갓네살왕은 자신의 맹세를 업신여기고 언약을 배반한 것에 진노하였다(17:19-20).

그 결과 바벨론에 사로잡혀가 70년 동안 포로 생활한다는 것이다. 그러나 하나님의 계획은 17장 23-24절에 명확히 나타내고 있다.

"내가 또 백향목 꼭대기에서 높은 가지를 취하여 심으리라. 이스라엘 높은 산에 심으리니 그 가지가 열매를 맺어서 아름다운 백향목을 이룰 것이요(17:22-23)."

오늘 묵상의 말씀

유다의 망할 수밖에 없는 이유 3가지 비유를 이야기해보자.

유대인이 멸망하는 이유

18장은 악에 대한 심판의 원리를 말해주고 있다.

그 당시 만연된 속담은 '아비가 신 포도를 먹었으므로 아들의 이가 시다'이다. 이는 유다 왕국 말기에 특히 바벨론에 포로로 잡혀 온 유대인들 가운데 만연해 있었다(18:1-2).

이 속담에 담긴 뜻은 이렇다. 1) 자기들의 죄가 없다. 2) 선조들의 지은 죄 때문에 아무 죄도 없는 우리가 애매히 파멸과 포로 되는 고통을 당하고 있다. 3) 그러므로 하나님의 길은 공평치 않다.

그러므로 회개하기는커녕 자신들이 당하는 형벌을 조상들의 책임(죗값)으로 돌리고 하나님에 대하여도 불평한다(18:1-4). 여기에 대한 하나님의 답변은 "각 사람은 자신의 행한 대로 보응 받는다" 이다. 선을 행하는 의로운 사람은 악한 조상을 가졌을지라도 형통함과 생명을 그 보상으로 받게 된다. 악에서 돌이키는 자는 아무리 악하였을지라도 형통함과 생명을 얻는다(18:21-28). 그러므로 하나님은 악인이 죽는 것을 조금도 기뻐하지 않으신다. 그래서 돌이켜 회개하고 모든 죄에서 떠나라고 촉구하는 것이다. "스스로 돌이키고 살지니라."라고(18:31-32).

19장은 멸망하는 유다 왕가들에 대한 애가를 비유로 이야기하고 있다.

암사자(요아스의 부인 하므달)는 새끼 하나를 키우매 젊은 사자가 되어 식물 움키기를 배워 사람을 삼키었다. 이방인이 듣고 함정으로 그를 잡아 갈고리로 꿰어 애굽 땅으로 갔다. 이는 요아스의 아들, 여호아하스는 불과 3개월 동안 통치를 하다가 애굽으로 BC 609년에 끌려갔다가 1년 만에 죽었다(19:1-4)는 비유다. 이제 암사자가 기다리다가 다른 새끼 하나를 또 취하여 젊은 사자가 되게 하니 젊은 사자가 여러 사자 가운데 왕래하며 식물 움키기를 배워 사람을 삼키었다. 그가 바로 여호야김이다. 그 뒤를 이어 여호야긴이 왕이 되었고, 그는 바벨론으로 끌려갔다(19:5-9).

또 하나의 비유는 '물가에 심어진 나무가 권세 잡은 자의 홀이 될 만한데, 불이 솟아나와 그 가지와 실과를 태우니 건강한 자가 없도다(19:14)'이다. 이는 시드기야 왕을 말한다. 이렇게 완전히 다윗 왕가가 나중에는 완전히 망했다. 이는 사무엘하 7장 12-16절을 소홀히 한 국가가 감당할 고통이다.

20장은 패역한 유다 역사를 통한 하나님의 응답을 들려주고 있다.

장로 중 두어 사람이 이스라엘이 왜 이런 고통을 당해야 하는지 질문하러 왔다. 이 질문은 사실상 몰라서가 아니라 하나님께 반항하고 싶어서 알면서도 일부러 물으러 온 것이었다. 하나님은 이에 관해 묻는 일을 거절하고 역사를 통하여 이스라엘이 얼마나 반역했는지를 알려주었다.

1) 애굽 땅에서(20:5-9) 우상들로 더럽히지 말라고 한 것을 거역했다. 2) 광야에서(20:10-26) 그들은 모세를 통하여 주어인 율법을 버리고 마음으로 우상을 좇아 하나님의 규례를 안식일을 더럽혔다. 3) 가나안에서(20:27-32) 그들은 하나님의 율법을 더욱 무시하고 가나안의 모든 풍속을 따라 살았다.

그러면 해결책이 없는가? 아니다. 하나님께서 이스라엘의 죄를 징벌하신 후에 그들을 다시 열국 중에서 불러 모아 약속한 대로 가나안을 주고 그들의 예배를 받겠다고 하신다. 그 형벌을 받을 때 악한 길에서 돌아서게 되어 하나님의 축복을 받기에 합당한 것이다. 이를 통하여 하나님이 하나님 되심을 알게 하신다.

오늘 묵상의 말씀

유대인이 심판당할 때 이스라엘 백성들이 받을 유익은 무엇인가?

예루살렘의 멸망과 그 이유

21장에서 하나님은 남 유다를 향해 칼을 뽑으셨다.

성경에서 여호와의 칼은 대부분 대적을 향해 뽑혔는데(수5:13, 신32:41, 사4:38), 여기서는 남 유다를 향하고 있다. 이것을 "예루살렘을 향하여 예언하라. 성소를 향하여 예언하라"라고 하신다(21:1-2).

"하나님이 의인을 멸할 수 있겠느냐?" 물을 수 있지만, 의인일지라도 그가 속한 공동체 전체에 환난이 임할 때 악한 자와 구별 없이 수난을 당한다는 것이다. 의인이 할 일은 파수꾼의 역할인데, 공동체의 일원으로서 하나님의 징벌을 초래하는 악을 적극적으로 막거나 개선하지 못한 책임이 있기 때문이다. 여기에서 '칼'은 심판이라기보다는 심판의 도구이다. 곧 바벨론 왕은 유대뿐 아니라 암몬도 공격할 것이다. 먼저 이스라엘을 멸망시키고 다음에는 이스라엘의 원수인 암몬도 역시 함락할 것이다. 여기에서 암몬은 이방 나라를 대표한다. 이방 나라 역시 하나님의 통치 영역 범위 안에 있다는 것을 명백하게 알려 주는 내용이다.

이스라엘의 지도자들은 이런 사실을 누차 반복해서 알렸으나 사람들은 알려고 하지도 아니했고 깨닫지도 못했다. 그래서 에스겔에게 '슬피 울며 부르짖으면서 지금이 그런 정황이라는 것을 깨닫도록 행동적 시위를 하라'고 권한다. 한편 바벨론 왕은 '예루살렘을 먼저 공격할 것인가? 암몬을 먼저 공격할 것인가?' 점을 쳤다. 화살통에서 화살을 흔들어 점을 쳐서 제비를 뽑았더니 예루살렘이 나왔다(21:21). 그래서 예루살렘을 공격했다. 하지만 이것 역시 하나님의 절대 주권 속에 있다. 그리고 시드기야 왕권을 빼앗은 후에 "마땅히 얻을 자가 이르면 그에게 주리라"라고 말한다. 이는 '다윗의 왕위를 이어 다윗의 언약을 성취(삼하7:12-16)하기에 합당한 메시아 그가 오시면 그에게 줄 것'이라는 뜻이다. 그리고 암몬까지도 침공할 것이다.

22장은 예루살렘의 죄악상을 말하고 있다.

21장에 예루살렘이 멸망한다는 메시지를 전했는데, 그 이유는 23장에서 예루살렘의 죄악 때문이라고 설명한다. 유다의 죄는 포괄적으로 보면 '자기 가운데 피를 흘리고, 우상을 만들고 그것을 숭배함으로 스스로 더럽혔으며(22:3), 이름이 더럽고 어지러움이 많았다(22:5)는 것이다. 이것을 구체적으로 설명하면

1) 권력을 남용하고 부모를 업신여기며 나그네와 고아와 과부를 학대하거나 해치는 생활을 했다(22:6-7). 2) 안식일을 더럽히고 성전의 성물을 업신여겨 하나님의 거룩함을 무시했다(22:8). 3) 이웃끼리 미워하도록 분위기를 조장하고 우상을 숭배하며, 온갖 형태의 부정한 성생활을 했다(22:9-11). 4) 뇌물을 받아 부당한 판결로 사람을 억울하게 하며, 일하지 않고 이자놀이만으로 먹고 살며, 토색(금품을 억지로 혹은 부당하게 받음)하고 5) 가장 중요한 것은 '하나님을 잊어버렸다'라는 것이다. 하나님을 기억하며 온갖 죄를 범하는데 담대하게 되고 그렇게 살다 보니 멸망의 때까지 왔다.

그 원인은 1) 선지자들의 죄악 때문이다. 이들은 하나님의 말씀을 선포하는 직분을 이용하여 자기 배를 부르게 하고 권력과 야합하여 자기들의 명예와 재산의 안전을 보호받으려는 권력의 시녀가 되었다. 허탄한 이상을 보며 복술을 했다(22:25. 28). 2) 제사장들이 율법을 범했다. 하나님의 말씀을 실행하지 않고 그의 거룩함을 나타내지 아니했다. 눈이 가리어 안식일을 범했다(22:26). 3) 방백(공무원)들은 불의로 이익을 취하여 영혼을 멸했다(22:27). 4) 백성들은 불법을 저질렀다.

"그래서 내가 그 성을 쌓아 무너진 데를 막아서서 나로 멸하지 못하게 할 사람을 내가 그 가운데서 찾다가 얻지 못한 고로 이 성에 그 행위대로 갚아주었느니라(22:28-31)."

오늘 묵상의 말씀

이스라엘이 망한 이유는 무엇이며 왜 유다보다 먼저 망하도록 했을까?

두 자매의 간음과 에스겔 부인의 죽음

23장은 음란한 두 자매 이야기를 하고 있다.

이스라엘 족속이 출애굽 하기 전 애굽에서 하나님을 버리고 영적 간음을 하고 있다. 두 여인의 이름은 '오홀라(사마리아)'와 '오홀리바(예루살렘)'이다(23:1-4). 오홀라는 그들의 범죄에도 불구하고 그의 백성을 인정하고 돌보았는데, 애굽과 앗수르와 행음한 것이다. 결국 그들이 의지했던 앗수르에 의해 멸망했다(23:5-10). 그리고 오홀리바는 북이스라엘과 같이 애굽과 앗수르와 바벨론을 의지했다. 유다가 더욱 책망을 받을 수밖에 없는 이유는 그 형제 북이스라엘의 멸망을 보고서도 돌이키지 않았기 때문이다. 이러한 오홀리바에 대하여 '사마리아와 '잔, 곧 놀람과 패망의 잔을 마시게 되고, 바벨론 군대를 통하여 징벌할 것'을 알려주었다(23:11-21).

이렇게 사마리아와 유다의 죄악을 심판하신 이유는 1) 그들의 죄에 대하여 대가를 받기 위함이요. 2) 다른 사람들에게 경계가 되기 위함이요. 3) 주 여호와가 하나님이신 줄 알리기 위함이요. 4) '여호와는 언약을 반드시 지키는 신실하신 분'임을 알리기 위함이다(23:36-42).

24장은 끓는 가마의 비유와 그의 아내의 죽음을 묵인하는 사건을 통하여 예루살렘의 멸망을 예고하고 있다.

제9년(BC 588년) 10월 10일에 바벨론 왕 느부갓네살이 예루살렘을 멸망시키기 위하여 예루살렘을 공격하기 시작했다. '끓는 가마의 비유'를 통하여 예루살렘의 완전한 멸망과 아울러 포위 기간 동안 성내에서 그들이 당하게 될 비극 상을 보여 준다. 이 '끓는 가마의 비유' 혹은 '끓는 가마 속의 고기 비유'는 일찍이 거짓 선지자들이 사용했던 말이다. 그들은 '예루살렘은 성안에 있으면 절대 안전하다'라는 뜻으로 '가마 속에 있는 고기는 안전하다'라는 말을 사용해왔다.

하지만 절대 안전하지 않다는 것을 보여주며, '나무를 많이 쌓고 불을 피운다(24:9, 10)'라는 말은 하나님의 진노의 맹렬함을 상징하고, '가마의 녹이 없어지지 아니한다'는 말은 죄가 얼마나 지독한지를 나타낸다(24:3-14). 하나님은 맹렬한 노로 예루살렘을 징벌하시지만, 그것은 하나님의 또 다른 계획을 이루기 위한 수단이었다. 즉 예루살렘을 깨끗하게 하려는 계획이다. 하나님께서 진노의 매를 드는 것 외에 다른 방도가 없기에 그 방법을 통하여 정결케 하신다는 것이다.

한편 에스겔의 반쪽인 아내의 죽음은 에스겔에게 있어서 충격적인 사건이다. 그런 아내가 죽었는데, 울지 않고 침묵한다는 것은 그만큼 충격이 큰 사건이 있을 것이라는 메시지가 있다. 즉 유대인들이 가장 좋아하고, 가장 사랑하고, 마음을 쏟으며, 가치와 의미를 부여하는 것을 하나님께서 빼앗아버린다는 것이다. 여기에서 하나님의 성전이 훼파되고 모독을 당하게 될 일이 포함된다. 또한, 그들의 자녀와, 그들에게 도움이 된다는 것은 모두 망하게 될 것이다. 왜냐하면, 그들은 하나님 아닌 다른 것들을 의지하며 헛된 자랑으로 삼았기 때문이다. 즉 자기 욕심과 부패한 생각을 따라 하나님의 자리에 다른 것들을 올려놓았다(24:16-25).

그리고 자기 아내의 죽음에 대해서 에스겔은 전혀 슬퍼하거나 울지 않았는데, 하나님께서는 에스겔의 이러한 행동을 하나의 '표징(sign)'이라고 하셨다. 즉 아내의 죽음은 마땅히 통곡할 만큼 슬프고 괴로운 일임에도 불구하고 전혀 애곡하지 않음으로써 예루살렘에 닥칠 환난은 슬픔과 애도의 도를 지나칠 것을 상징한다. 이제 예루살렘 성이 멸망하고, 유다 백성들은 에스겔이 있는 곳으로 도피하게 될 것이다.

오늘 묵상의 말씀

두 자매의 죽음과 에스겔의 죽음을 어떻게 느꼈는가? 같이 이야기해보자.

이방 나라의 멸망에 대한 예언

25장에서 32장까지는 이방의 7개 족속 멸망을 기록하고 있다. 제사장 나라인 이스라엘이 망하면 당연히 이방 지역도 망한다는 것이다.

25장은 모압, 세일, 에돔, 블레셋의 멸망을 보여주고 있다. 26-28장은 두로와 시돈의 이야기이며, 나머지(29-32장)는 애굽의 멸망을 예고하고 있다.

1) 암몬 족속의 죄는 유다 족속이 포로로 잡혀가고 예루살렘이 더렵혀지고 있는 것을 '즐거워한' 죄이다. 그들은 손뼉을 치고 발을 구르면서 멸망하는 것을 즐거워했다. 비록 하나님의 징계로 이스라엘이 망하지만, 이 징계는 원수를 제거하시는 것과 같은 성격이 아니라 하나님께서 사랑하는 자기 백성을 안타까운 심정으로 하신 징벌이다. 2) 모압과 세일 사람들이 '유다 족속은 모든 이방과 일반이라'라고 하는 말은 유다도 다른 이방과 같이 멸망한다는 것인데, 이 말은 예루살렘이 있고, 거기에 하나님이 계신다는 여호와의 임재의 상징이 아무 효용 없이 이방인과 마찬가지라는 뜻으로 하나님을 모욕하는 말이다. 3) 에돔의 죄와 블레셋 죄의 공통점은 모두 이스라엘에 대하여 원수를 갚으려고 했다는 점이요, 차이점은 블레셋이 에돔보다 훨씬 더 심했다는 말이다. 하나님께서는 이들 4 족속을 징계하시겠다는 것이다.

그 이유는 1) 징계에 앞서 각 족속의 죄목을 명시함으로써 징계의 타당성과 공의를 잘 말해 준다. 2) 이 땅 위에 모두 멸절할 것이라는 말이다. 3) 징계를 통하여 하나님이 이렇게 하셨다는 것을 보여 줄 것이다.

26장에서 28장까지는 두로에 대한 심판을 예언하고 있다.

26장은 특히 두로의 멸망에 대하여 기록하고 있다. 두로는 자연경관이 좋고 농토가 비옥하여 많은 사치품이 생산되고 무역이 활발하며, 조선업이 발달해 있다. 그래서 영화의 극치를 누리며 교만했던 곳이다. 그들 역시 유다의 멸망을 기뻐했다. 그러나 더 큰 죄는 스스로 교만하여 하나님의 자리에까지 올라갔다(28:2). 그러면서도 그들이 망할 것이라고는 전혀 생각해보지 못했다. 하나님은 그들의 멸망을 통하여 하나님의 절대주권을 알려주려 하셨다. 바벨론 왕 느부갓네살의 군대를 학살하며, 우상을 부수며, 무역한 재물을 노략질하며, 나머지는 다 물에 빠뜨려 버릴 것이다. 결국 두로는 끊어지게 될 것이고 다시는 재건되지 못할 것이다. 그래서 “그들이 나를 여호와인 줄 알리라(26:6)”고 말씀하신다.

27장에서 두로가 자랑하는 첫 번째는 ‘배’이다.

선박은 무역을 통하여 크게 부유해질 수 있는 수단으로 두로는 ‘바다 어귀에 거하여 여러 섬 백성과 통상하는 자’이다. 배는 최고로 숙련된 자가 운항하기에 어떤 풍랑도 이길 수 있다고 자랑했다. 두로의 통상 내역은 보화와 옷감, 귀중한 음식들의 사치품들이며 여러 백성과 열왕이 풍요로워진다. 두로가 이렇게 부유하게 된 것은 재물을 모으는데 부지런했기 때문이다. 하지만 이것이 망함으로 크게 슬퍼하게 된다는 이야기이다

28장은 두로와 시돈의 멸망에 관한 예언이다.

멸망의 원인은 교만이다. 그들이 바다 가운데 있어서 하나님의 자리인 바다 중심에 앉아 있다고 생각했다. 다니엘보다 더 지혜로워서 깨닫지 못하는 것이 없으며 그런 지혜로 재물을 얻어 창고에 쌓아 두고 있다는 두로의 자만심에 대해 심판하고 여호와만이 하나님이신 것을 깨닫게 하려는 것이다.

오늘 묵상의 말씀

이방 나라들에 대한 멸망의 이유는 무엇일까?

애굽의 멸망

29장-32장은 애굽의 멸망에 관한 내용이다.

29장에서 바로가 하나님의 대적함을 받는 이유를 기록했는데 이는 이방 모든 나라와 같이 '교만'했기 때문이다. 애굽은 애굽 문화를 꽃피우고, 애굽 생명 젖줄의 역할을 하는 '나일강'을 가지고 있었다. 바로는 이를 자기 것이라고 자랑한다. 이들을 향해 포로에 의한 멸망을 예언한다. '갈고리로 아가미를 꿴다'는 말은 이미 잡혀서 꼼짝 못하고 끌려간다는 것이다.

애굽이 이스라엘에게 '갈대 지팡이'라고 말하는 것은 애굽이 이스라엘에게 무익하며 아무런 도움이 되지 못할 뿐 아니라 오히려 의지했다가 상처만 받고 넘어지게 된다는 것이다.

30장에서는 '이날', '그 날이 가까웠도다'라는 말을 굉장히 강조한다.

크게는 그날은 예수 그리스도의 임재의 날이요, 가깝게는 애굽이 멸망하는 그날이다(30:1-9). 그 땅의 모든 성읍이 다 파괴될 것이요, 성읍 거민들은 포로가 될 것이다. 그렇게 하므로 여호와가 하나님인 줄 알게 되는 것이다(30:10-19). 그 이유는 하나님이 제일 싫어하는 우상을 섬겼기 때문이다.

31장은 애굽 멸망에 대하여 이야기하면서 앗수르에 대하여 설명한다.

앗수르를 아름다움과 웅장함을 겸비한 '레바논의 백향목'으로 비유하고 있다. 원래 레바논의 백향목은 '나무 중의 나무'로 인정한다. 이처럼 앗수르의 위엄은 애굽의 위엄보다도 컸지만, 하나님의 징계로 인하여 완전히 멸망(BC 612년)한 것을 보여 줌으로써, 애굽도 얼마든지 멸망할 수 있기에 자기의 힘만 믿고 교만하지 말라고 설명한다.

앗수르가 음부에 내려가는데, 그 모습은 1) 하나님께서 바다와 강물과 나무들로 애곡하셨다. 2) 앗수르가 음부에 떨어질 때 그 소리로 인하여 열국이 떨었다. 3)

지하에서 앗수르의 멸망을 보호하려고 오히려 위로받는 자들이 있다. 그래서 교만한 자들을 무너뜨림으로 다음에 세력이 교만하지 않도록 할 것이기 때문이요, 이로 인하여 인간의 높아짐과 낮아짐이 하나님의 손안에 있다는 것을 알려주기 위함이다.

32장은 애굽 왕 바로의 허무한 종말을 내다본 애가이다.

먼저 바로를 그물에 걸린 악어에 비유하여 그의 슬픈 종말을 암시하고 있다. '젊은 사자'처럼 열국을 잘 통치하고 있는 힘 있고 유능한 왕을 상징하기도 하고, '큰 악어'로 물을 더럽히는 열국을 괴롭히는 자로서 애굽 왕의 행실의 악함을 설명하고 있다.

이런 애굽을 바벨론 왕의 칼로 멸하는 하나님의 목적은 1) 애굽의 모든 무리를 칼로 멸하여 애굽의 교만을 폐하기 위함이다. 2) 큰 물가의 모든 짐승을 멸하여 물을 흐리지 못하게 하고 때가 되면 그 맑은 물로 맑게 하기 위함이다. 3) 여기에서 '물을 흐리는 짐승들'은 바로와 그 무리를 가리키는 것이며 그 물을 맑게 하시겠다는 것은 하나님 말씀으로 하나님의 축복을 상징한다. 이를 통하여 하나님이 하나님이심을 알게 하려는 것이다.

결국, 애굽을 위한 두 번째 애가의 주제는 1) 예전의 교만했던 열국이 음부에 떨어진 것처럼 애굽 역시 음부에 떨어질 것이다. 2) 열국의 이 '음부로 떨어진 모습'을 모두 소개한 것은 차라리 바로 왕은 위로를 받을 것이라고 말하고 있다. 3) 그런데도 이스라엘이 음부에 떨어졌다는 말은 없다.

오늘 묵상의 말씀

애굽이 멸망하는 이유는 무엇 때문일까? 두 가지 이상을 적어보자.

파수꾼과 선한 목자에 대한 희망 사항

33장은 파수꾼의 사명을 위임받은 에스겔에 대하여 설명하고 있다.

그동안의 죄로 인하여 심판받을 것이요(1-24장), 더불어 주변의 열국도 심판할 것임(25-32장)을 선포한 에스겔은 이제 이스라엘이 회복될 것임을(33-48장) 선포하고 있다. 이 예언이 선포될 당시 이스라엘은 바벨론에 의해 패망하여 백성들은 사로잡힌바 되고 암울하고 소망 없는 시절을 보내고 있었다. 이때 에스겔은 파수꾼으로서의 사명을 부여받았다.

여기에서 파수꾼은 1) 백성이 자기 중의 하나를 택하여 삼으며, 파수꾼의 하는 일은 재앙이 임하는 것을 보고 나팔을 부는 것이다. 2) 파수꾼이 자기 일을 감당하기 위해서는 항상 경계 태세를 취하고 있다가 재앙이 임하는 것을 미리 볼 수 있어야 한다. 3) 그리고 그는 나팔을 불어 백성들에게 경고함으로써 백성들이 방비하게 하여 재앙을 막도록 해야 한다. 4) 만일 파수꾼이 재앙을 미리 보지 못한다면 그는 이미 파수꾼의 자격을 상실한 자이며, 또 재앙을 보고도 나팔을 불지 않았다면 그 재앙의 책임이 파수꾼에게로 돌아간다는 것이다. 5) 그러나 파수꾼의 책임도 중요하지만, 그 책임에는 한계가 있으며, 악인은 결국 자기 죄악 때문에 죽게 됨을 말하고 있다. 그 파수꾼은 에스겔이다. 특히 우리 하나님의 악인에 대한 심정은 '악인의 죽음보다 악인의 회개'를 기뻐하신다. 이것이 하나님의 마음이다. 이를 위한 진정한 파수꾼이 필요한 것이다(33:1-10).

에스겔은 바벨론에 거하는 유대인들을 책망한다. 당시 바벨론에 거주하는 유대인은 포로라는 불안한 처지 때문에 언제나 하나님의 뜻을 알기 원했고, 또 뭔가 밝은 소망을 바라며 선지자 앞에 나왔다. 그러나 그들은 선지자의 음성을 다시 듣기만 할 뿐, 전혀 그 말씀대로 살지는 않았다. 에스겔은 이런 이기적이고 우매한 삶을 책망하고 있다.

34장은 유다 왕들을 악한 왕들에 비유하여 마지막 네 왕과 지도자를 꾸짖는 내용이다. 유다의 왕들은 양떼인 백성들을 돌보거나 보호하지도 않고, 자기 욕심만 채우기에 급급했으며, 양떼에 무관심하여 결국 양떼들이 흩어지고 방황하게 만들었다(34:1-6).

한편 악한 목자들을 심판하겠다고 선언하신 하나님이 이제 친히 이스라엘의 목자가 되실 것을 선언하신다. 그리하여 흩어진 자와 잃은 자를 모으고 고통받고 상처 입은 양들을 치유하며 모든 양떼를 안전하게 지키신다고 하신다(34:11-16). 그래서 이제 하나님은 악한 왕을 꾸짖었던 방향을 돌려서 권력에 기생하여 연약한 백성을 압제하였던 부도덕한 상류층 백성에게 심판을 선고했다. 하나님은 부도덕한 상류층 백성을 연약한 백성들과 분리하여 그 행위에 따라 철저히 갚으시고, 연약한 백성에게는 그들을 이끌 참 목자, 즉 참된 왕을 주실 것이며, 그 왕과 화평의 언약을 맺으실 것을 약속하셨다. 아울러 이 화평의 언약을 맺음으로써 새 시대가 시작될 것을 약속하신다. 이 언약의 주제는 '그들은 내 백성이 될 것'이며, 이는 결국 메시아의 오심을 기다리는 약속을 말한다.

35장은 에돔의 멸망을 경고하고 있다.

그 이유는 1) 에돔이 이스라엘을 치는 자, 곧 바벨론을 도와서 이스라엘의 멸망을 재촉했다. 2) 이스라엘이 망하게 되자 그 두 민족과 땅을 탐내어 자기의 것이 될 것이라고 했다.

오늘 묵상의 말씀

파수꾼의 사명은 무엇이며, 양떼를 지키는 목자는 어떻게 해야 할까?

이스라엘의 회복과 두 막대기 묶음

36장에서는 이스라엘이 회복되어 새롭게 될 것을 예언하고 있다.

이스라엘의 회복 내용은 1) 하나님께서 그 땅에 '함께' 하실 것이다. 2) 이스라엘 백성들은 그 땅을 기업으로 얻어서 그곳에 살 것이다. 3) 사람과 짐승이 자식을 잃지 않을 것이다. 4) 그 땅에서 재앙을 당하거나 백성이 넘어져서 열방의 수욕 받는 일이 다시는 없을 것이다. 5) 이스라엘 나라는 포로가 되어도 그 땅은 여전히 이스라엘의 소유이다. 6) 이스라엘의 회복에 대한 예언은 70년 후에 바벨론으로부터 돌아옴으로써 성취된다(36:8-15)는 것이다.

두 번째로 이스라엘의 회복된 예언에 관한 특성은 1) 더럽혀진 하나님의 이름이 거룩함을 회복하기 위한 것이다. 2) 이것은 하나님이 '스스로 행하실 것이다.' 3) 이 일이 이스라엘의 백성들에 대한 하나님의 역사하심이지만, 본문에서 말하는 회복은 '맑은 물로 깨끗하게 하신 후에 이루어질 것'이다. 4) 이 회복은 '새 영'을 그들 속에 넣어 주셔서 '새 마음', '새 신'을 그들 속에 주신 것이 특성이다. 5) 그 땅에서 '너희가 내 백성이 되고, 나는 너희 하나님이 되리라'라는 말씀이 갱신되어 새롭고도 영원한 회복이라는 것(36:22-31)이 특성이다.

이때 백성들이 취해야 할 자세는 1) 이 회복이 이스라엘에 어떤 의로움이 있어서 이루어진 것이 아니다. 2) 이 회복은 이스라엘의 유익을 위한 것이 아니라 하나님의 이름이 거룩함을 회복하기 위한 것이다. 3) 이러한 회복이 하나님께로부터 왔기에 자신의 죄악을 한탄하고 부끄러워해야 한다. 4) 자신을 정결케 하고 회개와 결단으로 주님께 나아가는 것이다. 5) 그래도 '내게 구해야 할지니라.' (36:32-38).

37장은 에스골 골짜기와 같은 이스라엘의 회복에 관한 하나님의 메시지이다.

하나님께서 이스라엘 족속을 말하여 마른 뼈들에 대언하기를 원한다. "마른 뼈들아, 들으라. 너희가 살리라"라고 외쳤다. 그러자 뼈들이 연결하고 힘줄과 살과 가죽이 생겼다. 그리고 하나님의 명을 다시 받아 생기가 그들에게 들어가게 하니, 그들이 살아 일어나서 '극히 큰 군대'를 이루었다(37:4-10). 그리고 그들이 하나님의 사역 목표를 이루는 것이다(37:4-10). 그래서 하나님은 인자인 그를 통하여 무덤 같은 이스라엘 땅에 들어가서 여호와의 신을 넣어서 그곳에서 살면서 하나님 나라를 이루어 하나님의 언약을 성취하게 된다.

이러한 회복은 북이스라엘과 남 유다가 '하나'로 연합된 회복을 말하는 것이다. 그래서 북과 남의 두 막대기가 하나로 회복되는 것을 예언하고 있다. 다윗과 솔로몬 때는 하나이던 나라가 그 후 우상을 섬기면서 둘로 분단되었는데, '화평의 언약 성취'를 통하여 하나 될 언약을 받은 것이다.

이 '화평'의 언약의 특징은 1) 하나님의 족속 다윗으로 예표된 메시아께서 유일한 이스라엘의 왕이 되시며 목자가 되신다는 것이다. 2) 백성들이 하나님의 규례를 잘 지킬 것이라는 내용이 그 특징이다. 3) 이 언약은 영원하여 왕도 영원하며, 백성들도 자자손손 영원한 언약이라는 것이다. 5) 하나님의 처소가 그들 가운데서 다시 세워지며, 그 성소도 영원한 것이다. 6) 그리하여 그들은 더욱 견고해지며 번성하게 되는 것이다. 7) 이러한 특징은 바로 메시아 예수님을 통하여 우리에게 성취될 언약의 특징을 보여준다.

오늘 묵상의 말씀

이스라엘 나라의 회복과 두 막대기를 하나로 묶는 환상이 성취된다는 것은 어떤 관계가 있을까? 특히 우리나라와 관련하여 이야기해보자.

마곡에서 전쟁과 승리

38장은 곡과의 전쟁과 이스라엘의 회복을 기록하고 있다.

장차 이스라엘은 다 집의 통치 아래 회복될 것이다(37장). 이때 하나님의 나라를 깨뜨리기 위해 세상 나라들이 마곡의 왕, '곡'의 지배하에 모일 것이다. 그러나 예루살렘을 치러 올라온 군대는 멸망하고, 팔레스타인의 빈 들은 적국의 묘지가 될 것이다. 이로 인하여 자기 백성을 보호하시는 여호와의 영광이 온 세상에 드러나게 될 것을 말하고 있다. '곡'은 마곡(지금의 러시아), 구스(수단과 에디오피아), 로스, 메섹, 두발, 구스(수단과 에디오피아), 붓(알제리와 리비아), 고멜(터키어 사용 국가들), 도갈마(중앙아시아) 등에 살고 있는 연합군의 대표이다. 여기에 확실하게 알려진 바는 없지만, 성경은 그를 마귀에게 유혹된 '악의 사자(계20:7-8)'라고 부른다. 곡이 이스라엘을 치려고 하는 동기는 평안히 거하는 백성을 겁탈하며 노략질하기 위한 것이다. 이것은 그의 마음에 여러 가지 생각이 나서 악한 꾀를 낸 것이요, 이것은 또한 영적인 관계가 있다. 그러나 실제로는 연합군의 성격으로 이스라엘을 공격하는 것이다.

그 모습은 1) 마치 광풍과 구름이 땅에 덮임 같고, 2) 곡의 군대는 완전한 군비를 갖추었으며, 그의 무리는 다 말을 탄 군대이다. 그들 모두 각자 준비되고 곡이 그들의 대장이 되었을 때, 이스라엘을 공격하는 것이다.

이때 우리 하나님은 곡과 싸워서 그를 심판한다. 1) 이 심판은 하나님께서 곡을 심판하시려고 '투기와 맹렬한 노'로 행하신다. 이러한 심판은 모든 사람뿐만 아니라 모든 들짐승과 바다의 고기와 공중의 새와 심지어는 땅에 기는 모든 벌레까지도 두려워할 것이며, 산이나 절벽이나 성벽들도 모두 무너져 내리는 전체적인 심판이다. 이러한 심판은 '칼이나 온역, 불과 유황' 등이 심판의 도구로 총동원됨으로써 '최후의 심판'에 대한 상징적인 의미가 있기도 하다(계20:9, 21:8).

39장은 곡의 멸망과 함께 이스라엘이 취하게 될 최후 승리에 대한 예언이다. 곡은 먼 북방에서 왔지만, 이스라엘의 산 위에서와 빈 들에 엎드려질 것이다. 또한, 하나님 심판의 불은 곡의 편에 서서 '섬에 평안히 거하는 자'에게도 모두 내려질 것이다. 그 용사들의 시체는 새와 들짐승의 먹이가 될 것이요, 그들의 병기는 이스라엘이 7년 동안 장작으로 사용할 수 있고, 그들의 시체는 매장되어 골짜기로 통행이 막힐 것이다.

그렇다면 곡과의 전쟁에서 이스라엘은 무엇을 해야 할까? 1) 이 전쟁은 전적으로 하나님께서 계획하시고 싸우시며 승리하게 하신 것이므로 이 전쟁에 있어서 이스라엘은 아무것도 할 필요가 없다. 이 전쟁이 끝난 후에 이스라엘이 그 땅을 정결하게 해야 할 이유가 있다. 왜냐하면, 이 전쟁을 통하여 이스라엘은 하나님에 대한 지식을 더욱 확고히 알고 하나님의 계획에 순종할 수 있다.

이 전쟁을 통하여 얻은 것은 1) 승리를 통하여 하나님의 영광을 나타내고자 함이다. 2) 전리품이다. 이는 상급으로 하나님의 거룩하신 이름을 상급으로 주실 것이다. 이것을 위해 달려갈 길을 달리고 믿음을 지키는 자들에게 주어진다.

그래서 결국 우리 하나님은 전쟁에서 승리한 결과로 하나님의 '열심'으로 여호와의 거룩하신 이름을 위하여, 각각 포로에서 돌아오게 하신다. 하나님의 '긍휼'을 인하여 이스라엘을 두렵게 할 자가 없으며 평안하게 거할 것이다. 그리고 이에 대한 이스라엘의 '반응'은 자신의 죄를 기억하여 부끄러움을 느끼게 되며, 하나님의 은혜로 자격이 전혀 없는 자임에도 불구하고 받은 하나님의 은혜에 감사하게 된다.

오늘 묵상의 말씀

결국 믿음의 승리는 전쟁을 통하여 주어진다. 어떤 축복이 있을까?

에스겔이 본 성전의 환상

40장은 에스겔의 본 성전 환상에 대해 기록하고 있다.

이는 다윗의 언약(삼하7:12-16)의 성취로써 언약 백성 정체성의 축복을 깨닫게 한다. 에스겔이 성전 환상을 본 것은 자신이 바벨론 포로로 끌려간 지 27년째 되는 해(BC 597년)에 여호야긴 왕족과 함께 끌려왔다. 그 후 5년 되는 BC 593년에 선지자의 소명을 받았다. 그리고 이 예언의 말씀을 받을 때는 소명 받은 지 21년이 되는 BC 571년이었다.

예루살렘 성이 함락된 지 14년이 되는 해 정월 10일은 이스라엘이 원수의 압제에서 해방된 것을 기념하는 유월절의 시작이다(출12:2-3). 또한 이날은 이스라엘 백성들이 젖과 꿀이 흐르는 가나안 땅에 들어간 날이기도 하다(수4:19). 바로 이날에 하나님은 새해를 맞이하며 새로운 시대를 준비하기 위하여 환상을 보여 주셨다.

하나님께서는 에스겔에게 권능의 손길을 내미셔서 환상 가운데서 예루살렘으로 데리고 가셔서 성전을 보여 주셨다. 그곳에서 놋처럼 빛나는 어떤 사람이 손에 삼 줄과 측량 자를 가지고 문에 서 있었다. 그가 처음으로 본 것은 담이었는데 성전을 사면으로 두르고 있었고, 높이가 약 3. 15미터(6척)가 되었다. 동문에 갔더니 현과 안쪽 두 벽에 종려나무 그림이 붙어 있었는데, 시편 92편 12절처럼 여호와의 집에 심기어진 것을 상징했다. 또 성전을 향하는 문이 6개 있었는데 안뜰을 향한 문이 3개, 바깥들을 향한 문이 3개로 도합 6개였다. 그리고 바깥뜰을 향한 문은 7계단이고, 안뜰을 향한 문은 8계단이었다. 이것을 구원의 문인 예수그리스도를 상징한다. 안뜰에는 두 개의 방이 있는데, 북문 곁에 있는 방은 성전을 관리하는 제사장들을 위한 방이요, 남문 곁에 있는 방은 제단을 관리하는 제사장들의 방이다. 이 두 개의 방은 하나님을 경외하는 사독의 후예로서 하나님의 종들을 위한 편안한 처소로 만들었다. 그리고 성전 본관의 출입구에는 두 개의 기둥이 있었는데,

하나는 야긴과 보아스로 하나님이 여기에 능력으로 서 계시다는 뜻으로 세웠다.

41장은 성전의 본관(성소와 지성소)을 설명하고 있다.

성전의 구조를 솔로몬의 성전과 비교하면 다음과 같다.

	에스겔이 본 성전	솔로몬 성전
규모	길이100규빗, 너비100규빗, 층수 3층	길이 60규빗, 높이 20규빗, 층수 3층
시설	지성소의 출입구 앞에 나무제단 있음	지성소에는 법궤, 성소에는 떡 상과 분향단, 등대 등이 있음
다락	다락의 구조 비슷함(겔41:6)	다락의 구조 비슷함(왕상6:6)
내전과 외전 사이의 문	양쪽에 각기 접을 수 있는 문이 두 짝씩임	잣나무로 만든 양 문이 모두 접을 수 있게 두 짝씩임

성전의 내부 장식은 두 개의 얼굴 즉 사람의 얼굴과 사자의 얼굴을 가진 그룹과 종려나무가 그려져 있으며 '그룹은 영광의 주를 둘러싸고 있는 하늘의 영으로 사람의 지혜와 사자의 용맹을 능가한다는 뜻이다. 그리고 여호와의 상은 향단으로 높이가 1. 6미터(3규빗), 길이 2규빗(1. 1미터)이다.

여기에서 기억해야 할 내용은 에스겔 성전은 1) 사람의 손에 의해 건설되는 것이 아니다. 2) 실제로 건축을 하기 위한 것이 아니다. 3) 그래도 물리적으로 이 땅에 세워질 어떤 것이다. 4) 그것이 세워질 때는 세상이 에덴동산과 같이 변한다. 5) 그러나 그것은 하늘에서 내려오는 것은 아니다. 6) 야훼께서 거기 임재하신다. 이는 세상이 새로워지는 메시아의 도래와 함께 우리 하나님의 왕국이 건설되는 것을 보여준다.

오늘 묵상의 말씀

에스겔 성전을 보면서 성전에 대한 생각을 말해보자. 왜 그때 성전이 필요했을까?

신앙의 경계선 긋기와 거룩한 예배 규례

42장은 성전 내부의 부속건물과 성전전체를 둘러싸고 있는 담에 대해 기록하고 있다.

성전의 양쪽(북쪽과 남쪽)에는 각각 3층으로 된 건물이 있다. 그 건물에는 한 층에 방이 두 개 있으며, 그 방들은 가운데 통로를 중심으로 서로 등을 돌리고 한쪽은 성소를, 다른 쪽 방은 바깥뜰을 향하여 있다.

이들 방은 거룩한 방이다. 1) 하나님께 드리는 제사를 주도하는 제사장들이나 제사를 준비하거나 마무리하는데 사용하는 방이다. 2) 이 방은 제사를 준비하거나, 지성물을 먹거나 소제, 속건제, 속죄제의 제물을 보관해 두는 곳이다. 3) 제사장들이 제사 직무를 위해 옷을 갈아입는 곳이다. 즉 제사장들은 이곳에서 옷을 갈아입고 제사를 드리러 나갔으며, 제사를 마친 후에는 다시 이곳에 와서 자기 옷으로 갈아입고 나간다. 4) 이 방은 제사장들의 개인적인 편리를 위해 만들어진 것이 아니라 '그들의 공적 업무를 준비하기 위한 곳'으로 만들어졌다.

성전 전체의 윤곽을 보면 그 방의 사방 길이가 각각 500규빗, 즉 한 변의 길이가 500규빗 정방형이다. 이렇게 성전 전체가 정방형으로 되어 있다는 것은 견고하며 흔들리지 않고 힘을 발할 수 있다는 뜻이요, 장차 도래할 하나님 나라의 견고성과 그 나라의 무한한 능력을 뜻한다. 그리고 그 담의 역할은 '거룩한 것과 속된 것을 구별하는' 일이다. 담으로 인하여 거룩한 것과 부정한 것의 경계선을 그어서 함부로 넘나들지 못하게 한다. 이것은 훗날 느헤미야에서 분명하게 나타나 있다. 성벽이 무너짐으로 인하여 들짐승이 무분별하게 짓밟기에 이것에 분노한 느헤미야를 통하여 성벽을 건축하게 했다. 이것은 단순한 성벽건축이 아니라 나중에 생활의 경계선을 그어서 이방인과의 결혼을 중지하고, 오직 여호와의 언약 백성으로 언약이 흔들리거나 무너지지 않도록 강화한 것을 볼 수 있다.

43장은 예배의 규례에 대하여 기록하고 있다.

에스겔은 19년 전에 하나님의 영광이 성전에서 떠나는 이상을 보았었다. 하나님의 영광이 떠남으로 이스라엘은 더 이상 하나님의 백성이 아니었다(로암미, 호 1:9). 성전과 거룩한 성 예루살렘은 파괴되었고(BC 586), 백성들은 포로로 잡혀갔다. 이럴 때 에스겔은 하나님의 영광이 이 새로운 성전에 임하는 것을 보았다. 하나님의 영광은 전에 그 발 강가에 나타났던 것과 똑같았다. 에스겔은 그때와 똑같이 두려움으로 하나님을 경배했다(43:3). 그리고 성령의 인도로 성전에 들어갔더니 성령이 충만한 가운데 여호와의 영광이 성전에 가득했다. 이렇게 여호와 하나님의 영광이 성전에 다시 임하신다는 것은 모든 것이 회복될 수 있다는 것을 말해준다(43:1-5).

거기에서 하나님께서는 이스라엘 백성에게 우상숭배를 금지하는 명령을 엄히 지시하시고 여호와의 전의 거룩함을 유지하기 위하여 회개의 길로 가라고 명령한다. 제사의 규례법으로는 새로 만든 제단에 제물을 놓고 제사를 드리기 전에, 먼저 제단에 봉헌하도록 하는 규정을 알려 주었다.

그 규례는 다음과 같다. 1) 사독의 자손으로 제사장으로 삼아 그로 하여금 제사를 드리게 하고 2) 흠 없는 제물로 드리도록 하고, 또 제물에 소금을 뿌려 3) 7일 동안 계속 속죄제를 드리라는 것이다. 이러한 규례를 지킨 후에 제사장이, 백성들이 제물을 제단에 바치면 하나님께서 기쁘게 받으신다는 말씀이다. 새로 만든 제단을 하나님께 봉헌하기 위해 정결 예식을 했던 것처럼 우리도 하나님 앞에 헌신하기 위해 먼저 우리 자신을 정결하게 하고 온전한 회개로 하나님께 헌신할 것을 바라신다.

오늘 묵상의 말씀

성례 규례를 보면서 신앙의 경계선 긋기와 헌신의 축복을 말해보자.

예배장소와 예배 규례

44장은 예배자들이 지켜야 할 규례를 기록하고 있다.

번제단을 봉헌한 후, 이스라엘 백성이 하나님께 예배드리러 나가는 길이 열렸다. 그러나 성전을 사용하는 데는 그곳에 임재하는 하나님이 거룩하심 같이 성전에서 수종 드는 사람들에게도 거룩함이 요구되었다. 그래서 성전에 들어갈 수 있는 사람을 규정하고 있다.

제단과 성소에서 봉사하는 사람의 자격에 대한 기록이다. 첫째. 동문을 사용할 수 있는 사람은? 1) 오직 하나님만이 사용하실 수 있다. 따라서 그 문은 닫아 두어야 한다. 2) 하나님 외에 들어올 수 있는 사람은 왕이다. 이 왕은 메시아를 말한다. 둘째, 성전에 들어올 수 없는 사람을 규정하고 있다. 성전에 들어올 수 없는 사람은? 1) '마음과 몸에 할례를 받지 아니한 이방인'이다. 2) 과거에 이스라엘은 하나님을 믿지도 않은 이방인을 시켜서 제사를 드리기도 했다. 그러나 이제 에스겔을 통하여 보여주신 성전은 이런 일이 일어나지 않아야 한다. 하나님의 백성, 즉 회개와 경외로 하나님을 섬기는 자만이 그 전에 들어갈 수 있다. 진정한 회개를 통하여 '하나님의 자녀, 하나님의 백성만이 예배할 수 있다는 것이다. 그리고 제사장은 공무집행이나 사적인 생활에서 반드시 거룩해야 한다는 것을 명심시키고 있다.

45장은 이제 하나님은 평화의 계약을 맺어 통일 공동체로서 새 성전에 임재하시면서 다음의 도표와 같은 성전중심의 공동체가 되기를 원하고 있다.

<table>
<tr><td colspan="3">백성(지파)들의 땅</td></tr>
<tr><td rowspan="3">왕의 땅</td><td>레위들의 땅</td><td rowspan="3">왕의 땅</td></tr>
<tr><td>성전(제사장들)의 땅</td></tr>
<tr><td>성읍(이스라엘의 공동소유)</td></tr>
<tr><td colspan="3">백성(지파)들의 땅</td></tr>
</table>

이렇게 성전이 이스라엘 공동체의 중앙에 있으면서 성전과 성전을 관리하는 성읍이 있고, 옆에 세속의 왕이 있으며, 그 외곽에는 일반 백성들이 땅을 차지하게 된다. 그래서 성전중심으로 이스라엘 영광이 절기와 예배를 통하여 온 세상에 퍼져 나가는 것이다. 물론 왕은 하나님의 말씀에 따라 저울과 추를 성실하게 사용하여 백성을 공정하게 다스리며, 유월절을 잘 지켜서 구원의 감격과 하나님의 위대한 능력을 온 세상에 알리게 하는 것이다

46장은 하나님의 백성들이 하나님께 바른 제사를 드리도록 의식을 기록하고 있다.

먼저 1) 안뜰의 동쪽 문은 안식일과 월삭에 열도록 한다. 그러나 이 문은 아무도 사용할 수 없다. 오직 하나님만 들어오시는 문이다. 2) 안식일에 드리는 제사의 유례로는 흠 없는 어린양 6마리, 흠 없는 수양 1마리, 그리고 소제물로 드리는 데 흠이 없어야 한다. 3) 월삭에는 흠 없는 수송아지 한 마리와 어린양 6마리, 그리고 수양 1마리를 드린다. 3) 평상시에는 수송아지나 수양 모두 한 에바를 소제로 드린다. 4) 매일 드리는 상번제는 아침마다 어린 양 한 마리 특히 일 년 되고 흠 없는 어린양으로 한다. 그리고 제물을 조리하는 곳은 제사장들이 제물을 먹거나 보관해 두는 방의 서쪽에 붙어 있는 방이다. 또한, 바깥뜰 네 구석에도 제물을 삶는 곳이 있는데, 이곳은 수종 드는 사람들이 백성들의 제물을 바치는 곳이다.

오늘 묵상의 말씀

예배드릴 때 예배의 감격이 있는가?

하나님 나라의 풍성함

47장은 하나님 나라의 풍성함을 보여주고 있다.

첫 번째 환상은 성전에 대한 계시, 두 번째는 성전에서 지켜야 할 규례들, 세 번째는 47-48장에서 하나님 나라의 풍성함을 알려 주고 있다.

생명수의 근원지는 성전인데, 문지방에 도착하자마자 문지방 밑에서 흘러나와 동쪽으로 향했다. 그 물은 다시 제단의 남쪽으로 흘러내리더니 마침내는 동문의 남쪽으로 흘러가서 큰 강물이 되었다. 물이 점점 올라 측량해보니 이 생명수의 강은 발목에 오르고 재어보았더니 천 척이 되었다. 그리고 무릎, 허리, 마침내는 깊은 강물이 되었다(47:5).

그때 주님이 에스겔에게 "인자야 네가 이것을 보았느냐"라고 말씀하시면서 에스겔을 인도하여 강가로 돌아가게 하시기로 돌아간즉 강 좌우편에 나무가 굉장히 많이 심겨 있었다. 또 물의 흐름을 가만히 보니 이 물이 동방으로 향하여 흘러 아라바로 내려가서 바다에 이르니 이 흘러내리는 물로 바다의 물이 소성함을 얻었다. 이 강물이 흘러가는 곳마다 번성하여 모든 생물이 살고, 또 고기가 심히 많으리니 이 물이 흘러 들어가므로 바닷물이 소성함을 얻겠고, 이 강이 이르는 각처에 모든 것이 살고, 그곳에 어부가 설 것이고, 엔게디에서부터 에네글라임까지 그물 치는 곳이 될 것이다. 그리고 각기 종류대로 고기가 심히 많을 것이다. 그리고 '강 좌우에는 각종 먹을 실과나무가 자라서 그 잎이 시들지 아니하며, 실과가 끊이지 아니하고, 달마다 새 실과를 맺으리니 그 물이 성소로 말미암아 나옴이라. 그 실과는 먹을 만하고 그 잎사귀는 약재료가 되리라. 그래서 진펄과 갯벌같이 쓸모없는 사람들이 생수를 먹고 마시면서 풍성한 열매를 맺는 인생으로 바뀐다'라는 것이다.

이것이 하나님 나라의 실상이요, 그 비밀이다. 이렇게 하여 회복된 새로운 하나님의 나라는 경계선을 확고하게 보여주고 있다(47:13-20). 북쪽의 경계선은 두로의 북쪽 지중해이며 다메섹까지 동쪽 경계선은 요단강과 사해까지, 남쪽 경계선은 사해부터 애굽의 강까지, 서쪽 경계선에 대해, 곧 지중해이다. 따라서 이곳은 하나님께서 일찍이 자기 백성에게 약속하신 땅이다.

48장은 여호와께 예물을 드린 거룩한 땅을 중심으로 하여 북쪽은 일곱 지파에, 남쪽은 다섯 지파에 분배한 내용을 기록하고 있다.

원주민에게 쫓겨 라이스 땅으로 가서 거기를 단이라 부르고 기업을 정했다(48:1). 그리고 아셀, 납달리, 에브라임, 르우벤 으로 이어지고 유다 지파 다음에는 예물을 드릴 땅, 즉 광이 이만 오천 규빗이요, 동쪽 광이 만 척, 남쪽으로 이만 오천 척의 중앙에 여호와의 성소를 마련하여 사독의 자손들에게 예물을 드리게 했다. 그리고 각 성의 출입구는 성 사면에 4개씩 있고 각 문은 이스라엘 12지파의 이름을 따서 붙였다. 레위 지파는 한 문을 차지했고, 두 몫을 받았던 요셉 지파가 한문을 차지했다(48:31). 그날 이후 하나님의 나라가 완성된 후로 '여호와 삼마'라고 성읍 이름을 부르면서 그의 사역의 대단원을 마감했다.

에스겔은 25년 동안의 포로 생활 중에서, 48장의 에스겔서를 통하여 1) 이스라엘의 죄로 인해 하나님의 영광이 성전을 떠나는 것(48:11)과 2) 여호와께서 이스라엘 백성과 새 언약을 맺으실 것을 약속하면서 성전에 다시 돌아오는 모습을 보았다(48:44). 이제 하나님은 자기 백성 가운데 계시고, '하나님이 우리와 함께 계시다' 임마누엘이신 예수님이 거기 계신다. 여호와 삼마를 이루어 하나님의 장막이 사람들과 함께하면서 저희는 하나님의 백성이 되고, 하나님은 친히 저희와 함께 계신다(계21:3)는 꿈을 꾸게 한 것이다.

오늘 묵상의 말씀

하나님이 거기 계신 성전은 포로기의 에스겔에게 어떤 해답을 주었을까?
나의 성전에서 흐르는 강물의 풍성함 속에서 보여주는 내용은 무엇인가?

뜻을 정한 다니엘의 기도와 응답

1장은 바벨론 포로 시에 '뜻을 정한 다니엘'에 대하여 기록하고 있다.

여호야김 왕 3년에 바벨론 왕 느부갓네살이 예루살렘을 침공하여 제1차 포로로 끌고 간 사건을 기록하고 있다. 그 당시의 상황을 보면 므깃도 전쟁(BC 609)에서 유다 왕 요시야를 죽인 애굽의 바로느고는 유다의 왕이 된 요시야의 둘째 아들 여호아하스(BC 609)를 3개월 만에 폐위시키고, 요시야의 맏아들 여호야김을 왕위에 앉혔다. 그러나 바벨론에서 나보폴라살이 죽자 느부갓네살 왕이 예루살렘을 침공하여(BC 605년 9월에 부왕이 죽자 왕위를 계승하기 위해) 다니엘을 포함한 귀족들을 데리고 갔다.

다니엘은 이때 민족의 아픔을 끌어안고 마음에 '뜻을 정하여' 하나님께 정시기도를 했다. 그 이유는 '왜?' 하나님의 백성이 이방인에게 고통을 당해야 하는가? 나는 누구인가? 이에 대한 정체성의 해답을 찾아야 하기 때문이다. 우리가 알기로는 1) 이스라엘 백성은 축복의 통로로써 하나님과 언약 맺은 백성이다(창12:1-3). 2) 세상의 모든 것을 장악하고 계신 하나님과 언약 맺은 제사장 나라, 하나님의 거룩한 백성이다(출19:5-6). 3) 성전 계약을 통하여(삼하7:12-16), 영원토록 왕의 위가 끊어지지 아니하는 나라로 하나님의 약속을 붙잡고 살아가는 백성이다. 이를 선지자들은 반복적으로 전했으나(겔22:26-30), 그 결과는 포로(겔5:12, 렘29:18)로 고통을 당하게 된 것이다. 그러나 하나님은 그 약속을 포기하지 않으신다. 예레미야를 통하여 기간을 70년으로 한정하셨다. 이 기간을 통하여 순수한 마음을 주셔서 확실하게 언약을 붙잡고 신실한 백성으로 거듭하게 하실 것이다. 그동안의 연단을 통하여 하나님은 이스라엘 백성에게 영원한 축복의 통로, 영원한 하나님의 나라를 만들어 가실 것이다. 이런 하나님의 비밀을 깨닫기 위해 또 환난을 통하여 주신 하나님의 비밀(롬5:2-8)을 누리기 위하여 특별한 시간이 필요했다. 그래서 뜻을 정하여 하나님께 정시 기도를 하기로 했다.

다행히도 하나님은 다니엘의 생각을 아셔서 세 친구와 함께 왕에게 선택받은 자로서 3년 동안 특별 교육 기간을 갖는데, 이때 그의 뜻을 더럽히지 않기 위하여 특권을 포기했다. 왕의 진미 먹기, 포도주 마시기, 인생의 근본 욕구를 채우는 것보다 하나님의 비밀을 확실하게 아는 더 큰 욕구가 있었기 때문이다. 이에 대해 하나님은 모든 학문과 재주 외에 모든 이상과 몽조를 깨달아 알게 하는 비밀의 해답을 주셨다(1:17). 그 결과 그에게는 지혜와 총명이 온 나라 박수와 술객보다 열 배나 더 나았다(1:20).

2장은 왕 느부갓네살의 꿈을 다니엘이 해석해주는 내용을 기록하고 있다.

느부갓네살이 꿈을 꾸었다. 그런데 그 꿈 때문에 마음에 번민이 심해서 잠을 이루지 못했다. 꿈을 잊어버렸으나, 두려움과 번민이 그에게 충격을 주어서, 박수와 술객과 점쟁이와 술사를 불러 자신의 꿈의 내용과 해석을 요청했다. 그러나 아무도 해결하지 못하자 이제 그들을 죽이라고 명령했는데, 다니엘이 그 꿈을 해석하게 되었다. 그 꿈의 내용은 왕이 신상을 보았는데 1) 머리는 정금 2) 가슴과 팔은 은 3) 배와 넓적다리는 놋 4) 발은 철과 진흙으로 구성되어 있는데, 갑자기 손대지 아니한 돌이 산에서 내려와 금 신상을 부숴버렸고, 그 돌은 온 나라에 가득 찼다는 것이다. 그 해석은 1) 금 머리는 바벨론 나라이고, 2) 은 가슴은 메대바사, 3) 놋의 배와 넓적다리는 헬라제국, 4) 철 종아리와 얼마의 철과 얼마의 진흙의 발은 로마제국이 부상할 것을 말하고 있다. 그러다가 사람이 손대지 아니한 산돌이 나타난다. 이 돌이 철과 놋과 진흙과 은과 금으로 된 나라를 부숴버리고 영원한 나라를 세울 것이다. 이는 산돌이신 예수 그리스도께서 통치하시는 영원한 하나님 나라(막1:15)가 도래하리라는 것을 예언하고 있다.

오늘 묵상의 말씀

다니엘은 기도를 통하여 어떤 환상을 보았는가?
당신에게 주어진 미래는 어떻게 전개될 가능성이 있는가?

왕의 두 번의 꿈과 해석

3장은 느부갓네살 왕의 금 신상에 절하는 내용과 풀무불 시련에 관한 내용이다.

느부갓네살 왕 18년에 그의 전쟁 승리 기념과 피점령국의 통치정책 일환으로 그 두라 평지에 높이 27미터, 폭이 2.7미터의 신상을 만든다. 그리고 낙성식 때, 거기 참여한 방백, 수령, 도백, 재판관, 재무관 모사, 각 도의 모든 관원이 식순에 의해 절을 하게 되었다. 낙성식에는 다니엘의 3 친구도 있었지만, 그들은 절을 할 수가 없었다. 이것은 우상 숭배이기 때문이다. 그들은 피정복국가의 백성이고, 왕의 배려로 높은 관직에 왔지만, 그 은혜를 무시하고 왕이 직접 내린 명령을 거절했다. 그래서 왕은 7배나 뜨겁게 피운 풀무 불에 세 사람을 던져 넣었다(3:1-22). 그 불이 얼마나 뜨거웠던지 그들을 데려갔던 사람이 먼저 불에 타 죽었다. 그런데 놀라운 것은 왕이 어떻게 되었는지 풀무를 바라보다가 네 사람이 불 가운데 다니는 것을 보았다. 분명히 세 사람을 결박하여 불 가운데 넣었는데, 네 사람이 불 가운데로 불꽃 놀이하는 것처럼 지내고 있다니…. 참 신기한 일이다. 그것도 네 번째 사람은 신의 아들 같았다.

느부갓네살 왕이 극렬히 타는 풀무 아구 가까이로 가서 "지극히 높으신 하나님의 종 사드락, 메삭, 아벳느고야, 나와서 이리로 오라"라고 말한다. 불이 그들의 몸을 하나도 해하지 아니하고, 몸이 그슬리지 아니하고, 불탄 냄새도 없으니 놀라서 "사드락과 메삭과 아벳느고의 하나님을 찬송할지로다. 그가 그 사자를 보내사 자기를 의뢰하고 그 몸을 버려서 왕의 명을 거역하고, 그 하나님 밖에는 다른 신을 섬기지 아니하며, 그에게 절하지 아니한 종들을 구원하셨다"라고 말한다. 불신자인 왕이 크게 하나님을 찬양한 것이다(3:26-30).

4장은 느부갓네살 왕이 또 꿈을 꾼 내용을 기록하고 있다.

그 꿈의 내용은 1) 하늘까지 자란 커다란 나무를 보았는데, 잎사귀가 아름답고 열매가 많아 만민의 식물이 되며, 들짐승의 그늘이 되고, 새의 보금자리가 되었으며, 거기에서 생명 있는 자가 식물을 먹었다. 2) 한 거룩한 순찰자가 하늘에서 내려와서 그 나무를 베고 그루터기에 철과 놋줄로 동이고, 그 나무에게 짐승의 마음을 받아 '일곱 때'를 지내라고 선언했다.

다니엘은 꿈을 해석하면서 놀랐지만, 곧 느부갓네살 왕에게 해석한 꿈에 대하여 말했다. "왕이시여, 이 나무는 곧 왕이라. 이는 왕이 자라서 견고하여지고 창대하사 하늘에 닿으시면 권세는 땅 끝까지 미치심이니이다. 하지만 왕은 사람에게서 쫓겨나서, 들짐승과 함께 소처럼 풀을 먹으며 하늘 이슬에 젖을 것이요, 일곱 때를 지낼 것입니다. 또 나무뿌리를 두라고 했는데, 왕이 깨달은 후에야 견고할 것입니다." 다니엘은 이 꿈을 해석해주면서 다음과 같이 직언하고 있다. "그런즉 왕이여 나의 간하는 것을 받으시고 공의를 행함으로 죄를 속하고 가난한 자를 긍휼히 여김으로 죄악을 속하소서. 그리하시면 왕의 평안함이 혹시 장구하리이다(단4:27)".

사실 왕에게 직언한다는 것은 위험한 일이다. 그렇지만 전해야 할 때가 있다. 나단 선지자도 다윗이 죄를 지었을 때 그 죄를 지적하면서 회개하도록 격려했듯이, 왕이 건전한 판단을 하여 하나님이 주신 사명을 잘 감당하도록 진정한 용기를 가지고 직언할 필요가 있다. 오직 이런 비밀을 아는 다니엘 역시 이 역할을 잘 감당하게 되고 순조롭게 명령을 전달하게 된다. 그리고 다니엘이 해석한 꿈의 내용처럼 사실 그대로 진행되었다. 느부갓네살 왕은 사람에게 쫓겨나서 소처럼 풀을 뜯어 먹었다. 그러나 일곱 때가 되어 하늘을 우러러보았더니 총명이 돌아왔고, 영생하시는 하나님께 감사와 찬양을 드렸다.

오늘 묵상의 말씀

왕이 두 번이나 꾼 꿈에서 하나님의 계획이 어떻게 나타났는가?

벨사살의 망함과 사자 굴속에서 살아난 다니엘

5장은 바벨론의 마지막 왕 벨사살의 신성 모독 사건을 깨우치고 있다.

느부갓네살 왕이 죽은 후에 4차례에 걸쳐서 쿠데타가 일어나는 극심한 혼란이 있었다. 그러다가 벨사살이 왕이 되었고, 결국 BC 539년에 바사의 고레스에게 완전히 망했다. 바벨론이 망한 원인은 하나님의 절대 주권을 잊어버리고, 교만하였기 때문이다.

그가 왕이 된 이후 1,000명의 귀인을 초청하고 잔치를 했다. 그 잔치에서 술을 마실 때 예루살렘 성전에서 가져온 금그릇 은그릇에 부어서 마셨다. 술을 마신 후에는 노골적으로 우상을 찬양하였다. 그때 왕이 앉은 맞은 편 분벽에 큰 글씨로 '메네 메네 데겔 우바르신'이라고 쓰는 글을 보았다. 이것을 목격한 왕의 얼굴이 창백해지고 공포에 사로잡혀 넓적다리가 녹듯이 무릎이 서로 부딪치며 떨었다. 그래서 번민하면서 해석자를 찾다가 다니엘을 만나게 되었다.

왕에게 말씀을 전달한다는 것은 참으로 어려운 일이다. 스스로 깨달아야 하는 경우가 많다. 그런데도 듣지 아니하면 하나님은 특이한 현상을 통하여도 말씀하시는데, 이때 해석자는 겸손한 마음으로 가감 없이 전달할 수 있어야 한다. 다니엘은 이 해석자의 역할을 잘 감당했다. 느부갓네살 왕에게 보여준 꿈을 해석할 때도 '나라가 망하고 쫓겨날 것'이라는 하나님의 메시지를 자세히 통역해 주었었다. 그럼에도 그의 아들 벨사살 왕은 이런 사실을 잊어버리고 우상을 섬기고, 하나님을 무시하고, 하나님의 권력을 마치 자기 권력처럼 사용하여 성전의 도구로 술을 마시고, 금, 은, 동, 철 등으로 만든 신상을 찬양하고 있으니 이런 일을 경고하는 것이다. 메네는 '세어보니', '왕의 시대는 끝났다'라는 말이요, 데겔은 '왕을 저울에 달아보니', 우 바르신은 '그리고 바사에게 준 바 되었다'라는 뜻이다. 이 말대로 벨사살 왕은 바사에게 BC 539년에 망했다.

6장은 다니엘이 사자 굴속에서 시험받은 이야기를 기록하고 있다.

시대가 바뀌어 바사에게 정권이 넘어갔고, 바사가 다리오 정권에서 3명의 총리와 120명의 방백을 두어서 전국을 다스리는데 총리 중 다니엘이 두각을 나타내었다. 이때 총리와 120명의 방백이 그를 시기하여 참소했다. 이는 법령을 만들어 어떤 신에게 절하거나 구하는 것을 금지하여 국가 통치수단으로 삼고자 했다. 사실 이 법을 진정한 국가를 위한 법이라기보다는 다니엘을 제거하기 위한 법령이었다. 다니엘은 법령에 어인이 찍힌 것을 알고도 하루 세 번씩 전에 하던 대로 예루살렘을 향하여 창문을 열고 기도했다. 이 모습을 발견한 총리들은 그를 고발했다.

왕은 부득이 다니엘을 끌어다가 사자 굴에 던져 넣고, 그리고 굴 앞에 봉인하고 아무도 열지 못하도록 조치를 했다. 그날 왕은 침수를 폐하고 금식하고 있다가 이튿날 새벽 사자 굴로 가서 소리 질러 다니엘을 찾았다. 다니엘은 왕의 목소리를 듣고 "나의 하나님이 이미 그 천사를 보내어 사자들의 입을 봉하였으므로 사자들이 나를 상해하지 아니하였사오니, 이는 나의 무죄함이 그 앞에 명백하오며 또 왕에게도 해를 끼치지 아니하였나이다(6:22)"라고 말했다. 그러자 왕이 심히 기뻐하며 다니엘을 끌어 올리고 보니 그의 몸에 상한 흔적이 조금도 없었다.

왕은 오히려 다니엘을 참소한 사람들을 사자 굴에 집어넣어서 사자 밥이 되게 했다.

왕은 조서를 내려 "내 나라 관할 안에 있는 사람들은 모두 다니엘의 하나님 앞에서 떨며 두려워할지니 그는 살아계신 하나님이시오(6:26-27)"라고 선포했다.

오늘 묵상의 말씀

벨사살이 망한 이유와 다니엘이 사자 굴에서 살아난 비밀을 말해보자.

네 짐승과 70년의 마침 기간

7장은 다니엘이 본 4가지 짐승과 하나님의 보좌에 대한 꿈의 내용이다.

다니엘은 뜻을 정하여 기도하면서 성전 계약에 대한(삼하7:12-16) 대답으로 영원히 망하지 않는 나라를 세우시는 묵시를(2:44-45) 받은 후 '꿈 전문가'로서 인정받은 지 50여 년이 지났다. 꿈을 통하여 하나님의 음성을 듣고 백성들에게 좀 더 미래에 대한 확실한 비전을 보여줌으로 담대하게 현재의 난관을 극복할 힘을 불어넣어 주었다.

그가 꾼 꿈은 4종류의 짐승인데, 1) 사자로서 독수리의 날개를 가졌다. 날개가 뽑히고 두 발로 섰다. 이는 바벨론을 상징한다. 2) 곰으로서 앞발을 들고 세 갈빗대를 물고 있었다. 이는 메대 바사를 말한다. 3) 표범인데 무섭고 아주 강해 보였다. 새의 날개 넷과 머리가 네 개 있었다. 이는 헬라를 말하며 날개 넷은 나중에 네 신하가 네 나라로 나누어 다스리기에 네 머리로 기술하고 있다. 4) 10뿔 가진 짐승이었다. 이는 로마왕국을 말한다(7:1-28).

또 하나의 환상을 보았는데, '인자 같은 이(one like a son of man)'가 하늘의 구름을 타고 와서 영원히 살아계신 하나님 앞으로 인도한다는 것이다. 여기에서 그 나라가 오려면 '한 때와 두 때와 반 때를 지내리라'라고 한다. 이 말은 신학적인 해석이 필요한데 종말론적인 고난의 기간 후에 우리 주님이 오신다는 것을 말한다.

8장은 숫양과 숫염소에 대한 이상을 기록하고 있다. 이는 7장에 본 네 가지 짐승을 본 2년 후에 그중 곰과 표범에 대한 부분을 좀 더 자세하게 보여준다. 여기에서 숫양의 두 뿔은 메대와 바사(8:20)인데, 한 곳이 유난히 길다. 이것이 바사 나라이다. 또 숫염소는 헬라를 말하는데, 숫염소가 말이 땅에 닿아 낳을 정도로 빠른 것은 헬라 제국 알렉산더 대왕의 정복력이 급속도로 진행될 것을 말한다. 숫양이 숫염소를 죽이는 것은 헬라 알렉산더 왕이 바사를 정복한 것이다.

숫염소에는 네 개의 뿔이 있는데, 1) 톨레미의 애굽 2) 카산더의 마케도냐 3) 리시마쿠스의 소아시아 4)셀류쿠스의 시리아 지역이다. 여기의 작은 뿔은 셀류쿠스 왕조의 제8대 왕인 안티오쿠스 에피파네스이다. 그가 2,300일 동안 성소를 더럽히고 제사를 폐지할 것이다. 그러니 에피파네스 BC 171-165년 동안 박해의 시간에 인내해야 한다. 이 환상을 가브리엘 천사가 해석해주었다.

9장은 민족을 위한 다니엘의 중보기도에 대하여 기록하고 있다. 다리오가 고레스에 의해 왕으로 임명받던 해에 70년이 되면 예루살렘으로 돌아올 것이라고 예레미야가 예언했었다(렘25:9-11, 대하36:21-23). 그런데 그 기한이 찼음에도 불구하고 해방의 기미가 보이지 않으니, 80대의 노인이 된 다니엘은 그 예언을 다시 떠올리며 간절하게 민족을 위하여 기도하고 있다(9:1-2).

첫째는 베옷을 입고 재를 무릅쓰고 '금식'기도를 한다. 둘째, 언약을 지키시는 하나님께 믿음의 기도를 드린다. 셋째 바벨론의 포로 생활은 유다 족속의 죄악 때문임을 고백한다. 넷째, 선지자의 메시지를 청종치 아니하고 하나님의 은총을 구하지 아니한 죄악을 고백한다. 다섯째, 구원의 길은 오직 하나님께 있음을 확신하여 주의 크신 긍휼을 의지하며 응답해 달라고 기도한다(9:3-19).

이렇게 기도를 시작할 즈음에 하나님께서 가브리엘 천사를 보내어서 그 예언의 말씀을 해석하면서 응답으로 칠십 이레에 해답을 주셨다.

"네 백성과 네 거룩한 성을 위하여 칠십 이레로 기한을 정하였나니 허물이 마치며 죄가 끝나며 죄악이 영속되며 영원한 의가 드러나며 이상과 예언이 응하며 또 지극히 거룩한 자가 기름 부음을 받으리라(단9:24)."

오늘 묵상의 말씀

네 짐승을 보면서 다니엘이 바라는 환상과 꿈에 대하여 이야기해보자.

마지막 환상과 다니엘에게 준 위로

10장은 70년 이레 이상이 있은 지 2년 후인 BC 536년에 본 마지막 환상이다.

이때는 고레스 칙령(BC 538년)에 의해 1차 포로귀환이 이루어져 예루살렘에는 성전 재건이 착공되고 있을 때였다(스8-13). 예루살렘은 다시 웅성거렸고, 나라는 평화롭게 보였다. 그러나 이때 받은 계시로 이스라엘이 새로운 자유를 즐거워하고 영원히 평화롭게 지낼 것이라는 예언자의 소망이 산산조각이 났다. 하나님이 큰 전쟁을 계시하셨기 때문이다. 그 이상(vision)의 환상 의미를 깨닫기 위하여 세 이레 동안 금식하였다. 좋은 음식을 금하고 이스라엘의 운명에 대한 하나님의 음성을 기다린 것이다. 정월 초하루 이틀은 월삭기도 기간이므로 3일부터 시작하여 24일까지 21일을 기도한 것이다. 이 기간은 14일이 유월절, 15-21일은 무교절이다. 유월절에 구원의 역사가 일어나길 바랐기 때문이다(10:1-3).

21일이 끝나는 날, 힛데겔 강가에서 응답이 왔다. "기도하기를 시작한 첫날부터 기도 응답으로 21일 만에 가브리엘 천사가 응답을 가지고 왔다. 그래서 기도 응답이 늦은 이유를 말해주었다. 그 이유는 바사제국을 다스리는 강한 악령이 길을 막았기 때문이다. 천사장인 미가엘의 도움으로 그 악령을 무찌르고 21일 만에 왔었다.

11장은 두 번째와 세 번째의 왕국 지배하의 이스라엘 역사를 기록하고 있다.

즉 두 번째 왕국인 바사는 1) 고레스 (BC 559-530), 2) 캄비세스 2세(BC 530-522), 3) 다리오 1세(BC 522-48), 4) 크세르크세스(아하수에로)를 가리킨다. 그런가 하면 세 번째 왕국인 헬라제국의 대왕은 알렉산더이고, 그가 죽음으로 나라가 4등분하여 1) 톨레미의 애굽 2) 카산더의 마케도냐 3) 리시마쿠스의 소아시아 4) 셀류쿠스의 시리아 지역을 다스리게 될 것이다.

그 후 애굽왕 톨레미는 톨레미 필라델프스 아들에게 후계를 넘겼고, 수리아의 안티오커스 2세와 맹약을 했다. 그리고 필라델프스의 딸 베레니스가 안티오쿠스 2세의 아내가 되었으나, 그녀는 본처 라디오스에 의해 아이와 함께 안티오쿠스 2세도 피살된다(11:6). 그래서 톨레미 3세가 수리아를 침략한다(11:7). 그리고 톨레미 3세(유에르게테스)는 수리아에서 금 4,000달란트와 우상 2,500개를 가져간다.

북방 왕 셀르쿠스 콜리니수느는 BC 240년에 수륙 양면으로 애굽을 침략했으나 실패한다(11:9). 그 후 BC 217년에 그의 아들 셀류쿠스와 안티오쿠스가 애굽을 침략하여 톨레미 필로파토르인 톨레미 4세에게 패배한다(11:10-11). 그러자 톨레미 4세(필로파토르)는 교만해져서 예루살렘성전을 멸시하고, 그 죄로 세력을 키우지 못한다(11:12).

한편, 북방 안티오쿠스 3세는(BC 205년) 애굽을 침략하여 12년간 전쟁을 일으켜 자기 딸 클레오파트라를 톨레미에게 주어 애굽을 자기 영토로 삼으려 했으나, 딸과 사위인 애굽 왕의 배척으로 실패하였다. 그리고 로마를 위해 세금을 징수했으나 재무관 헬리오도러스에게 독살당했다(11:20). 그 뒤를 이은 안디오쿠스 4세는(에피파네스) 헬리오도러스를 죽이고 부자들에게서 돈을 빼앗아 그의 무리를 자기편으로 만들기 위해 많은 재물을 나누었으나 또 실패해 그 분풀이로 예루살렘 성전을 더럽히고 가증한 것을 세웠다,

12장은 이 계시를 끝내면서 백성들의 운명을 걱정하고 있는 다니엘에게 두 가지로 위로를 주신다.

1) 천사장 미가엘의 개입으로 구원할 것이다. 2) 잠자는 자들의 부활이다. 하나님은 그 언약을 기억하시고 모든 약속을 지킬 것이다. 이 사실을 믿고 박해 속에서 신앙을 지키는 이들을 하늘의 별과 같이 빛나게 하신다(12:3). 그러기에 "너는 이 말을 간수하고 봉함하라"라고 가브리엘 천사는 다니엘에게 권면하고 있다.

오늘 묵상의 말씀

다니엘에게 주어진 마지막 환상이 오늘 나에게 주는 의미는 무엇인가?

예루살렘의 비참한 현실

예루살렘이 폐허가 되고 언약 백성이 끌려가버린 BC 587의 상황에 대하여 슬픈 노래를 지은 내용이 애가이다.

어떻게 계약의 하나님(출19:5-6)이 거룩한 도성 예루살렘(삼하7:12-19)의 파괴를 묵인하셨는가? 이에 대해 여러 반응이 쏟아져 나왔다. '하나님은 무력하다'라는 원망이다. 그러다가 결국은 '아니다, 하나님은 절대 무력하지 않으시다. 다만 그의 백성을 징벌하셨을 뿐이다'라고 고백한다. 그렇다면 하나님의 약속(삼하7:12-16)은 포기한 것일까, 어떻게 하면 이 고통을 경감할까, 이렇게 처참한 절망 가운데서 장래 구원에 대해 어떤 희망을 품을 수 있을까, 다시 본국으로 돌아갈 수 있을까, 유다를 멸망시킨 바벨론의 운명은 영원할까 등등 수많은 회의와 갈등이 언약 백성을 절망 속으로 몰아넣었다.

이러한 절박한 상황에 대하여 예레미야는 5편의 애가로 대답하고 있다.

1장에서는 예루살렘 성의 비참한 현실에 대한 애통이다. 그림으로 보면 다음과 같다.

	예루살렘의 이전 모습	예루살렘의 현재 모습	전후 비고
1	거민이 많음	적막함	번영과 폐허
2	열국 중에 크던 자	과부	위엄과 수치
3	열방 중에서 귀여운 공주	조공 드리는 자	존귀와 비천

밤새도록 애곡하며 눈물이 뺨에 흐르는 정황이다. 왜냐하면, 친구가 원수가 되고, 유다는 사로잡혔고, 모든 핍박하는 자가 저를 쫓고 있다. 절기에 사람이 없고, 제사장은 탄식하고 있다. 예루살렘의 환난과 군박 당하는 날, 그 옛날의 모든 즐거움을 생각하니 탄식이 절로 나오는 것이다. 이 모든 원인은 죄요, 하나님이 징

계인데, 아무도 도와줄 사람이 없어 안타깝다는 것이다.

2장에서는 눈물을 강물처럼 흘리게 되었다고 노래한다.

슬픈 일이 있을 때는 울어야 한다. 울면서 풀어야 한다. 예루살렘이 당한 재난은 그 어느 것과도 비교할 수 없다. 특히 어린아이들은 무섭고 힘든 일이 있어도 자기 어머니의 품 안에서 편히 쉬는 법인데, 바벨론 군대가 포위된 예루살렘 성안에서는 어린아이들이 자기 어머니의 품 안에 안겨서 먹을 것을 달라고 조르다가 서서히 굶어 죽어가는 지경이다. 그런데 지나가던 자들이 너를 향하여 박장하며 처녀 이스라엘을 향하여 비소하며 머리를 흔들며 말하기를 온전한 영광이라, 천하의 희락이라 일컫던 성이 이성이냐 하며 원수들이 조롱하고 비소하며 있는 정황이다.

3장은 그럼에도 불구하고 여호와께로 돌아가자는 내용이다.

유다 국민 전체가 당하는 고통이지만 기도자는 자신의 잘못으로 깨닫고 통회자복하고 있다.

"여호와의 노하신 대로 인하여 고난받는 자는 나다. 나를 이끌어 어둠 안에서 걸어가게 하시고 종일토록 손을 들어 자주자주 나를 치시도다. 나의 살과 가죽을 쇠하게 하시며 나의 뼈들을 꺾으셨고 고통과 수고를 쌓아 나를 에우셨으며, 나는 어둠 속에서 살기를 죽은 자 같게 하셨도다(3:1-6)."

그러나 이게 주님의 본심은 아니실 게다. 여호와께 소망을 두자. 사람이 여호와의 구원을 바라고 잠잠히 기다림이 좋도다.

오늘 묵상의 말씀

하늘의 무너지는 것처럼 나의 소망이 무너질 때 애가를 읽어 보자.

하나님께 드리는 탄원의 기도

4장은 폐허 속에서의 아픔을 기록하고 있다.

"슬프다, 어찌 그리 금이 빛을 잃고 정금이 변하였으며 성소의 돌이 각 거리 머리에 쏟아졌는고(4:1-2)." 여기에서 '금'과 '정금'은 유다 민족의 영광을 말한다. 즉 시온의 아들들이 보배로운 정금은 변할 수 없는 하나님이 주신 축복의 근원이다(애4:2). 그런데 어떻게 토기장이가 만드는 질항아리에 상처가 나면 던져버리는 것처럼 그렇게 버려졌는가? 사실 언약적으로 보면 이스라엘을 선포했다. 그리고 한 걸음 더 나가서 다윗(삼하7:12-16)의 언약으로 백성은 축복의 통로이다(창12).

이 사실을 가지고 확실하게 계약을 맺은 제사장 나라로서(출19:5-6) 영원하게 왕의 위를, 끊어지지 않을 축복을 누려야 할 백성들이 이렇게 빛을 잃고 길거리에 버려진 질항아리 같아서야 되겠는가? 이로 말미암아 오는 기근은 참기 어려운 고통이다.

"젖먹이가 목말라서 혀가 입천장에 붙음이여, 어린아이가 떡을 구하나 줄 사람이 없도다. 진수를 먹던 자가 거리에 외로움이여, 전에는 붉은 옷을 입고 길리운 자가 이제는 거름더미를 안았도다. 전에는 존귀한 자의 몸이 눈보다 깨끗하고 젖보다 희며, 산호보다 붉어 그 윤택함이 마광한 청옥 같더니 이제는 그 얼굴이 숯보다 검고 가죽이 뼈에 붙어 막대기 같이 말랐으니 거리에 알 사람이 없도다. 칼에 죽은 자가 주려 죽은 자보다 나음은 토지 소산이 끊어지므로 이들의 찔림같이 점점 쇠약하며 감이로다. 처녀 내 백성이 멸망할 때에 자비한 부녀가 손으로 자기 자녀로 삼아 식물을 삼았도다(4:1-10)."

이런 고통을 당하게 된 것은 지도자들의 책임이 크다. "우리의 콧김 곧 여호와의 기름 부으신 자가 저희 함정에 빠졌음이요." 이는 크게 말하면 유다 왕 시드기야다. 왕은 하나님의 말씀을 곁에 두고 읽어서 하나님과 방향을 맞추어 백성들이 하나님의 축복을 누리도록 인도할 책임이 있다. 그러나 이러한 도를 잊어버리면 백성이 목자 없는 양처럼 고통을 당할 수밖에 없다. 또한, 선지자들과 제사장의 책임도 크다. "저희가 거리에서 소경같이 방황하니 사람들이 그들을 부정하다 외칠 수밖에 없고 저희가 방황하니 백성은 방황할 수밖에 없었다"라는 것이다.

5장은 이제 참회의 기도를 드리고 있다. "여호와여 우리의 당한 것을 기억하시고 우리의 수욕을 감찰하옵소서"라고 말하면서 탄식에서 탄원으로 태도를 바꾸었다. 지금까지 1-4장까지는 파멸에 처한 예루살렘의 형편을 하나님께 아뢰면서 구원과 회복을 간구하지 않은 것은 아니었다. 하지만 애가서를 마무리 짓는 5장에서는 본격적으로 예루살렘의 처지를 굽어살피시고 도움을 베풀어 주시기를 탄원하고 있다. 그러면서 "여호와여 주는 영원히 계시오며 주의 보좌는 세세에 미치나이다"라고 고백한다. 이것이 이스라엘 백성의 소망이라는 것이다. 예루살렘을 폐허로 만든 바벨론 제국도 결국 영원히 못가고 언젠가는 무너질 것이며, 이스라엘의 하나님께서는 영원히 살아계신 분이시므로 다윗 언약(삼하7:12-16)을 지키셔서 그분을 의뢰하고 따를 때, 예루살렘은 새로운 소망을 주실 것을 확신하고 있다.

"여호와여, 우리를 주께서 돌이키소서. 그리하시면 우리가 주께로 돌아가겠사오니 우리의 날이 다시 새롭게 하사 옛적 같게 하옵소서." 이 기도는 '그리하시면… 돌아가겠다'라는 조건부의 내용이 아니다. 하나님이 진정 허락하실 때만이 우리 마음이 성령의 감성으로 필요성을 느끼게 되고 구체적으로 죄를 고백하며 전폭적으로 주님을 따르게 된다는 것이다.

이제 진정성이 나오고 있다. 이제 진정한 새로운 날, 새로운 세계가 펼쳐질 것이다(렘31:8).

오늘 묵상의 말씀

애가에서 느끼는 예레미야의 심정을 1-5장까지 확인해보자.

성전 건축 독려

학개는 포로 귀환 후 제일 먼저 예언 활동을 시작했다. 하나님의 은혜로 영적인 무관심과 나태로 인하여 성전재건을 미루고 있는 이스라엘 백성에게 성전 건축을 재개하도록 호소하는 내용이다. 3차에 걸친 포로귀환(BC 538, 458, 444) 중 1차에 이루어진 사건으로 성전 건축은 유대인들이 제일 먼저 추진한 사역으로 영적, 육체적 삶의 중심지인 삶의 거점을 확보하는 일이다. 그리하여 BC 536년에 성전 기초공사를 마치게 된다. 하지만 사탄의 세력은 항상 성도의 번영을 시기하기 마련인데, 사마리아 등 주변 열국에 의해 성전 건축이 14년간 중단되고 만다. 그 뒤 다리오 1세가 즉위할 때 학개 선지자는 낙심한 백성들에게 성전 건축을 재개하도록 격려하고 있다.

1장에서는 성전건축이 중단된 이유를 말하고 있다.

그 이유는 자기 집안일은 빠르게 하지만 하나님의 집이 황무한 것은 그냥 두었기 때문이다. 물론 성전건축이 방해를 받아서 어려운 적이 있었으나, 지금은 잘 꾸민 판벽한 집에 살면서도 성전건축에 대해서는 시기상조라고 핑계 대고 있었다.

학개는 먼저 자기의 소위를 살펴보면 현재 당하는 가뭄은 바로 성전을 먼저 건축하지 않았기 때문에 내린 하나님의 징계라고 말한다. 그러자 지도자와 모든 백성이 그 말을 듣고 잘 받아들였다. 그래서 스룹바벨과 대제사장 여호와의 마음이 백성의 마음을 흥분시켜서 성전 건축의 모든 일을 시작했다.

2장은 성전 건축의 의미를 말하고 있다.

외부적인 방해가 있고 내부적인 갈등이 있었기 때문에 지연되기는 했지만, 성전 건축의 의미를 말하면서 낙심하지 않도록 격려하고 있다.

1) 총독 스룹바벨과 대제사장 여호수아와 그 땅의 모든 백성에게, '스스로 굳세게 하라'라고 세 번이나 반복해서 말하고 있다. 왜냐하면, 하나님이 그들과 함께

하시기 때문이다. 이것은 출애굽 때 언약(출19:5-6)과 다윗의 언약(삼하7:12-16)이 지금도 유효하면 성령이 그들과 함께하고 계시다. 2) 현재 성전의 초라한 모습에 대해 실망하는 자들에게는, "하나님은 만국을 진동시키는 능력으로 이 성전을 가득 채우실 것이므로 금과 은은 아무것도 아니며, 만국의 사모하는 보배가 되니, 이 성전의 영광이 이전의 성전의 영광보다 더 클 것"이라고 격려하고 있다.

이어서 제사장에게 두 가지 질문, 고기를 싼 옷자락은 다른 예물을 거룩하게 만들지 못하고, 부정해진 자는 다른 예물을 부정하게 한다는 말씀으로 메시지를 전달한다. 거룩한 예물을 드리는 의식이 거룩한 근거가 아니다. 성전건축을 통하여 거룩함에 나가는 것이다. 이는 성전은 단순하게 성전 건물의 의미가 아니라, 예수 그리스도를 통하여 하나님의 백성이 완전히 거룩한 백성이 되도록 하신다는 하나님의 땅을 알리는 것이다.

그리고 하나님은 유다 총독 스룹바벨에게 다음과 같은 하나님의 사역을 위탁했다. 1) 내가 하늘과 땅을 진동시킬 것이요, 열국의 보좌를 엎을 것이요, 열방의 세력을 멸할 것이다. 2) 그날에 내가 너를 취하여 나의 인(도장)을 삼으리니 이는 내가 너를 택하였음이니라. 이 약속들은 스룹바벨을 통하여도 이루어졌겠지만 학개와 거의 동시에 예언했던 스가랴 선지자의 후반에서는 성전으로 오실 메시아의 상징으로 강조하고 있다. 이는 예수님이 이 땅에 오셔서 성전을 세우면서 천국 열쇠를 주고, 흑암 권세를 이길 수 있는 권세를 주시며 내 교회를 세우리라는 예수님의 말씀으로 교회의 역할을 이해할 수 있게 하는 대목이다.

오늘 묵상의 말씀

성전 건축을 통해 당신에게 어떤 의미 있는 일이 벌어지고 있는가?

성전 건축과 순을 키우며 등대를 만드는 환상

스가랴는 선지자이며 제사장이다. 그는 바벨론에서 태어나서 스룹바벨과 함께 귀환했다. 할아버지의 대를 계승하여 제사장이 되었고 학개보다는 오래 활동한 것으로 보인다. BC 538년, 바사 왕 고레스는 예루살렘 성전을 재건하기를 바라는 유대인들에게 돌아가서 성전을 짓도록 허락했다. 그래서 50,000명이 돌아와서 성전재건을 시작하여 BC 536년 2월에 성전의 기초를 놓았다. 그러나 성전 재건에 함께 참여할 것을 요청한 사마리아인들의 방해로 거의 14년 동안 중단됐다. 그 후 BC 521년에 다리오가 왕위에 오르자 학개와 스가랴는 성전재건에 대한 미션을 가지고 백성을 일깨웠다. 그때 유브라데 강 서쪽 지역의 통치자 닷드내가 다리오 왕에게 상소문을 올려 잠시 중단되었던 공사가 다시 시작되었다. 하지만 유대인들은 성전재건이 자꾸 반대에 부딪히자 '하나님의 계획이 아닌가 보다' 하고 성전을 짓지 않으려고 했다. 이에 스가랴는 백성들의 잘못된 생각을 깨우치고 성전 재건에 박차를 가하게 했다. 이런 과정에서 성전에 대한 메시지, 8가지 환상을 보여주고 결론적으로는 메시아의 도래와 하나님 나라의 완전한 실현을 위한 메시지가 전달된 것이다.

1장은 '여호와께로 돌아오라'라고 예언의 말씀을 전하면서 환상을 보여준다.

그 환상은 어떤 사람이 홍마를 타고, 화석류나무 사이에 섰고, 그 뒤에 붉은 말, 자색말, 흰 말을 탄 사람이 있었다. 그들은 사방을 둘러보고 온 자들이었다. 지금까지 너무 오랫동안 세상을 돌보지 않아서 세상이 황폐했다는 것이다. 그래서 이제 예루살렘을 택하여 성전을 건축하여 이 성읍들이 넘치도록 돌보시겠다는 것이다. 둘째 환상은 네 뿔과 네 대장장이를 보여 주셨다. 네 뿔은 유다 백성을 괴롭힌 유다의 원수들을 가리키며, 네 대장장이는 이들을 처벌하기 위하여 보내진 사람들이다. 메시아 도래 이전에 원수들을 다 제거하겠다는 뜻이다.

2장은 셋째 환상으로, 성전 지을 땅을 측량하기 위한 측량줄을 가진 사람을 만난다.

그에게 주신 메시지는 육축과 사람이 많으므로 성곽이 필요 없고 예수님이 직접 보호하실 것을 예언했다. 그날에 시온의 딸들이 노래하며 메시아 오실 것을 찬양할 것이다. 그날에 많은 나라가 그리스도에게 속할 것이요, 내 백성이 될 것이라고 말씀하시는 것이다.

3장은 넷째 환상으로, 대제사장 여호수아가 사탄에게 고발되어 여호와의 천사 앞에 선 것이다.

그 모습이 불에서 꺼낸 그슬린 나무처럼 더러워져 있었다. 주님께서 사단을 책망하고, 그 불에서 꺼낸 그슬린 나무 같은 더러운 옷을 벗기고 아름다운 옷과 정한 관을 씌우셨다. 이 환상은 대제사장의 정결 예식에 해당하는데 이 의식을 통하여 대제사장과 그의 백성들이 정하게 되어 당당하게 메시지를 선포하게 하셨다. 그리고 '너와 네 앞에 앉은 네 동료는 예표의 사람이라 내가 내 종 순을 나게 하리라. 그 순들이 메시아의 오실 길을 예비하는 가지이다'라는 말씀은 이 순(가지)을 많이 키울 때 이들을 통해서 교회가 확장되는 것이 주님 오시는 길을 예비하는 길임을 보여준다.

4장은 다섯째 환상에 대한 기록이다. 일곱 개의 등잔이 붙어 있는 등대와 두 감람나무를 보았고, 여기서 일곱 개의 등잔은 여호와의 눈이시며 온 세상을 두루 감찰하시는 것을 말하며, 두 감람나무는 메시아 오실 때 두 사람의 증인을 말하는데 여기서는 여호수아와 스룹바벨을 말한다. 두 감람나무에서 기름이 계속 흘러서 7개의 등대에 불을 항상 피우는데 거기는 교회를 말한다. 이는 힘으로 안 되고 능으로도 안 되지만 여호와의 신으로 세워진 것이다.

오늘 묵상의 말씀

나는 교회를 잘 성장하기 위해 꿈을 꾼 환상이 있는가? 그 환상은 지금도 유효한가?

하나님이 기뻐하시는 금식은?

5장은 여섯째 환상으로 날아가는 두루마리의 환상을 보여주고 있다.

날아가는 두루마리는 길이가 20규빗(9미터), 폭이 10규빗(4.5미터)인데 그것은 온 지면에 행하는 저주로서 불의한 자들의 죄를 심판하는 공의의 말씀을 기록한 두루마리이다.

거기에는 두 가지 내용이 있는데, 한편의 기록은 도적질이요, 한편은 거짓 맹세하는 자에 대한 기록이다. 그리고 그렇게 하는 자는 저주를 받는다는 것이다. 이 말은 십계명의 중에 처음 1-4계명은 하나님에 대한 계명을 어긴 것으로 거짓 맹세요, 그리고 5-10계명은 사람에게 해당하는 것으로서 거기에 어긋나는 것이 바로 도적질이다. 이런 죄를 범한 자는 다 끊어지고, 끊어지리라고 말하며 하나님이 얼마나 죄를 미워하시는지를 기록하고 있다.

일곱 번째 환상으로는 에바의 환상이다. 에바는 곡식의 양을 측량하는 도구로서 됫박에 해당한다. 납으로 된 에바(됫박)의 뚜껑을 열자 그 속에 한 여인이 앉아 있었는데, 그 여인이 바로 악이었다. 뚜껑을 닫자 학의 날개를 단 두 여인이 나타나 그 에바를 시날 땅으로 옮겨갔다. 이스라엘 공동체 안에서 죄는 조금도 용서받을 수 없다. 율법 시대에는 아사셀을 통하여 구원역사를 펼치셨는데, 마지막 시대는 유다인의 죄악이 이방으로 넘어가고, 세상에서 경건하지 못한 이방인들은 영원히 추방될 것을 말한다.

6장은 여덟째 환상으로, 네 병거의 환상을 보여 준다.

놋으로 된 두 산 사이에 네 병거가 있었다. 첫째는 붉은 말, 둘째는 검은 말, 셋째는 흰 말, 넷째는 얼룩말이다. 이들은 하늘의 네 바람으로, 특히 말들이 북쪽과 남쪽으로 나아가는데, 북쪽의 바벨론과 앗수르, 남쪽의 애굽처럼 이스라엘의 원수들을 멸하기 위함이다. 특히 북쪽의 원수를 멸하고 온 말들은 하나님의 마음을 시원케 했다. 이제까지 8가지 환상을 종합하면, 바벨론 포로에서 돌아온 자 중에 도비야와 여다야에게 은과 금을 취하여 요시야의 집에 들어가, 면류관을 만들어 대제사장 여호수아의 머리에 씌우라는 것이다.

그리고 그 의미를 다음과 같이 선포한다. 1) 보라, '순'이라는 이름하는 자가 자기 곳에서 돋아나서 여호와의 전을 건축하리라(6:12). 2) '순'이라는 사람이 성전을 짓고 영광을 얻을 것이며, 그가 왕과 제사장으로서 자기 백성을 다스릴 것이며, 왕 직과 제사장직 사이에서 평화의 의논이 있는 시대가 올 것이다. 3) 그 면류관을 성전에 두도록 명하시는데, 그 성전을 건축할 때 '먼데 사람'이 동참한다.

7장은 금식에 대한 질문과 응답을 기록하고 있다.

어떤 벧엘사람이 사레셀과 레겜멜렉을 보내어 금식을 재개해야 하는지 물었다. 그들은 바벨론 포로 생활 중에 5월은 예루살렘 성전 파괴를 기념하여, 7월은 그달랴 총독의 살해된 것을 위하여 금식했다. 그런데 이제 바벨론 포로에서 돌아왔으니 계속 금식을 해야 하느냐 묻는 말이다. 이에 대한 스가랴 선지자의 대답은 "금식이 누구를 위한 금식이냐? 여호와를 위한 금식이 아니라 그들 자신을 위하여 금식하는 것이면, 그 금식 자체가 자신을 과시하기 위한 것이기에 잘못된 금식"이라고 대답했다. 중요한 것은 말씀을 순종함이 금식하는 것보다 더 중요하다. 여호와의 말씀을 청종할 때 사면 읍에 거하는 백성이 형통했다. 남방도 평원도 평온하게 거하였다. 그러나 이스라엘 백성은 진실한 재판이 필요하고 피차에 인애와 긍휼함이 필요한데, 이스라엘 백성은 그렇지 못했다. 그들은 청종하기를 싫어했고, 등을 돌려 듣지 아니했고, 귀를 막았으며, 마음이 금강석 같아서 선지자의 말을 듣지 아니했다. 그래서 큰 노가 만군의 여호와께로 나왔고, 그래서 땅이 황무하였다는 것이다.

오늘 묵상의 말씀

하나님이 기뻐하시는 금식은 무엇인가?

예루살렘의 축복과 메시아 도래

8장은 예루살렘에 주어진 하나님의 축복을 말하고 있다.

7장에서 금식에 대하여 질문한 내용을 크게 책망한 후에 주어진 위로의 대답은 하나님의 뜨거운 사랑이다. 그것을 질투로 나타냈는데, 질투는 뜨거운 사랑의 표현이기 때문이다. 그러기에 성전 재건을 강조하는 선지자들의 메시지를 청종하라는 것이다. "내가 시온에 돌아왔은즉 예루살렘 가운데 거하겠고, 진리의 성읍이라 일컫고 만군의 여호와의 성산이라 일컫게 되리라."

이 성전에서 그동안 잃어버렸던 것을 회복하는데 1) 늙은 지아비와 늙은 지어미가 다시 앉을 것이며, 2) 그 성읍 거리에 동남과 동녀가 가득하며 거기서 장난하리라. 3) 평화시대가 도래하여 사람들이 장수하고 인구가 증가할 것이다. 4) 여호와께서 동방과 서방에서 자기 백성을 구원하고 예루살렘으로 인도하여 거주하게 하실 것이라. 5) 그들은 내 백성이 되고 나는 성실과 정의로 그들의 하나님이 되리라. 언약의 본질을 다시 확인하고 언약을 성취할 것이다. 그러기에 성전건축을 하라는 것이다.

그날에 곧 평안한 추수를 얻을 것이다. 포도나무가 열매를 맺으며 땅이 산물을 내며 하늘은 이슬을 내리니 내가 이 남은 백성으로 이 모든 것을 누리게 하리라. 많은 백성과 강대한 나라들이 예루살렘으로 와서 만군의 여호와를 찾고 여호와께 은혜를 구하리라. 그날에는 방언이 다른 열국 백성 열 명이 유다 사람 하나의 옷자락을 잡고 하나님이 너희와 함께하심을 들었나니 우리가 너희와 함께 가려 하노라 하리라(8:18-21).

9장은 이웃에 대한 경고와 메시아의 도래를 예언하고 있다.

이웃 나라에 대한 경고로 하드락과 다메섹의 땅은 수리아 지역(9:1)이며, 다메섹의 접경지역 '하맛(9:2)', '두로'와 '시돈'은 베니게에 대한 경고(9:2-4)이며, 마지막으로 '아스글론'과 '에그론'은 블레셋(9:5-7)에 관한 경고이다. 이들은 BC 332년에 헬라 알렉산더 대왕의 팔레스틴 정복으로 다 성취되었다. 그런데 그들 중에서도 회개하고 하나님께로 돌아온 자는 여부스처럼 축복을 누리게 되었다(9:6-7). 여기서 중요하면서도 가장 큰 기쁜 소식은 '메시아의 오심'이다.

"시온의 딸아, 크게 기뻐할지어다. 예루살렘 딸아, 즐거이 부를지어다. 보라, 네 왕이 네게 임하나니 그는 공의로우며 겸손하여서 나귀를 타나니 나귀의 작은 것 곧 나귀 새끼니라(9:9)." 이 말씀은 정확하게 예수님이 종려주일에 나귀 새끼를 타고 입성하셔서 십자가와 부활의 구원 사역을 완성하실 때 말씀이 성취된 것이다. 이날에 하나님 여호와께서 그들을 자기 백성의 양떼 같이 구원하시리니 그들의 면류관이 보석같이 여호와의 땅에 빛나리라(9:16).

10장은 유다와 이스라엘의 회복에 대한 기록이다.

"그러므로 이제는 여호와께 비를 구하고 드라빔이나 우상을 놓고 비를 구하지 말라. 지난날의 유다 족속의 전철을 밟지 말고 여호와께 영육 간의 필요한 것을 구하고, 참된 위로를 받으라는 것이다(10:1-2)." 하나님은 아브라함과 맺은 언약을 기억하시고 그들의 후손을 구원하시는데, 남쪽 유다와 북쪽 이스라엘이나 차별이 없을 것이라고 말한다. 따라서 하나님께서는 그들(유다 족속이나 야곱 족속)을 긍휼히 여겨 돌아오게 하고, 버림당함이 없었던 것처럼 하실 것이다. 그래서 결국 그들에게서 '여호와로 인하여' 마음에 기쁨과 즐거움이 넘치게 할 것이라고 재차 강조하고 있다(10:3-7).

"내가 그들을 애굽 땅에서 이끌어 돌아오게 하며, 그들을 앗수르에서부터 모으리라. 내가 그들로 나 여호와를 의지하여 견고하리니 그들이 내 이름을 받들어 왕래하리라."

오늘 묵상의 말씀

봄비를 어디에서 구해야 할까? 나의 구원회복은 어떻게 이루어질까?

예루살렘의 멸망에 대한 예고와 샘의 회복

11장에서는 예루살렘의 멸망을 예고하고 있다.

특히 잡힐 양떼와 같이 유다 족속이 장차 메시아를 '은 삼십'에 팔아넘기게 될 것을 예언하며, 그리하여 우매한 목자 아래서 고난에 휘말리게 될 것을 예고하는 동시에 '양떼'를 버린 목자에 화가 미칠 것을 경고한다.

먼저 하나님께서 스가랴에게 "너는 잡힐 양떼를 먹이라"라고 명령한다. '잡힐 양떼'는 장차 멸망할 수밖에 없는 유다 족속을 말하며 그들은 지도자인 목자에게 버림을 당하고(11:5), 결국 하나님에게까지 외면을 당하게 된 것이다(11:6).

이런 정황에서 선한 목자의 사역을 보면, 1) '잡힐 양떼'의 참으로 가련한 상태를 직시하고 불쌍히 여기며, '은총', '연합'이라는 두 막대기로 양떼를 먹이신다. 2) 한 달 동안에 세 목자를 제거하신다. 역사적으로는 세 왕을 제거하는 것이지만 영적으로는 선지자, 제사장, 왕을 다 제거하는 것이다. 그들은 죽는 자는 죽는 대로(자연사), 망할 자는 망할 대로(열방의 침략), 피차 살을 먹는 대로(국내의 반란) 양떼들이 죽어가도 돌보지 않는 목자를 제거할 것이다. 이런 사실을 모르고 우매한 백성들은 메시아를 은 삼십을 품삯으로 정하고, 토기장이에게 던지고, 연합이라는 둘째 막대기를 꺾고 형제 의를 끊었다. 이것이 예수 그리스도를 통하여 성취되었다. 이 모든 것이 목자의 책임 회피이기에 못된 목자에게는 '칼이 그의 팔을 쳐서 마비시키고 그의 우편 눈을 찔러 어둡게 할 것'임을 경고하고 있다.

12장은 예루살렘에 대한 두 번째 경고이다.

여호와께서 '예루살렘으로 모든 국민에게 무거운 돌이 되게' 하신다. 이는 천하만국이 예루살렘을 치려고 모일 때, 오히려 예루살렘을 공격하려고 모여드는 자에게 패배를 가져다주실 것이다. 즉 예루살렘을 혼취케 하는 잔이 되어 화를 당할 것이다. 다행한 것은 이때 여호와께서 먼저 유다 장막을 구원하신다. 그날에 예루살렘 거민을 보호할 것이요(12:7), 예루살렘을 치러 오는 자들을 멸할 것이라.

중요한 것은 1) 다윗의 집과 예루살렘 거민에게 은총과 간구하는 심령을 부어 주겠다는 것이다. 그 회개의 정도가 어느 정도인가 하면 2) '그들의 그 찌른바 그를 바라보고 그를 위하여 애통하는' 것이다. 3) '독자'와 '장자'를 위해 애통하듯이 통곡하는 회개이고, 가장 경건한 왕 요시야 왕이 애굽의 바로느고에게 므깃도에서 전사했을 때 우는 눈물이다. 4) '따로'라는 단어가 11번이나 사용될 정도로 각자가 그렇게 느낀 것이다(12:12-14). 결국, 이 회개의 기도는 오순절에 예수님을 십자가에 못 박은 것이 '당신'이라는 베드로의 설교를 들었을 때 "형제들아 우리가 어찌할꼬?(행2:37)" 회개하여 초대교회를 이룬 내용의 초석이 된다.

13장에서는 그 회개가 죄의 더러움을 씻는 샘이 되어 다윗의 족속과 예루살렘을 거민에게 열리고, 거짓 선지자와 더러운 귀신이 이 땅에서 떠나게 되었다. 거짓 선지자가 이제는 선지자가 아니며 농부라 할 것이요, 우상 숭배하다 상처 난 곳을 어렸을 때 상처라고 하면서 우상 숭배한 것을 부끄러워할 것이다. 그리고 목자를 치면 1/3이 멸절되고, 1/3은 거기 남고, 1/3은 연단하여 금 같아서 "내 백성이라 할 것"이라 말하며 명예회복을 약속한다.

14장은 '여호와의 날'이 이를 때 열국이 예루살렘과 싸우게 되고 예루살렘은 함락되지만, 그 남은 자는 구원하여 주실 것을 보장하는 내용이다.

그날에 열국이 모여 예루살렘에서 싸우게 되는 데, 예루살렘을 친 백성들은 살이 썩고 문드러지나 남은 자들은 해마다 초막절을 지키러 올라갈 것이요. 그렇지 않은 사람은 열국과 같은 재앙을 받으리라. 그래서 궁극적으로는 모든 것이 똑같이 성결하게 될 것이다.

오늘 묵상의 말씀

죄의 더러움을 씻는 샘과 예루살렘의 회복과 어떤 관계가 있을까?

하나님의 사랑과 주님의 사자

1장은 하나님의 사랑에 대한 이야기이다.

유대인은 부푼 꿈을 안고 귀환했다. 학개와 스가랴에 감동하여 그들은 성전을 재건했다. 이 성전의 영광은 솔로몬 성전의 영광에 비길 수는 없지만, 장차 큰 영광이 임할 것이라는 예언에 감동하여 지어진 성전이다. 그러나 수십 년이 지나도 '임하리라'는 그 큰 영광이 나타나지 않자 유대인들의 소망과 기대는 희미해지기 시작했다. 선지자들이 약속했던 그 번영이 돌아오기는커녕, 하루하루 생활은 고통의 연속이었다. 기근과 흉작이 계속되었다. 그러자 그들은 하나님의 사랑에 회의와 의문을 품기 시작했다. 이러한 상황에서 "하나님이 우리는 사랑하지 않으셨다"라고 반박한다. 왜 그럴까? 이유는 제사장들의 타락에 있었다. 1) 형식적인 일에만 급급하였기 때문이다. 2) 그들은 하나님을 공경하지도 아니하였고, 두려워하지도 아니했다. 3) 하나님이 기뻐하시는 제물은 흠이 없고 순전한 것인데, 그들은 더러운 떡, 저는 것, 병든 것을 드렸다. 그래서 "그러한 것을 총독에게 드려보라. 그가 너를 기뻐하겠느냐?" 반문하고 있다.

2장은 제사장들의 불충성에 대한 책망을 하고 있다.

불순종은 '레위와 세운 하나님의 언약'을 파기하는 행위이다. 그들은 불순종했다. 그래서 언약을 파기한 제사장에게 1) 저주와 수치를 주겠다. 2) 하나님의 말씀을 마음에 두지 아니하는 자는, 제사를 드릴 때 똥을 버리듯이 아낌없이 버리겠다. 3) 얼굴에 똥을 바르겠다고 한다.

그러면서 이스라엘의 죄악을 이야기한다. 1) 이방 여인과 결혼한 죄악이다. 하나님을 싫어할 뿐만 아니라, 이방 신을 섬기기 때문이다. 3) 자기의 아내를 버리는 일이 있었다. 4) 악인들은 자신을 항상 공의롭게 여긴다는 것이다. 그래서 하나님의 존재를 부인하기까지 한다.

3장은 공의로운 하나님의 존재를 부인하고 무시하는 자들에게 대한 답변으로 '홀연히' 하나님의 심판이 임한다는 것을 알려주고 있다. 이스라엘 백성들은 시간이 지날수록 하나님이 정하신 말씀의 법을 지키지 아니했다. 1) 회개하라고 하면 "우리가 어떻게 하여야 돌아가리이까?"라고 반문한다. 2) 십일조와 헌물을 속여서 내거나 바치지 아니했다. 이것은 도적질이라고 했다. 의무이자 기본인데, 이것에 대하여 확실하게 규정했다. 십일조는 모든 것이 하나님께로부터 왔다는 증거이다. 우리 하나님은 분명히 말한다. "내가 하늘 문을 열고 너희에게 복을 쌓을 곳이 없도록 붓지 아니하나 보라(3:10)." 3) 교만하다고 하면 "우리가 무슨 말로 하나님을 대적했습니까?"라고 되묻는다. 또한, 하나님을 섬겨봤자 우리에게 유익이 없으니, 차라리 우리의 마음대로 행동하자고 주장한다. 그러나 하나님께서 분명하게 말씀하시는 것은 "여호와를 경외하는 자와 그 이름을 존중히 생각하는 자를 위하여 여호와 앞에 있는 자를 기록하셨느니라(3:16)." 하나님을 존중하는 자는 하나님의 정한 날에 나의 특별한 소유로 삼을 것이다(3:17).

4장은 주의 날의 약속에 대해 기록하고 있다.

악을 행하는 자에게는 극렬한 풀무불의 심판 날이 올 것이다. 그러나 그날은 하나님 백성에게는 구원의 복된 날의 시작이다. 그 명령은 모세의 율법에 기록한 것으로 선지 엘리야와 같은 사자를 보내어서 그 길을 예비하시겠다는 것이다. 그를 통하여 할 일은 사람의 마음을 돌이키는 일이다(눅1:17).

구약 성경을 일독 마치면서 하나님의 마음을 생각해 본다. 하나님은 이스라엘 백성과 시내 산에서 계약을 맺은 후 1,000년 동안 한 번도 이스라엘 백성을 잊어본 적이 없다. 번번이 약속을 어기고 집 나가서 간음하고 배신했어도 문을 열고 나간 자식 돌아올 때만 기다리신다. 그러다 못해 이제는 주님이 직접 그 현장에 오신다고 약속하셨다. 그게 구약 속에서 보여주신 주님의 마음이다.

오늘 묵상의 말씀

주님이 오시기를 기다리는 자는 어떤 삶을 살아야 할까?

1년 365일 매일 성경 읽기표

※ 성경을 읽기 전에 매일매일 그날에 해당되는 확인란에 체크하세요.

이름 :

	1월	확인	2월	확인	3월	확인	4월	확인	5월	확인	6월	확인
1일	창1-3		레4-6		신25-27		삼하1-3		왕하23-25		느4-6	
2일	창4-6		레7-9		신28-29		삼하4-6		대상1-3		느7-9	
3일	창7-9		레10-12		신30-31		삼하7-9		대상4-6		느10-11	
4일	창10-12		레13-15		신32-34		삼하10-12		대상7-9		느12-13	
5일	창13-15		레16-18		수1-3		삼하13-14		대상10-12		욥1-3	
6일	창16-18		레19-21		수4-6		삼하15-16		대상13-15		욥4-7	
7일	창19-21		레22-24		수7-9		삼하17-18		대상16-18		욥8-10	
8일	창22-24		레25-27		수10-12		삼하19-20		대상19-21		욥11-14	
9일	창25-27		민1-3		수13-15		삼하21-22		대상22-24		욥15-17	
10일	창28-30		민4-6		수16-18		삼하23-24		대상25-27		욥18-20	
11일	창31-33		민7-9		수19-21		왕상1-2		대상28-29		욥21-24	
12일	창34-36		민10-12		수22-24		왕상3-4		대하1-3		욥25-29	
13일	창37-39		민13-15		삿1-3		왕상5-7		대하4-6		욥30-33	
14일	창40-42		민16-18		삿4-6		왕상8-9		대하7-9		욥34-37	
15일	창43-45		민19-21		삿7-9		왕상10-11		대하10-12		욥38-42	
16일	창46-47		민22-24		삿10-12		왕상12-13		대하13-16		시1-8	
17일	창48-50		민25-27		삿13-15		왕상14-15		대하17-19		시9-16	
18일	출1-3		민28-30		삿16-18		왕상16-18		대하20-22		시17-21	
19일	출4-6		민31-33		삿19-21		왕상19-20		대하23-25		시22-26	
20일	출7-9		민34-36		룻1-2		왕상21-22		대하26-28		시27-31	
21일	출10-12		신1-3		룻3-4		왕하1-2		대하29-31		시32-36	
22일	출13-15		신4-6		삼상1-3		왕하3-4		대하32-34		시37-41	
23일	출16-18		신7-9		삼상4-6		왕하5-6		대하35-36		시42-49	
24일	출19-21		신10-12		삼상7-9		왕하7-8		에1-3		시50-56	
25일	출22-24		신13-15		삼상10-12		왕하9-11		에4-6		시57-64	
26일	출25-27		신16-18		삼상13-15		왕하12-14		에7-10		시65-69	
27일	출28-30		신19-21		삼상16-18		왕하15-16		스1-3		시70-74	
28일	출31-33		신22-24		삼상19-21		왕하17-18		스4-6		시75-78	
29일	출34-37				삼상22-24		왕하19-20		스7-8		시79-86	
30일	출38-40				삼상25-27		왕하21-22		스9-10		시87-91	
31일	레1-3				삼상28-31				느1-3			

* (Roadmap) 통독 성경 프로그램과 함께 진행됩니다.

	7월	확인	8월	확인	9월	확인	10월	확인	11월	확인	12월	확인
1일	시92-101		사8-12		렘46-48		학1-2		눅21-22		고후1-4	
2일	시102-105		사13-17		렘49-50		슥1-4		눅23-24		고후5-9	
3일	시106-108		사18-23		렘51-52		슥5-7		요1-3		고후10-13	
4일	109-118		사24-28		나1-3		슥8-10		요4-6		롬1-3	
5일	시119:1-98		사29-32		습1-3		슥11-14		요7-8		롬4-7	
6일	시119:99-196		사33-36		옵1,합1-3		말1-4		요9-11		롬8-11	
7일	시120-131		사37-39		겔1-3		마1-4		요12-13		롬12-14	
8일	시132-140		사40-42		겔4-7		마5-7		요14-15		롬15-16	
9일	시141-145		사43-45		겔8-11		마8-10		요16-17		엡1-3	
10일	시146-150		사46-50		겔12-14		마11-13		요18-19		엡4-6	
11일	잠1-5		사51-55		겔15-17		마14-16		요20-21		빌1-4	
12일	잠6-10		사56-59		겔18-20		마17-20		행1-3		골1-4	
13일	잠11-15		사60-63		겔21-22		마21-23		행4-6		몬1,딤전1-3	
14일	잠16-20		사64-66		겔23-24		마24-25		행7-9		딤전4-6	
15일	잠21-24		미1-4		겔25-28		마26-28		행10-12		딛1-3	
16일	잠25-28		미5-7		겔29-32		막1-3		행13-15		딤후1-4	
17일	잠29-31		렘1-3		겔33-35		막4-5		행16-18		벧전1-5	
18일	전1-6		렘4-6		겔36-37		막6-8		행19-21		벧후1-3	
19일	전7-12		렘7-9		겔38-39		막9-10		행22-25		히1-3	
20일	아1-4		렘10-13		겔40-41		막11-12		행26-28		히4-7	
21일	아5-8		렘14-16		겔42-43		막13-14		갈1-3		히8-10	
22일	욜1-3		렘17-20		겔44-46		막15-16		갈4-6		히11-13	
23일	암1-5		렘21-23		겔47-48		눅1-2		약1-5		요일1-5	
24일	암6-9		렘24-25		단1-2		눅3-4		살전1-5		요이,요삼,유	
25일	호1-4		렘26-28		단3-4		눅5-6		살후1-3		계1-3	
26일	호5-7		렘29-31		단5-6		눅7-8		고전1-4		계4-7	
27일	호8-10		렘32-33		단7-9		눅9-10		고전5-8		계8-11	
28일	호11-14		렘34-36		단10-12		눅11-13		고전9-11		계12-15	
29일	욘1-4		렘37-38		애1-3		눅14-16		고전12-14		계16-18	
30일	사1-3		렘39-41		애1-5		눅17-18		고전15-16		계19-20	
31일	사4-7		렘42-45				눅19-20				계21-22	

* 내 눈을 열어서 주의 율법에서 놀라운 것을 보게 하소서 (시 119:18)

365일 로드맵 바이블 성경통독

주님과 함께 예언자와 함께(Ⅱ)

욥기-말라기

| 저 자 | 이 희 만
| 인 쇄 | 2018년 3월 10일
| 발 행 | 2018년 3월 24일

| 발 행 인 | 한뿌리
| 발 행 처 | 有하
| 주 소 | 서울 강서구 방화대로 44길 49(방화동 183)
| 전 화 | 02-2663-5258
| 팩 스 | 02-2064-0777
| e - mail | iman153@hanmail.net

| 출판등록 | 2014년 4월 24일
| 등록번호 | 제 2016-000004호

| ISBN | 979-11-85927-16-9
| 정 가 | 12,000원